1　三内丸山遺跡

青森県にある三内丸山遺跡は，縄文時代前期～中期の1500年もの長い期間営まれ続けた大規模集落遺跡である．広さは35ヘクタールにおよび，発掘調査の結果，竪穴《たてあな》住居・土坑墓《どこうぼ》・貯蔵穴・大型掘立柱建物・盛土遺構などが計画的に配置されていたことが明らかとなり，膨大な量の遺物も出土した．縄文時代の集落の全体像や生業，交流，人びとの精神世界を考えるうえできわめて重要な遺跡であり，国の特別史跡に指定されている．

2　大山古墳（仁徳天皇陵古墳）

大阪府の百舌鳥《もず》古墳群の中央部に位置する日本最大の巨大前方後円墳．墳丘の長さは486メートルあり，その周囲を三重の濠《ほり》が取り囲み，さらにその周囲には陪冢《ばいちょう》とよばれる小古墳が配される．大阪湾に面したその立地は，海上からの眺めを意識したと考えられている．この隔絶した規模は、倭国の大王の権威の強大さを示すもので，5世紀代における日本列島の権力構造を考えるうえで重要な古墳である．

3　平城京模型

和銅3年（710），藤原京から遷都された平城京は，唐・長安城の影響のもとに造られた．南北約4.8キロ，東西約4.3キロの長方形を基本として，東側に張り出した外京《げきょう》，北側に張り出した北辺坊《ほくへんぼう》がつく．中央には幅74メートルの朱雀大《すざくおお》路《じ》が通り，これを軸に左右対称に大路・小路で方格に区画され，北方に平城宮が位置していた．奈良市役所におかれる1000分の1のこの模型は，平城京の大きさや構造を実感することができる．

4　平等院鳳凰堂

平等院鳳凰堂は，藤原頼通《ふじわらのよりみち》によって天喜元年（1053）に建立された阿弥陀堂建築で，極楽浄土を現世に再現したとされる．定朝《じょうちょう》作の阿弥陀如来像が本尊として安置され，堂内には52体の雲中供養《うんちゅうくよう》菩薩《ぼさつ》が配されている．建築・彫刻・絵画・工芸・庭園の粋を集め，美麗を尽くしたそのすがたは平安文化を代表している．

日本古代の歴史 6

列島の古代

佐藤 信

吉川弘文館

企画編集委員

佐藤　信

佐々木恵介

目次

図版目次

〔口絵〕

〔挿図〕

〔挿表〕

列島古代の歴史文化—プロローグ

1—日本列島の古代史

あたらしい古代史

日本列島の古代史研究は、近年大きな進展をみせている。その動向としては、まず第一に、世界がグローバル化する中で、改めて東アジア、東ユーラシア的な視点から中国・朝鮮半島・日本列島・北方・南方の歴史を見直すようになったことがあげられる。東アジアのそれぞれの古代国家は、一国のみの歴史展開の中で形成されたものではなく、東アジアの国際関係のもとで、対外的契機にうながされながら国家形成を進めたということが、常識となってきたのである。

第二には、考古学的な発掘調査が高度経済成長期以来全国的に展開し、その調査成果が膨大に積み上げられたことによって、古代史像が具体的で豊かになったことがあげられる。発掘調査で明らかになった遺跡・遺物によって、旧石器時代から古墳時代の歴史像が大きく変わってきたのはもちろん、宮都や地方官衙《かんが》遺跡などの調査成果を受けて、七世紀以降の歴史時代の歴史像も、多く変容してきている。

第三に、とくにその中でも、木簡《もっかん》・漆紙文書《うるしがみもんじょ》・墨書土器《ぼくしょどき》・文字瓦《もじがわら》・金石文《きんせきぶん》などの出土文字資料が多く出現し、それら新資料によってあたらしい歴史像が提供されてきている。埼玉《さきたま》古墳群の稲荷山《いなりやま》古墳（埼玉県行田市）から出土した鉄剣の銘文によって五世紀の歴史像が大きく描き直されたり、木簡の出土によって律令国家の宮都や租税制度の解明が進んだことなどがあげられる。

また第四に、こうしたことを受けて、日本列島それぞれの地域の古代史像が掘り起こされてきたことがある。諸地域の歴史が多元的に展開した様相が明らかになり、それら諸地域の間でさまざまなレベルの境界を越えた交流が豊かに展開していたことが注目されるようになってきた。

このように、日本古代の王権・国家が編纂《へんさん》した文献史料だけでなく、発掘調査成果や出土文字資料などをも用いて、活発に越境した国際関係、掘り起こされた各地域の歴史や、古代都市の実像などが具体的に明らかにされ、日本列島の古代史が多元的に見直されている。本書では、こうした研究動向をふまえて、東アジアの国際交流に留意しつつ、史料・史跡・遺物など多様な歴史資料に焦点をあてながら、日本列島の古代史をたどりたい。

その際留意しておきたい焦点をあげると、まず一つには、古代史が律令国家中心の一元的な歴史として割り切れないという点がある。前近代には、近代国民国家とは異なり、日本列島には、琉球《りゅうきゅう》王国の歴史や北海道のアイヌの人々の歴史などが存在しており、あらかじめ一元的な日本国家が存在していたわけではない。「日本」という国号や「天皇」号も歴史的に形成されたものであるし、近代的な意味での「国境」がない状態で、古代の多様な交流が展開していたのである。

二つめは、発掘調査による遺跡・遺物の発見、とくに木簡など出土文字資料の出現によって、急速に各地域の古代史像が豊かになってきているという点である。古代史を語る時に、考古学的な知識をも持つことが必要となってきているといえる。

そして三つめには、日本列島のそれぞれの地域における、さまざまな境界を越えた地域間交流の展開が明らかになってきたことである。中央政権の歴史も各地域の歴史も、それぞれ単独で展開してきたのではなく、相互にかつ国際的に交流しながら、開かれた歴史として展開していたのである。こうした点に焦点をあてながら、本書を読み進めていただければ、幸いである。

多様な歴史資料

古代史、そして歴史を学ぶ上で欠かせない材料が歴史資料である。歴史資料にこめられた歴史情報を、正しく出来るだけ多く読み解くことによって、私たちは過去の歴史像を描くことができる。この歴史資料による事実確定の積み重ねにもとづかずに、自分の思想や思いつき・思いこみで歴史を語ることは、歴史小説ならば許されようが、どんなに魅力的であっても恣意的な歴史観といわざるをえないであろう。私は、どんな歴史小説よりも、巻き戻しのきかない一度きりの歴史そのものの方が、はるかに波乱に富む展開であって興味深いと考える。歴史を学ぼうとするからには、ぜひ自ら歴史資料と向き合い、そこから歴史情報を引き出しながら自ら歴史像を構成する努力を行いたいものである。それこそが、歴史を学ぶ醍醐味といえるのではないだろうか。

ところで、歴史資料というと、かつては文献史料を思い浮かべるのが当然であったが、最近は文献史料以外にも、さまざまな種類・性格の歴史資料が歴史像を築く上で重要な材料となってきている。

文字資料の中でも、絵画史料や発掘調査でみつかる出土文字資料、そして新たに発見される非文字資料であるさまざまな遺跡・遺物によって、古代史はいつも見直されつつあるというのが現状だといえよう。

かつては、『日本書紀』をはじめとした六国史《りっこくし》や律令格式《りつりょうきゃくしき》などから古代史像の枠組みが描かれてきた。しかし、正史のように国家が自らを正当化する意図のもとに後から編纂した文献史料の場合、どうしても天皇・貴族中心、畿内・中央中心、ハレの場中心、自国家中心の記載に偏るという面がある。たとえば『続日本紀《しょくにほんぎ》』などの場合、登場人物は原則として五位以上の貴族に限り、また「米塩の事」は些末《さまつ》な日常的なこととして記載しないという編纂方針が採られている。歴史学の手続きとして、史料批判が必要となるゆえんである。

それに対して、出土文字資料や発掘調査により解明された遺跡・遺物などは、その同時代の資料であり、下級官人や租税を負担した民衆レベルの資料をふくみ、地方の姿を物語る資料であり、日常的なケの場の資料でもある。平城宮《へいじょうきゅう》跡から出土した木簡の中には、米や塩の貢進物《こうしんもつ》荷《に》札《ふだ》木簡が多数出土しており、地方諸国の民衆が米塩を負担して都まで貢納した姿や、米塩が中央の官司に収納され最終的に宮内の各役所に配分されて消費されたシステムを知ることができるのである。出土文字資料には、すでに四〇万点を超えて列島各地から出土している木簡をはじめ、漆紙文書・墨書土器・文字瓦・金石文などが知られる。

また、発掘調査成果としての遺跡・遺物も、古代史像を具体的・立体的に豊かにしてくれている。

律令国家の宮都を例に挙げると、平城京《へいじょうきょう》の具体的な実像が発掘調査によって判明してきたことを受けて、日本における古代都市のとらえ方は大きく変容してきた。かつては、西洋中世都市を基準とする西洋史的な都市概念にもとづいて、日本古代の宮都は都市とはいえないと考えられてきたが、発掘調査によって平城京の都市的実態が明らかになったことを受けて、今では、西洋中心の都市概念から離れて、アジア的な都市類型の一つとして日本の宮都を位置づけ、都市的要素・都市性から日本の古代都市をとらえる方向となっている。

2――列島の多元性

地域の古代史

日本列島の古代史は、古代律令国家を中心として語られることが多かったが、八世紀においても律令国家の領域統治が及ぶ範囲は、本州では北東北をのぞくところまでであり、九州でも南九州まで及ぶかどうかというところまでであった。北東北の律令国家の領域外には、律令国家がまつろわぬ者として「蝦夷《えみし》」と名付けた人々の歴史が展開しており、さらに北海道には別の歴史が展開していた。また、九州南部にも、律令国家が同じく周辺の異族と位置づけて「隼《はや》人《と》」と呼んだ人々がいて、南西諸島には琉球の歴史が展開していた。日本列島の古代史は、律令国家のみの歴史ではなかったという面があるのである。

発掘調査成果からは、律令国家から「蝦夷」と呼ばれた東北の人々は、関東地方で竪穴《たてあな》住居に住んだ東国の人々とそう違わない生活を営んでいた。今日からいうと、蝦夷の人々も私たちの先祖にあたるといえ、蝦夷の歴史をそれなりに列島の古代史の中に位置づけなくてはならないであろう。このことは、隼人についても同様にいえよう。したがって、かつていわれたような「蝦夷征伐」を正当化する一方的な歴史観で古代東北の歴史を扱うことは、難しくなった。

また、発掘調査成果や出土文字資料などが出現したことによって、新たに各地域の古代史像が見えるようになってきた。これまで文献史料によって中央・国家・貴族・ハレの出来事中心の歴史像が形成されてきたのに対して、地方・社会・民衆・日常的出来事の姿も知られるようになってきたのである。かつての県史・市町村史など地方史の古代史の部分は、ほとんど六国史・律令などによって中央政府の出来事が語られていたが、今日では、各地の地方官衙や寺院・集落・交通遺跡の姿や、出土した木簡・墨書土器・文字瓦などによって、地方豪族や地域の人々の動向を描き得るようになったのである。こうして、それぞれの地域の古代史像も、東アジア、中央や他地域との間で盛んに交流しながら展開していたことが明らかになった。史料に富む中央の国家・貴族の歴史はもちろん大事であるが、遺跡・出土文字資料が語る地方の社会・民衆の歴史も同じように位置づけて、列島の歴史の全体像を総合的に描くことが求められるようになったのである。

律令国家の中央集権性

古代の律令国家が、律令や戸籍・計帳《けいちょう》の古文書が示すように、国家による直接的な個別人身支配が津々浦々まで貫かれた「一君万民」の社会だったかというと、国司のもとで戸籍・計帳の作成に果たした郡司たちの役割を考えるならば、地方豪族の協力なしには中央集権的なシステムは動かなかったとみられる。こうした地方豪族たちの伝統的な地域支配権を「総括」することによって、はじめて律令国家が存立し得たという、石母田《いしも だ》正《しょう》の「在地首長制」の考え方は、説得力があるといえよう。

律令国家の中央集権的な地方統治の体制が、どのようにして形成され得たのかを考える時、中央と地方の関係に焦点をあてて、国司対郡司の関係、地方豪族の動向、そして地方官衙のあり方などから、律令国家の中央集権性について検討することが、大切になろう。その際、古代史料がもつ制度と実態の両面の別に注意しながら、それを史料批判しなくてはならないだろう。律令に「盗み」を禁じる条文があるからといって、古代社会には盗犯がなかったとみるべきか、『万葉集』や正倉院文書《しょうそういんもんじょ》に記載された盗難の事例が示すように、実態として盗犯があるから律令条文が規定されたとみるべきか、制度と実態の別を十分考慮しつつ総合的かつ公平に判断することが求められるのである。

一　列島文化のあけぼの

1——旧石器・縄文時代の環境と暮らし

旧石器時代のはじまり

約四〇〇万年前、地質学でいう第三紀の終わり頃に人類は誕生し、続く第四紀に類人から原人、旧人、新人へと進化していった。第四紀更新世《こうしんせい》（洪積世《こうせきせい》）の氷河期には、海面が低下して日本列島は大陸と地続きとなり、北や南からマンモスやナウマン象などとともに人類も列島に移動してきたとみられる。約一万年前からの完新世《かんしんせい》（沖積世《ちゅうせきせい》）になると、海面が上昇して日本列島の海岸線は今日のようになった。列島でみつかった更新世の化石人骨には、旧人段階の愛知県牛川人《うしかわじん》、新人段階の静岡県三ケ日人《みっかびじん》・沖縄県港川人《みなとがわじん》などがある。これらの人骨は、身長が低くて顔が幅広く立体的な南方系の古モンゴロイドであり、その形質は縄文時代人に受け継がれる。弥生時代・古墳時代になると、朝鮮半島から多くの人々が渡来して混血を繰り返し、身長が高く面長の顔をもつ北方系の新モンゴロイドの特徴がみられるようになる。こうして次第に日本人の形質が形成されていった。

人類が金属器を発明する以前の石器時代は、打製《だせい》石器を用いた更新世の旧石器時代と磨製《ませい》石器や土器を用いるようになる完新世の新石器時代とに分けられる。日本における旧石器文化は、かつては存在しないとされてきたが、岩宿《いわじゅく》遺跡（群馬県みどり市）の更新世の関東ローム層（赤土）中から相沢忠洋《あいざわただひろ》によって打製石器が発見されて、約三万五〇〇〇年前までさかのぼるその存在が明らかになった。その後、旧石器時代遺跡の「発見」が東北地方で続き、一時は世界最古の年代にさかのぼる石器がみつ

図１　更新世末期の日本列島（町田洋原図に加筆）

図２　岩宿遺跡最初の発掘調査風景

かったともされたが、これは捏造《ねつぞう》された遺跡・遺物であることが発覚し、再検証が行われた。旧石器時代には、黒曜石《こくようせき》やサヌカイトなどの石材を用いたナイフ形石器・尖頭器《せんとうき》・細石器《さいせっき》などを槍先に付けて、ナウマン象やオオツノジカなどの大型獣の狩猟が行われた。人々は定住せずに小集団で食料を求めながら移動生活を行った。石器製作の場を示す石器・剥片《はくへん》・石材などが集中する石器ブロックが彼らの住居を示すとされ、それが環状に複数集まって旧石器時代の遺跡を構成している。

縄文時代のはじまり

約二〇〇万年前から極寒の氷期と温暖な間氷期《かんぴょうき》が繰り返してきた氷河時代が終わると、約一万年前に気候が温暖化し、海面が上昇して今日のような日本列島が形成された。環境変化とともに動植物相が変化し、縄文時代（約一万二〇〇〇年前〜約二三〇〇年前）がはじまる。最近の国立歴史民俗博物館による放射性炭素（C^{14}）年代測定（AMS法）による推定では、約一万五〇〇〇年前〜約二八〇〇年前という説も出されている。縄文文化の特徴は、中・小型獣を狩猟するための弓矢や食料煮炊き用の土器の使用、そして磨製石器の出現にある。縄文土器は、低温で焼いた褐色《かっしょく》の土器で、縄をころがした文様をもち、草創期・早期・前期・中期・後期・晩期に時期区分される。煮炊きができる土器の出現によって、食生活は格段と向上した。縄文時代の生業は、ニホンジカ・イノシシや小動物を対象とした弓矢による狩猟、サケなどの漁労、そしてドングリ・クリ・トチなどの植物食料採取であり、自然環境に即した生活をしていた。この時代には、産地の限られる黒曜石、翡翠《ひすい》やサヌカイトなどの石材を用いた石器が広く各地に分布するなど、広域にわたる交換も展開していた。石材原産地としては、黒曜石を採掘した長野県八ヶ岳山麓の星糞峠《ほしくそとうげ》黒曜石原産地遺跡

（長和町《ながわ》）や、奈良県二上山《にじょうさん》のサヌカイト原産地（葛城市《かつらぎ》）が知られ、また三内丸山《さんないまるやま》遺跡（青森県青森市）では、六〇〇キロ離れた新潟県姫川《ひめかわ》産の翡翠《ひすい》製品が運び込まれていた。長者ケ原《ちょうじゃがはら》遺跡（新潟県糸魚川《いといがわ》市）のように、中期に磨製石斧《ませいせきふ》を大量生産して広域に交易した遺跡も知られている。

縄文時代の暮らし

縄文時代には、竪穴住居に数名の一世帯が住み、数世帯が集まって集落を営んだ。集落は台地や微高地《びこうち》上に立地し、中央の広場を竪穴住居群が円形に取り囲み、水場、土《ど》壙墓《こうぼ》からなる墓地、貯蔵穴やゴミ捨て場などが付属した。集会所・作業場と推測される大規模な竪穴建物が存在することもあり、儀式・祭り・宴会などに用いられたと推測される。海進した当時の海岸付近に営まれた集落では、安定的な食料である魚貝などのゴミ捨て場が、貝塚遺跡として今日まで残っている。前期の大串《おおくし》貝塚（茨城県水戸市）、中期から晩期にかけての加曽利《かそり》貝塚（千葉県千葉市）、晩期の里浜《さとはま》貝塚（宮城県東松島市）など多くの貝塚遺跡が知られる。貝塚のようなゴミ捨て場の遺跡からは、この時代の人々が、季節的にどのような食料を狩猟・漁労・採集して暮らしていたかを知ることができる。ドングリ・クリ・トチなどの木の実、シジミなどの貝類、サケ・マスや海・湖・川の魚類、シカ・イノシシなどの動物が食料であった。こうした動物や魚を獲得し調理する道具として、石匙《いしさじ》・掻器《そうき》、銛《もり》・釣針、石《せき》鏃《ぞく》・石斧、磨石《すりいし》・石皿《いしざら》などの石器・骨格器《こつかくき》がそれぞれの環境条

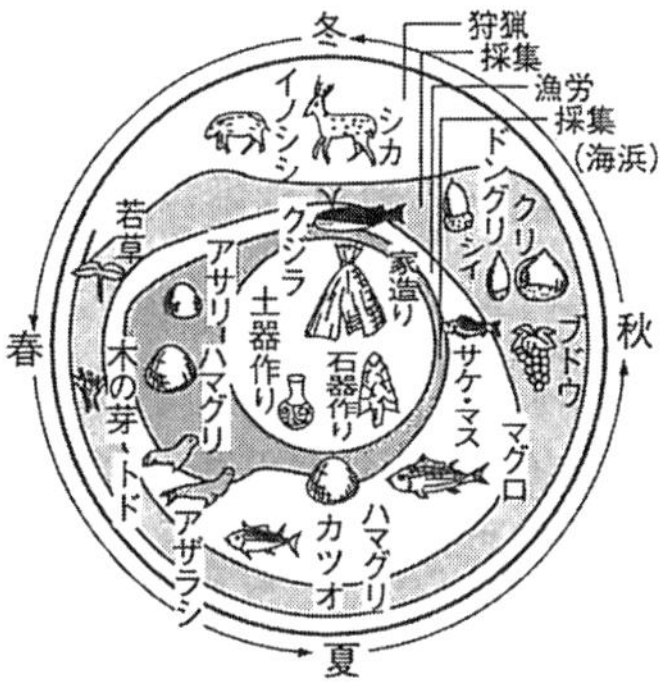

図3　縄文人の生活カレンダー
（小林達雄作成）

図4　大湯環状列石（万座環状列石）

件に応じて用いられた。木の実やサケ・マス、貝などの豊かな自然の恵みに適合した生活を重ねて、東北の三内丸山遺跡などでは、縄文前期から中期にかけての約一五〇〇年にわたって集落が継続的に営まれたものと考えられている。

縄文時代の祈り

狩猟・漁労・採集を中心とした生活は、自然条件に左右される不安定な生活段階であったことから、縄文人には自然に対する畏敬に応じた呪術的な信仰が広くみられる。この時代の遺跡・遺物には、呪術的な性格をもつものが多い。大湯環状列石《おおゆかんじょうれつせき》（秋田県鹿角《かづの》市）などの環状列石は、環状に並ぶそれぞれの組石群の下に土壙墓があり、環状集落に囲まれて存在する葬送祭祀・祖先崇拝の場とされる。チカモリ遺跡（石川県金沢市）・真脇《まわき》遺跡（同県能登町）のような環状に複数の巨柱を立てた環状木列の遺跡も、祭祀の場であろう。遺物としては、女性の生命生産力を象徴する土偶《どぐう》、男性を象徴する石棒《せきぼう》、装飾性に富んだ、縄文中期頃の新潟県信濃川流域の火焔型土器《かえんがたどき》、縄文晩期の東北地方の亀ヶ《かめが》岡《おか》式土器などの土器や、装身具・土製仮面・岩版《がんばん》などが広く各地で出土している。その他、歯を加工する抜歯《ばっし》や叉状研歯《さじょうけんし》、そして死者埋葬の際の屈葬《くっそう》などの風習も呪術とかかわっている。自然の脅威に取り囲まれた縄文時代の人々が、豊穣・再生を祈り悪疫を避けるために、呪術に頼って生活していたことが知られるのである。

2―弥生文化の広がり

農耕文化の伝播

縄文時代の終末期には朝鮮半島から水田稲作農耕が北部九州に伝わり、金属器が使われ、布が織られるようになる。紀元前三世紀までには西日本で水稲《すいとう》耕作を基礎とする社会が成立し、急速に東北地方にまで農耕文化が広まった。その拡大の背景には、大陸で紀元前三世紀に秦《しん》・漢《かん》という強力な統一国家が生まれ、東アジアにその勢力が及んだことの影響もあったとみられる。農耕とともに鉄器・青銅器など金属器の使用も伝えられ、農耕生産を基盤とした弥生時代社会へと変化した。

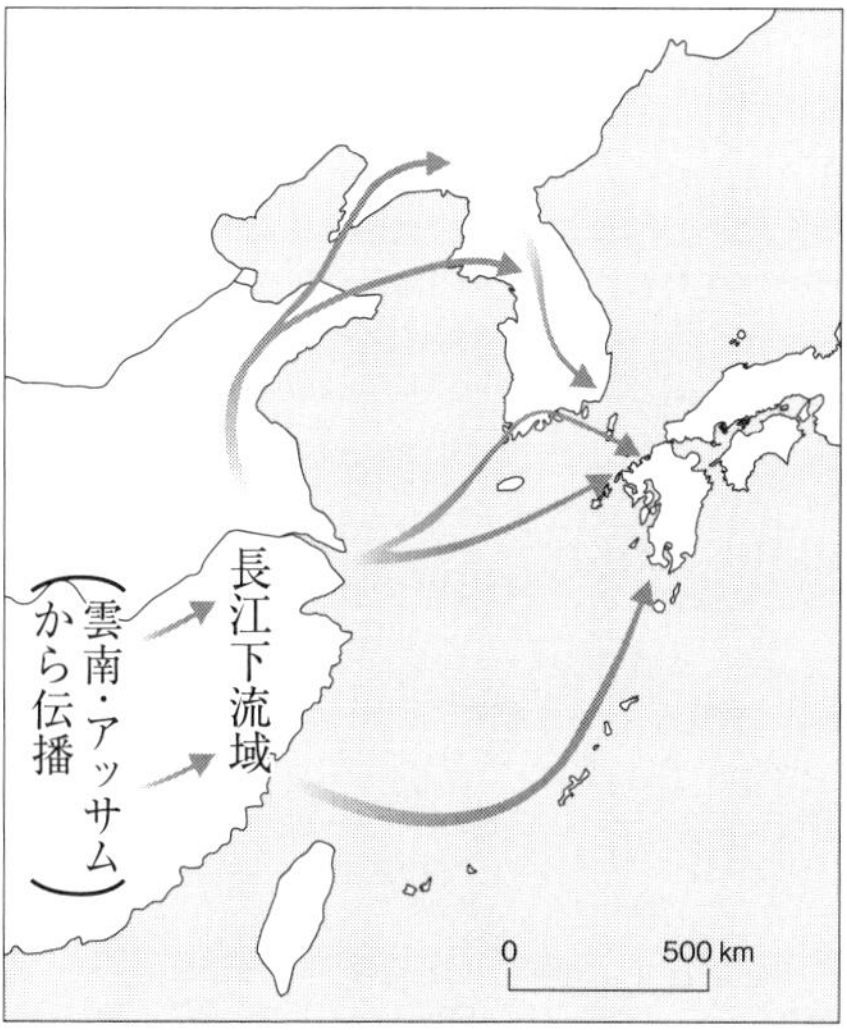

図5　東アジア稲作の伝播ルート

　水田稲作の技術が長江流域から日本列島の北部九州へと伝わった伝播のルートとしては、長江《ちょうこう》下流地域から南西諸島を経由するルート、東シナ海を直接横切り朝鮮半島南部から列島に入るルート、そして中国東北部・朝鮮半島を経由して列島に入るルートなどが考えられている。そのうち、最後の北回りコースでの伝播の場合、水田稲作とともに青銅器や大陸系磨製石器などが一体として伝来したことになる。

弥生時代のはじまり

弥生時代には、農耕生産がはじまるとともに、収穫を高床《たかゆか》倉庫に収蔵するなど富の蓄積が進んだ。共同体の中に階層差が生まれて、祭祀や生産を担うリーダーから支配者の首長が成長した。そして、そうした首長の墳墓として墳丘墓《ふんきゅうぼ》が営まれるようになるとともに、共同体間の戦争が展開するという社会的な変化が起こった。

弥生土器は、これまでの縄文土器よりも薄く堅く、文様をもたず赤色を呈しており、壺形土器が多い。また、水田耕作とともに金属器の使用がはじまった。世界では石器時代から青銅器時代を経て鉄器時代を迎えたが、弥生時代では、青銅器・鉄器の使用がともにはじまっている。

これまで、紀元前三世紀頃から紀元三世紀頃までを弥生時代と称し、前期・中期・後期に区分してきた。最近の国立歴史民俗博物館による放射性炭素年代測定・AMS法（年輪年代法により補正）では、弥生時代のはじまりを紀元前一〇世紀、終わりを紀元三世紀と提案するが、いまだ定説とまではなっていない。

青銅器と鉄器の併用

青銅器には、弥生前期から中期にかけて朝鮮半島から銅剣《どうけん》・銅矛《どうほこ》・銅戈《どうか》などが輸入され、実用された。列島で製作されるようになると、青銅器は銅剣・銅矛や銅鐸《どうたく》などのように祭器化していく。銅剣・銅矛、銅鐸とも、実用からかけ離れて、次第に祭器として修飾されたり大型化していった。また中期後半には中国の漢鏡の輸入がはじまって祭器・威信財《いしんざい》とされた。鏡は、中国では化粧用の道具であるが、列島では祭器として用いられた。このように、水田稲作のはじまりとともに、豊作を祈り収穫を感謝するための弥生時代の祭りのあり方は、狩猟採集を中心とした縄文時代の土偶・石棒にみられるような祭りから大きく変容していった。

鉄器には、鍬《くわ》・鋤《すき》の刃先や鎌《かま》などの農具、剣・刀・矛・戈・鏃《やじり》などの武器や斧《おの》、鉇《やりがんな》などの工具がみられる。とくに弥生時代後期に農具の鉄器化が進むと、農業生産力は格段と向上した。鉄の素材は、『三国志《さんごくし》』魏書東夷伝倭人条《ぎしょとういでんわじんのじょう》（魏志倭人伝《ぎしわじんでん》）にみえるように、もっぱら朝鮮半島南部から輸入された。

銅鐸と銅剣・銅矛の祭り

青銅製祭器としての銅鐸と銅剣・銅矛については、かつては近畿中心の銅鐸文化圏と九州北部中心の銅剣・銅矛・銅戈《どうか》文化圏に二分する説があったが、荒神谷《こうじんだに》遺跡（島根県出雲市）や加茂岩倉《かもいわくら》遺跡（同県雲南《うんなん》市）で大量の銅剣・銅鐸や銅矛が共伴して出土したこと、さらに、九州北部でも銅鐸を製作していた遺跡がみつかったことなどから、青銅器祭祀の分布と変遷は再考されつつある。また、祭祀圏と政治圏は必ずしも一致するものではないと考えられる。

銅鐸は、もともとは紐《ちゅう》でつり下げ、内面に舌《ぜつ》の棒が当たって神を招くための音を鳴らすものであったが、次第に紐が薄くなって装飾が増し、大型化していって音の出ない祭器となっていった。

荒神谷遺跡では、人里離れた谷地形の斜面に、中期から後期にかけての銅剣三五八本が埋納され、すぐそばに銅鐸六口、銅矛一六本も埋納されていた。近くの山間に位置する加茂岩倉遺跡でも、中期の銅鐸三九口が一括して埋納されていた。銅鐸は、多く集落から離れた山間の斜面に一括して埋納されており、その埋納のあり方そのものが、祭祀の方法を示すものと考えられている。

銅剣・銅矛・銅戈は、もともと朝鮮半島から伝えられた武器であり、それを模して列島でも製作されるようになった。列島では、青銅製武器は、装飾が加えられたり、脆弱《ぜいじゃく》なつくりになったり、大型

図6　弥生時代中期の銅鐸（徳島市国府町西矢野出土）

図7　荒神谷遺跡の銅剣出土状況

化するなど、しだいに実用性を失って祭器化していった。これらの銅剣・銅矛・銅戈の祭器も、銅鐸と同様に埋納された状態でみつかることが多く、時に銅鐸とともにていねいに埋められている。やはり埋納という祭祀形態をとる祭りと考えられる。

　こうした祭りを主宰したのは、カミマツリを行い呪術的な能力を身につけた弥生時代の共同体を代表する首長と考えられる。

図8　本郷弥生町出土の弥生式土器

弥生時代の展開

　弥生時代は、弥生二丁目遺跡（東京都文京区）で弥生土器がみつかってその認識がはじまった。ついで唐古《からこ》・鍵《かぎ》遺跡（奈良県田原本《たわらもと》町）では弥生土器と木製農具などが共伴して出土し、さらに登呂《とろ》遺跡（静岡市）では弥生後期の竪穴建物（住居）群や高床倉庫からなる集落跡とともに、水田跡や木製農耕具がみつかって、水稲耕作を生業とした弥生時代集落像が明らかになった。

　その後、板付《いたづけ》遺跡（福岡市）では、環濠《かんごう》に囲まれた竪穴建物（住居）群・高床倉庫からなる集落と水田・水路の遺跡が、縄文晩期末の土器とともに併存したことが明らかになり、水稲耕作のはじまりがさかのぼることとなった。ついで菜畑《なばたけ》遺跡（佐賀県唐津市）では、さらに古い土器とともに水田跡・木製農具・稲・雑穀などがみつかり、水稲耕作の受容がさかのぼることが確実になった。

こうして九州からはじまった水稲耕作は列島各地に広まっていき、狩猟・漁労・採集を中心とした縄文社会にかわって弥生社会が展開していった。東北地方においても、砂沢《すなざわ》遺跡（青森県弘前市）で前期の北九州弥生土器とともに水田遺構がみつかっており、前期のうちに水田稲作農耕が本州北端の青森県まで伝播したことが知られた。しかし、こののち北東北の人々は、水田稲作農耕を受容しない方向を選択したのである。

弥生時代の集落

弥生時代には、竪穴建物（住居）数棟〜数十棟からなる定住的な集落が営まれ、農耕の収穫物を収める高床倉庫も建てられた。水田耕作の生産地や収穫物をめぐる争奪から集落間で戦いが起きるようになり、そうした戦いに備えて、濠《ほり》に囲まれた環濠集落や高い丘陵上に位置する高地性集落も広く出現した。集落近くには共同墓地が営まれ、甕棺《かめかん》や石棺《せっかん》・木棺《もっかん》による埋葬が行われた。同じ共同墓地の地区にありながら、次第に有力な副葬品をもつ埋葬が発生し、共同体の祭祀や生産をつかさどる首長たちのための墓として、墳丘墓（方形周溝墓《ほうけいしゅうこうぼ》）が発達していった。大塚《おおつか》遺跡・歳勝土《さいかちど》遺跡（横浜市）では、台地上の環濠集落に隣接して方形周溝墓群の共同墓地がみつかっている。田和山《たわやま》遺跡（島根県松江市）は、小高い丘陵上に環御で防御された集落または祭祀遺跡である。

吉野ヶ里遺跡《よしのがり》(佐賀県神埼市・吉野ヶ里町)では、弥生時代中期〜後期の大規模な環濠集落がみつかっている。土塁《どるい》・濠で囲まれ、外側にせり出した櫓《やぐら》建物で守られた内郭には、首長の居宅や祭殿とみられる掘立柱建物があり、その外側に大型の高床倉庫が建ち並ぶ地区もあった。環濠からは、土器・石器・鉄器や鏡片・銅剣片などが大量に出土している。共同墓地の墓域北端には中期に大型墳丘墓が営

図9　大塚遺跡

図10　吉野ヶ里遺跡の復元建物(南内郭)

まれ、墳丘墓内の甕棺からは細型銅剣やガラス製管玉《くだたま》などすぐれた副葬品が出土し、周辺の甕棺墓群の副葬品のない甕棺との間に階層差が認められている。

『漢書』『後漢書』と弥生時代の列島

『漢書《かんじょ》』地理志《ちりし》は、「それ楽浪《らくろう》海中に倭人《わじん》あり。分かれて百余国となる。歳時を以て来たり献見す」と、前漢《ぜんかん》（前二〇二～八）の武帝《ぶてい》（在位前一四一～前八七年）が朝鮮半島に置いた楽浪郡（前一〇八～三一三）に向けて、分立した倭の諸小国が遣使したことを記している。楽浪郡の中心は、郡治が置かれた平壌《ピョンヤン》地域であった。また、遅れて楽浪郡の南に置かれた帯方《たいほう》郡（二〇四～三一三）も、朝鮮半島や倭と中国の後漢《ごかん》・魏《ぎ》などの間にあって、大陸との交流の拠点となった。こうした交流の痕跡は、日本列島各地の弥生時代遺跡から出土する、漢製の鏡、王莽《おうもう》（前四五～後二三）の時代の「大泉五十《だいせんごじゅう》」や「貨泉《かせん》」（一四～四〇年鋳造）などの銭貨、銅剣・銅矛などにみることができる。

また『後漢書《ごかんじょ》』東夷伝《とういでん》には、五七年に倭の奴国《なこく》が朝貢して後漢（二五～二二〇）の光武帝《こうぶてい》（在位二五～五七年）から印綬《いんじゅ》を授けられたこと、一〇七年には倭国王帥升《すいしょう》らが後漢に生口《せいこう》を献上したこと、そして二世紀半ば以降の「桓霊《かんれい》の間」（後漢の桓帝〈在位一四七～一六七年〉・霊帝〈在位一六八～一八八年〉の間）に、倭国が大いに乱れたことが記されている。光武帝が奴国王に与えた印綬は、博多湾の志賀島《しかのしま》（福岡市）から江戸時代に出土した、「漢委奴国王《かんのわのなのこくおう》」の印文をもつ、封泥《ふうでい》を封緘《ふうかん》するための金印である。

こうした先進文物を入手し自らの地位を高めるため積極的に中国の王朝へ朝貢した倭の諸小国の様子は、弥生時代中期～後期の環濠集落で船来の遺物も出土する吉野ヶ里遺跡などにうかがうことができる。

3―邪馬台国から倭国へ

魏志倭人伝

中国では、三世紀初めに後漢（二五～二二〇）が滅んで魏・呉《ご》・蜀《しょく》が鼎立する三国時代を迎える。『三国志』魏書東夷伝倭人条（魏志倭人伝）には、この三世紀前半頃の倭の様子が詳しく記されている。倭の女王が都する邪馬台国《やまたいこく》に至るまでの行程上にある女王国統属下の諸国のことをはじめ、風俗や衣食住そして法や税などのことが具体的に記されている。歴史については、次のように記している。

その国、本また男子を以て王となし、住《とど》まること七、八十年。倭国乱れ、相攻伐すること歴年、乃《すなわ》ち共に一女子を立てて王となす。名づけて卑弥呼《ひみこ》という。鬼道《きどう》に事《つか》え、能《よ》く衆を惑わす。年已《すで》に長大なるも、夫婿《ふせい》なく、男弟あり、佐《たす》けて国を治む。王となりしより以来、見るある者少なく、婢《ひ》千人を以て自ら侍《じ》せしむ。ただ男子一人あり、飲食を給し、辞を伝え居所に出入りす。宮室・楼観《ろうかん》・城柵、厳《おごそ》かに設け、常に人あり、兵を持して守衛す。

二世紀後期に乱れた倭国では、卑弥呼を女王として共立し、ようやく邪馬台国を中心とした三〇国ほどの小国連合にまとまったという。卑弥呼は呪術（「鬼道」）をよくしたといい、祭政は未分化で、政治は卑弥呼の男弟が補佐した。千人の下女が仕える卑弥呼の宮殿には、高殿《たかどの》・城柵があり、常に兵士が守衛していた。

卑弥呼は、二三九年（景初三）六月に大使難升米《なしめ》・次使都市牛利《としごり》らを帯方《たいほう》郡に遣わし、魏の都洛陽《らくよう》へと朝貢した。前年の二三八年に、楽浪《らくろう》郡・帯方郡ではこの地域に勢力を張った公孫《こうそん》氏が滅んで魏の直接支配が及んだので、それに対応する外交であった。二三九年、魏の明帝《めいてい》から詔書とともに「親魏《しんぎ》倭王《わおう》」の号、金印紫綬《しじゅ》、刀、鏡一〇〇面などの賜物が下され、翌年届けられた。卑弥呼はまた二四〇年（正始元）にも遣使し、二四七年には、卑弥呼は帯方郡に遣使して、狗奴国《くなこく》の王卑弥弓呼《ひみきゅうこ》との戦いへの支援を求めた。この時は皇帝から詔書や黄幢《こうどう》（旗）、檄《げき》を下賜されたが、卑弥呼は間もなく亡くなった。

卑弥呼が没すると、径百余歩の大きな塚墓を造り、百余人の奴婢《ぬひ》が殉葬された。しかし、後継の男王には国中が服さず争いが起こり、卑弥呼血縁の一三歳の女性壱与《いよ》を王に立てて、ようやく収まったという。壱与も、さっそく使節を魏に送っている。

邪馬台国の社会

魏志倭人伝には、「下戸《げこ》、大人《たいじん》と道路に相逢へば、逡巡《しゅんじゅん》して草に入り、辞を伝え事を説くには、あるいは蹲《うずくま》りあるいは跪《ひざまず》き、両手は地に拠《よ》り、これが恭敬《きょうけい》を為す」とあるように、社会的に大人と下戸の身分差があることが、衣服・食事・住居や生業などについての記載とともにある。女王国の統属下の国々には、王がいるとともに、邪馬台国から派遣された大官・副官という地方官もいた。さらに国々の上に諸国を検察する「一大率《いちだいそつ》」が伊都国《いとこく》に派遣されていた。

魏志倭人伝が記す国々の戸数をみると、邪馬台国が七万戸、投馬《とうま》国が五万戸、奴《な》国が二万戸、伊都国が一万戸などである。国々のうち、伊都国は福岡県糸島市あたり、奴国は福岡県春日市あたりであることは動かない。

畿内説と九州説

しかし、魏志倭人伝が記す邪馬台国に至る方位・距離の記載がそのまま信じられないこともあって、邪馬台国の位置が近畿地方か九州地方かという論争が長く続いている。近畿説は、前期古墳から出土する三角縁神獣鏡《さんかくぶちしんじゅうきょう》を魏から賜与された銅鏡と関連させてとらえるなど、古墳の発生が近畿中心であることを重視する。いっぽう九州説は、北部九州が弥生時代以来の先進地であったことや、邪馬台国連合とのちの倭王権との時間差をみる。両説の間には、畿内にあった邪馬台国がそのまま次の倭王権となっていったのか、九州の邪馬台国とは別の畿内勢力が倭王権となっていったのか、という見方の違いが存在するのである。魏志倭人伝の読み方や同書の記載範囲を列島のどの規模ととらえるかという相違点も、かかわっている。列島における国家形成過程にかかわるこの論争は、考古学的に古墳の発生が三世紀後半にさかのぼると考えられるようになったことなど、今後の発掘調査成果によるさらなる実態の解明が期待される。

纒向遺跡

奈良盆地東南の三輪《みわ》山西麓に広く展開する纒向《まきむく》遺跡（奈良県桜井市）の中には、三世紀前半の前方後円墳の発祥をうかがわせる纒向古墳群がある。もっとも早く成立した大規模前方後円墳である箸墓《はしはか》古墳（二八〇メートル）や、それに先立つ纒向石塚古墳（九六メートル）・ホケノ山古墳（八〇メートル）などの後円部が大きく前方部が低く平らな撥《ばち》型である「纒向型前方後円墳」が集中している。

纒向石塚古墳は、周溝から出土した鋤・鍬・板材の年輪年代測定などから、二世紀末から三世紀初めとされる。ホケノ山古墳からは、魏で三世紀前葉に作成されたとみられる画文帯神獣鏡《がもんたいしんじゅうきょう》など船載鏡が出土しており、大陸との交流拠点であったことが知られる。その延長に、最初の巨大前方後円墳である箸墓古墳が営まれ、その後もこの地域に巨大前方後円墳が営まれ続ける。

纒向遺跡は、二世紀後半から四世紀後半にかけての巨大な集落遺跡である。中には三世紀代の大規模掘立柱建物群が整然と配置された遺跡もみつかっており、この時代の列島を代表する性格をもつ遺跡の一つと考えられている。この遺跡の大きな特徴は出土した土器群にあり、北部九州から関東に及ぶ伊勢湾・山陰・北陸・吉備《きび》など各地の土器が大量にもたらされていた。その範囲は、韓式土器にも及び、朝鮮半島系技術による鉄器生産遺跡も存在している。こうした土器にみられる列島諸地域との交流の中心的位置を、纒向遺跡は占めていたと考えられている。なお、纒向古墳群のすぐ北には大和《おおやまと》古墳群が展開して、四世紀中頃にかけての巨大前方後円墳群が営まれており、継続する倭国の王墓としての性格が指摘されている。

交流の展開

弥生時代には、水稲耕作、文化や鉄資源の輸入のほか、多くの渡来人が列島に渡ってきたという東アジア地域との交流や、物資の遠距離交易にみられる列島内での交流が盛んになった。倭国が乱れて諸国が攻撃しあったと記され、防御施設を備えた環濠集落・高地性集落の遺跡にみられるように、小国やその連合間の戦争も、交流の一形態である。農耕の収穫が蓄積されるようになった弥生時代には、縄文時代にはなかった本格的な戦争が展開した。こうした多様な交流の展開の中で、小国やその首長間で統合が進み、社会的にも階層的構成が築かれ、続く古墳時代の倭王権へと展開していった。

いっぽう、本州・九州・四国で農耕生産を基盤とした弥生時代社会が展開したのに対して、寒冷な北海道では続縄文文化、温暖な沖縄など南西諸島では貝塚文化と呼ばれる、自然環境に適した食料採集文化が続いていった。この後、日本列島の文化は三者に分かれて進行していく。さらに北海道では九世紀頃から狩猟・漁労に重点を置いたまま擦文《さつもん》土器に代表される擦文文化へと移行し、本州・九州・四国の古代史の歩みとは別の歴史が展開した。

二　古墳と大王の時代

1——前方後円墳の時代

古墳の出現

三世紀後半〜四世紀初めに、弥生時代後期の墳丘墓とは隔絶した大規模な墳丘をもつ前方後円墳などの古墳が各地で出現する。前方後円や前方後方という墳形や、竪穴《たてあな》式石室・呪術的副葬品といった埋葬法の画一性から、支配者としての各地の首長たちが政治的連合を形成したものとみられる。そして出現期の古墳としては奈良県の箸墓《はしはか》古墳（二八〇メートル）が最大規模であるなど、この政治的連合の中心は近畿地方にあった。五世紀には連合の盟主は大王《おおきみ》《だいおう》を称し、中国から「倭《わ》国王《こくおう》」と認められていることから、この政治的連合を倭《わ》王権（ヤマト政権）と呼ぶ。古墳の墳形や規模は、倭王権の大王と地方豪族たちとの間で結ばれた政治的な連合ないし支配＝従属関係を表示する意味をもった。地方豪族の「王」たちは、「大王」から自らの地方支配を承認され大陸・半島からの先進的技術を伝えてもらういっぽう、大王に対して貢物を進めたり子女を大王の侍者として仕えさせるなどの「仕奉《しぶ》」を行うこととなった。

東アジアの国際関係をみると、中国では、二六五年に三国の魏《ぎ》にかわり、蜀《しょく》を併せた西晋《せいしん》が呉《ご》も滅ぼして中国を統一するが、皇位争いで混乱して力を失い、三〇四年から華北はいわゆる十六国の時代を迎える。西晋は、三一六年には江南《こうなん》に都を移して東晋《とうしん》となる。そして四三九年に北魏《ほくぎ》が興って華北を統一し、南北朝時代を迎える。西晋が混乱してから南北朝が対立する時代には、中国の影響力が朝鮮半島・日本列島には及びにくくなり、その地には高句麗《こうくり》・百済《ひゃくさい》《くだら》・新羅《しんら》《しらぎ》・加耶《かや》・倭などの国々が勃興していった。とくに西晋の衰退にあわせて、三一三年に高句麗が楽浪《らくろう》郡・帯方《たいほう》郡を滅ぼして勢力を南下させると、朝鮮半島の百済や新羅との間でしのぎを削る三国時代を迎える。この動向は、半島南部の加耶や日本列島の倭の歴史と密接にかかわることになった。

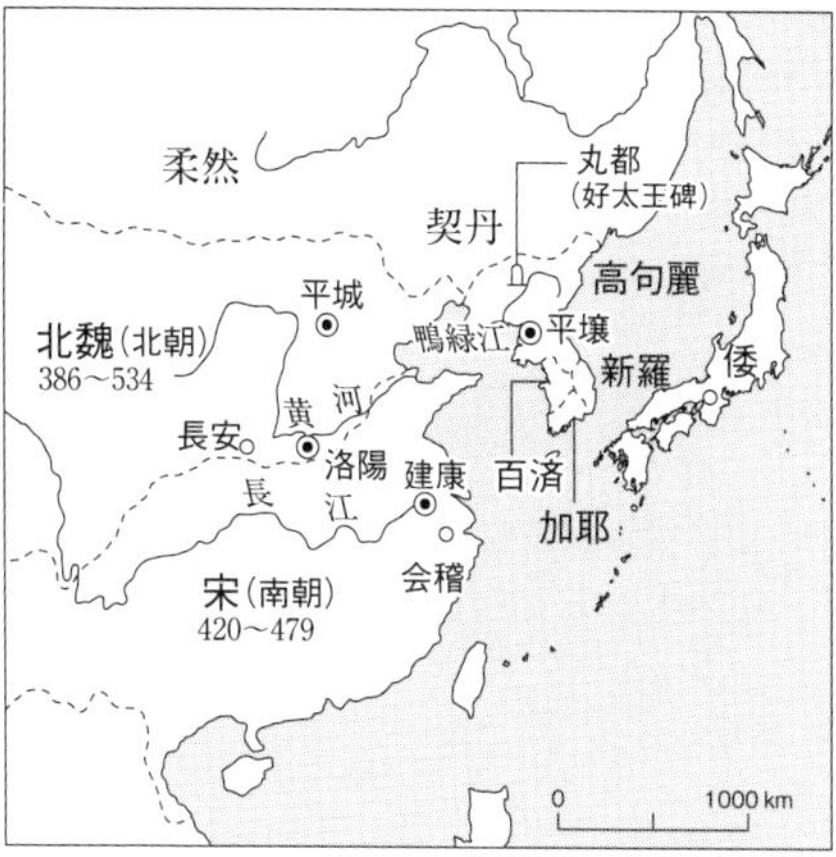

図11　4〜5世紀の東アジア

三世紀後半〜七世紀の古墳時代は、前期・中期・後期に区分される。前期には竪穴式石室に棺を納め、三角縁神獣《さんかくぶちしんじゅう》鏡《きょう》や勾玉《まがたま》・管玉《くだたま》などの呪術的・祭祀的遺物の副葬が多く、埋葬された豪族たちの司祭者的性格がうかがえる。中期には、墳丘規模が巨大化するとともに副葬品として武器・馬具が多くなり、被葬者の軍事的性格が強くなる。後期には、追葬が可能な構造である横穴式石室が広まり、小規模な円墳が多数造られる群集墳《ぐんしゅうふん》が多くなる。群集墳は、豪族の下で成長した有力家族層が営んだものと考えられる。

前期古墳には、出現期を代表する奈良県の箸墓古墳や、

図12　箸墓古墳全景

三角縁神獣鏡を多く出土した京都府椿井《つばい》大《おお》塚山《つかやま》古墳、奈良県黒塚《くろづか》古墳などが知られる一方、岡山県や福岡県にも出現期の有力古墳は存在する。しかし、前方後円墳にうかがえる古墳文化はじまりの中心は畿内であり、倭王権の中心は、畿内のヤマトにあったといえる。

大王墓と前方後円墳の時代

中期古墳では、伝応神《おうじん》天皇陵古墳（四二五メートル）をはじめとした古市《ふるいち》古墳群（大阪府藤井寺市・羽曳野《はびきの》市）や、最大規模をもつ大阪府堺市の大山《だいせん》古墳（伝仁徳《にんとく》天皇陵古墳。墳丘長四八六メートル。二重の周溝《しゅうこう》・周堤帯《しゅうていたい》をあわせた総長八五〇メートル）をはじめとした百舌鳥《もず》古墳群に展開する巨大前方後円墳群は、五世紀代の大王墓と考えられる。

ここで「大王」というのは、埼玉《さきたま》古墳群

稲荷山古墳《いなりやま》（埼玉県行田市）から出土した鉄剣の銘文や江田船山古墳《えたふなやま》（熊本県和水町《なごみ》）から出土した鉄刀の銘にみえる「獲加多支鹵大王《わかたける》」の「大王」の称号のことである。この「大王」は、『宋書《そうじょ》』東夷伝《とういでん》倭国条《わこくじょう》にみえる宋の皇帝から冊封《さくほう》されたいわゆる倭の五王の国内向けの称号であり、倭王権の盟主をさす。

また地方でも、岡山県・群馬県・京都府北部・宮崎県南部などでは大規模な前方後円墳が営まれており、倭王権の政治連合において同盟的関係をもった地方豪族の重要な地位がうかがえる。吉備《きび》では、岡山県岡山市の造山古墳《つくりやまぞうざん》（三六〇メートル）や総社市《そうじゃ》の作山古墳《つくりやまさくざん》（二八六メートル）が、畿内の大王墓にも匹敵する巨大前方後円墳として存在する。また大阪府高槻市の今城塚古墳《いましろづか》も、大王墓とみて間違いない。

前方後円墳のはじまりは最初期の箸墓古墳がある畿内であり、日本独特の「前方後円」という特徴ある形態の大規模なマウンドをもつ墳墓を営むことが、大王を中心とする倭王権の影響力の及ぶ範囲で、地方豪族にも広まったとみられる。新首長が没した前首長の墳墓を大規模に営み、埋葬儀礼を荘厳に主催することを通して、首長権の継承が行われたわけだが、その際に倭王権の造墓・埋葬方法を地方豪族が導入することを通して、倭王権と地方豪族の関係が支配・従属的な関係になっていくことが示されている。「前方後円墳体制」ともいわれるこの構造は、前方後円墳を中心とする古墳の墳形や規模に、地方豪族たちが倭の大王のもとに編成され位置づけられた階層的秩序が反映しているとみるのである。大規模な前方後円墳を営んだ地方は、勢力拡大を図る倭王権にとって、有力な地方豪族が存在していた地域であった。

群集墳

古墳時代後期になると、たくさんの小規模な円墳群によって構成される群集墳が各地で営まれるようになる。大規模な古墳を造営して首長権を誇ってきた従来の地方豪族のもとで、力を蓄えてきた有力家族層が成長して、家族墓を集中して造営するようになってきたのである。有力な首長一人のために一度の埋葬しかできない竪穴式石室にかわって、あとから家族の追葬ができる横穴式石室の構造が広がった。そして、群集墳の盛行にみられる社会構造の変化のもとで地方豪族の支配権がゆらいできたことと対応するように、地方の古墳は近畿のそれに比して小規模になっていき、地方豪族の倭王権への服属化がさらに進んだことがうかがえる。

その後、六世紀に仏教が公式に伝来し、七世紀になると仏教興隆もめざされて、薄葬《はくそう》の思想が広がったことを受けて、大規模な古墳造営は次第に追求されなくなっていく。大王自身も、大規模な前方後円墳を営むことはなくなり、小型化した方墳や八角形墳を営むようになる。副葬品も簡素化して限られた鏡・太刀などの品々となり、「終末期古墳」の時代を迎えるのである。『日本書紀』には、七世紀半ばに大化《たいか》の薄葬令《はくそうれい》が施行されたとみえ、墳丘・埋葬施設の小型化が求められ、その中で墳墓の規模・構造の序列化がめざされた。持統《じとう》天皇は、仏教的な火葬によって埋葬されるはじめての天皇となった。大王をはじめ地方豪族たちは、大規模な古墳の造営にかわって、壮大な伽藍《がらん》をもつ寺院を造営することによって、自らの権威・権力の象徴とするようになっていったのである。

古墳時代の豪族居館と村

古墳時代には、豪族と民衆との間の支配・被支配関係が明確化し、豪族たちは集落から離れて豪族居館を営んだ。民衆の集落は、数棟の竪穴住居ないし平地住居と一〜二棟の高床倉庫および雑舎からなっており、複数の大家族が集まって村々を形成していた。

図13　三ツ寺Ⅰ遺跡模型

図14　黒井峯遺跡模型

三ツ寺《みつでら》Ⅰ遺跡（群馬県高崎市）は、五世紀後期から六世紀前期にかけての古墳時代の豪族居館の遺跡である。西北一キロにある、大規模前方後円墳からなる保渡田《ほとだ》古墳群を営んだ地方豪族の居館と考えられる。方八六メートルほどの居館は、三重の柵とその外の幅四〇メートル、深さ三メートルの濠《ほり》で囲まれており、濠の内外の斜面は、葺石《ふきいし》で護岸されている。濠に面して、凸状に突き出した張り出し部が三ヵ所みられる。濠をふくむと一辺一六〇メートルほどの規模となる。居館の内部は柵で区画され、南側には、四面に廂《ひさし》をもつ大型の掘立柱建物を中心として、大型の井戸や、水を流す石敷の祭祀施設などが知られた。北側には大型の竪穴住居があり、このほか倉庫群などがあったものと推定されている。

黒井《くろい》峯《みね》遺跡（群馬県渋川市）は、六世紀中頃の榛名《はるな》山の噴火によって二メートルも堆積した軽石層の下からみつかった古墳時代の村の遺跡である。壁をもち屋根を葺く平地住居や高床倉庫、小屋、田・畑、祭祀場、そしてそれらを取り囲む柴垣《しばがき》からなる家を単位として、一〇ほどの家で構成され、そして道や沖積地の水田、台地上の畑などからなる村の姿が、明らかになった。「日本のポンペイ」と称されるように、瞬時に軽石に埋もれたことから、古墳時代後期の建物がそのまま遺存して、村の姿が立体的にわかった遺跡である。村の家々には階層差もみられるが、地方豪族は村から離れて豪族居館を独自に営んでいたのであった。

2——倭の五王と東アジア

高句麗好太王碑

高句麗好太王碑《こうたいおうひ》は、四一四年に、高句麗の長寿王《ちょうじゅおう》が父の好太王（広開土《こうかいと》王《おう》）の業績を伝えるために都の国内城（中国集安）の北の王墓の地に立てた石文であり、高さ六・三九メートルの碑石の四面に、一七七五字に及ぶ銘文が刻まれている。銘文は、高句麗の国土を広げた好太王を称える内容であるが、その中で、打ち負かした敵対勢力として倭の軍勢が記載される箇所が存在する。まず三九六年（永楽六）の記事の中に、高句麗にもとから朝貢していた百済・新羅を、三九一年に渡海してきた倭が臣属させたとみえる。また三九九年のこととして、いったん高句麗に臣属した百済が倭と同盟し、倭の軍勢が新羅の国境を攻めたため、新羅が高句麗に助けを求めたという。四〇〇年には、高句麗の新羅救援軍が倭軍を破り、加耶の任那加羅《みまなから》・安羅《あら》をも破ったという。さらに、四〇四年・四〇七年にも倭軍を破ったという記載がある。高句麗の勢力南下に応じて、百済や加耶の諸国は倭と結んで対抗しようとし、倭は、先進文物を得る上でつながりの深い百済や鉄資源の供給地でもある加耶を支援する必要があったのである。次にふれる『宋書』夷蛮《いばん》伝倭国条に載る四七八年の倭王武の上表文にも、倭の五王が高句麗を敵対勢力とみていた

図15　好太王碑

図16　倭の五王の系譜

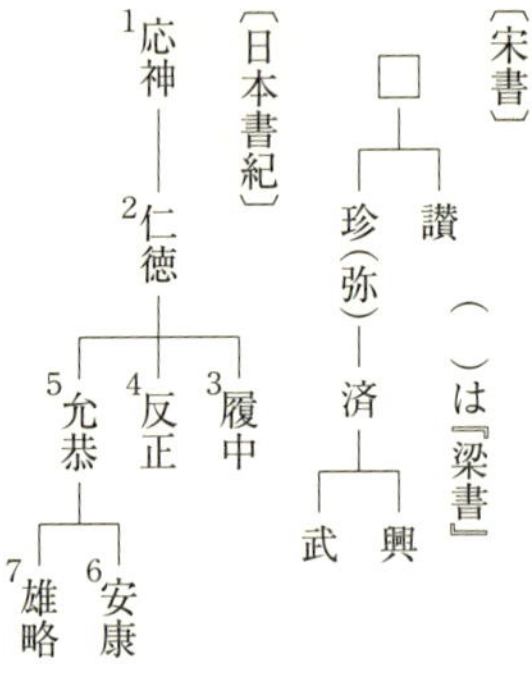

様子がうかがえ、中国や朝鮮半島の国際情勢が倭の歴史と密接に結びついていたことが知られる。

倭の五王

四世紀初めから、中国では北方民族の侵入を受けて南北朝時代となり、周辺地域への支配力が後退して、東アジア諸国が勃興した。中国東北部から朝鮮半島にかけて、高句麗、百済、新羅などが国家形成を進めた。四世紀後半には高句麗の南下を受けて、百済・加耶や倭は高句麗と戦うこととなり、高句麗好太王碑（広開土王陵碑）は、三九一年に倭が半島南部に進出したことを伝えている。こうした国際情勢の下で、諸国は自らの優位をめざし競って中国に遣使した。

『宋書』（梁《りょう》の沈約《しんやく》〈～五一三〉の撰）夷蛮伝倭国条には、五世紀に讃《さん》・珍《ちん》（彌）・済《せい》・興《こう》・武《ぶ》と続く倭の五王が、中国南朝の宋に相ついで朝貢し、倭国王として冊封を受け将軍号を賜ることを通して、朝鮮半島や列島内における有利な展開を図ったことが記されている。

四七八年の倭王武から宋の順帝《じゅんてい》への上表文では、倭王武は皇帝に対して「臣、下愚《かぐ》なりといえども…」と臣従しつつ、「封国《ほうこく》は偏遠《へんえん》にして藩《はん》を外に作《な》す。昔より祖禰《そでい》躬《みずか》ら甲冑《かっちゅう》を擐《つらぬ》き、山川を跋渉《ばっしょう》して寧処《ねいしょ》に遑《いとま》あらず。東のかた毛人《もうじん》を征すること五十五国、西のかた衆夷《しゅうい》を服すること六十六国、渡りて海北を平ぐること九十五国」と書いている。列島内外における自らの立場を自己主張した文ではあるが、五世紀に倭王権が勢力を伸長させて、各地の豪族たちとの関係を形成していった過程がうかがえる。この倭王武は、その系譜などから、『古事記』『日本書紀』が伝える「大長谷若建命《おおはつせわかたけるのみこと》」「大泊瀬幼《おおはつせわかた》武《ける》」、のちの中国風諡号《しごう》では「雄略天皇《ゆうりゃく》」とされる大王である。

東アジアと倭

五～六世紀の東アジアの歴史動向をみると、中国で南北朝が対立してその勢力が東北方に及ばない間に、東アジア諸国の勃興と対立の時代が展開した。朝鮮半島において、五世紀には高句麗が国力を伸長させて都を鴨緑江《おうりょくこう》北岸の丸都《がんと》（国内城）から南の平壌《へいじょう》へと移し、勢力を南下させる。その高句麗の圧力を受けた百済は、都を漢江《かんこう》沿いの漢城《かんじょう》（ソウル）から四七五年に錦江《きんこう》沿いの熊津《ゆうしん》《くまなり》（公州《こうしゅう》）へと南下させ、さらに下流の扶余《ふよ》へと遷都《せんと》した。この南遷によって、百済は勢力をさらに南西部の加耶の西部地域へと南下させた。『日本書紀』に記されるように、百済は、五一二年（継体六）に上哆唎《おこしたり》・下哆唎《あるしたり》・娑陀《さた》・牟漏《むろ》を、五一三年に己汶《こもん》・帯沙《たさ》を勢力下に組みこんだ（『日本書紀』には「賜う」と表記）。また続く六世紀には、急速に国力を強化した新羅の勢力が南西方に拡張し、倭と協調関係にあった半島南部の加耶の王権は、百済・新羅によって圧迫されることになった。六世紀には、新羅が五三二年に加耶の有力国であった金官国《きんかん》（金《きん》海《かい》）を併合、さらに五六二年にはついに加耶の盟主大加《だいか》羅《ら》国（高霊《こうれい》）を併合して、倭と密接な関係を保ってきた加耶は滅びることになる。こうして六世紀は、朝鮮半島南部は倭をもまきこんだ大きな激動の時代であった。

図17　6世紀の朝鮮半島

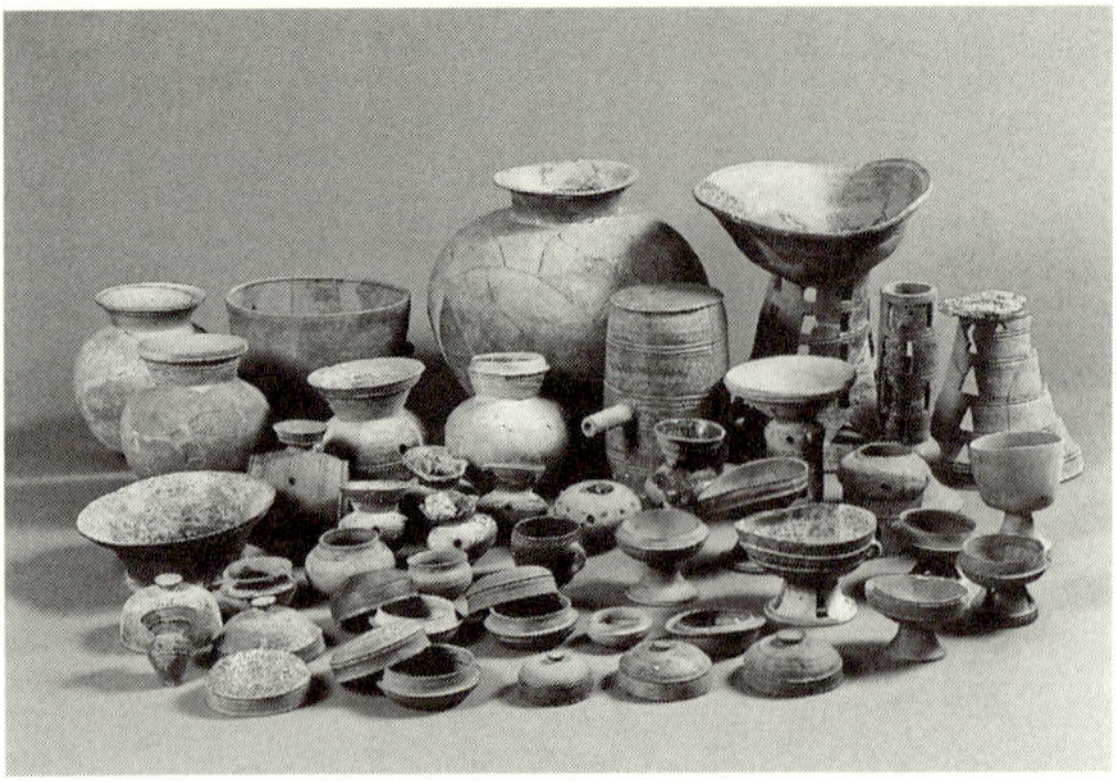

図18　陶邑窯跡群出土の須恵器

渡来文化の展開

五世紀は、朝鮮半島において高句麗・百済・新羅・加耶諸国の間で争いが展開したことを受けて、半島から多くの渡来人が日本列島に渡ってきた時代でもあった。四世紀末頃から、それまで列島で生産されてきた、野焼きのように酸素を供給しながら酸化炎で土器を焼成する、赤っぽい色彩でややもろい軟質の土師器《はじき》に対して、窖窯《あながま》で酸素を供給せずに還元炎の高温で焼成する、ねずみ色で硬質の須恵器《すえき》の生産技術が、新たに半島からの渡来人によって伝えられた。彼らは倭王権のもとで編成されて、陶邑古《すえむらこ》窯跡群《ようせきぐん》（大阪府堺市・和泉市）を中心に須恵器生産を展開し、その技法は列島各地にも伝えられていった。

また、馬具を生産し乗馬する馬の文化も、この時代に渡来人によって伝えられた。さらに、カマドを備え甑《こしき》を使って蒸して調理する食事・住居の文化も、この時代に朝鮮半島から渡来してきた風習であった。五世紀には、竪穴住居においてカマドを作り付ける構造がひろく列島で展開した。

『日本書紀』応神紀の伝えでは、百済から招いて五世紀初めの応神十六年（四〇五）に渡日した博士の王仁《わに》が、太子菟道稚郎子《うじのわきいらつこ》（仁徳天皇）の師となって典籍を教え、太子はすべてに精通したという。

『古事記』応神記では、百済国が賢人の和邇吉師《わにきし》とともに、『論語《ろんご》』一〇巻と『千字文《せんじもん》』一巻を貢進してきたという。そして『古事記』『日本書紀』とも、王仁は渡来系の文首《ふみのおびと》（書首）らの祖であるとする。ただし、『千字文』は中国南朝の梁の武帝《ぶてい》（五〇二〜五五〇）が文人の周興嗣《しゅうこうし》（四七〇〜五二一）に命じて編ませたものであり、応神天皇の時代にはまだ成立しておらず、王仁自身が伝説上の人物とみられている。けれども、さまざまな学術・文化の文物が、激動する五世紀の東アジア情勢のもとで半島から列島に渡ってきた歴史的背景は、動かないであろう。文首（書首）のような渡来系の人々が、五世紀頃に漢字文化に手慣れたフミヒトとして倭王権の書記官的立場で活躍したことが、倭王武の上表文などにつながったとみることができる。

3——大王と地方豪族

倭王武の上表文

日本列島において畿内の大王権力を代表する「倭の五王」は、中国南朝の宋に朝貢し、皇帝から将軍号などを得ることによって、朝鮮半島や日本列島における自らの地位の強化を図った。『宋書』夷蛮伝倭国条によれば、讃・珍・済・興・武の五人の倭国王は、南朝宋の皇帝に朝貢して、倭国王として冊封を受け、将軍号を下賜されたが、中には、同時に属僚たちへの将軍号を賜ることも願い出ていたことが知られる。皇帝から得たこれらの将軍号は、朝鮮半島における対外関係を有利に運ぶとともに、日本列島内で中央豪族たちを編成する際に機能したものといえよう。

珍は、「使持節都督倭《しじせつととくわ》・百済《ひゃくさい》・新羅《しんら》・任那《みまな》・秦韓《しんかん》・慕韓六国諸軍事《ぼかんろっこくしょぐんじ》安東大将軍倭国王《あんとうだいしょうぐんわこくおう》」と自称して遣使し、「安東将軍倭国王」の号を得ている。この時、珍は同時に幕僚である倭隋《わずい》たち一三人のために皇帝に対して平西《へいせい》・征虜《せいりょ》・冠軍《かんぐん》・輔国《ほこく》などの将軍号を求めて、許《ゆる》されている。倭国王権を代表して皇帝から将軍号を獲得し、それを配給することを通して、王権に仕奉する中央豪族たちを編成していたといえよう。つづく済は、四四三年に「安東将軍倭国王」、四五一年には「使持節都督倭・新羅・任那・加羅・秦韓・慕韓六国等諸軍事安東将軍倭国王」を賜っている。興も、四六二年に「安東将軍倭国王」に任じられている。最後の倭国王武は、「使持節都督倭・百済・新羅・任那・加羅・秦韓・慕韓七国諸軍事安東大将軍倭国王」と自称して、四七八年についに「使持節都督倭・新羅・任那・加羅・秦韓・慕韓六国諸軍事安東大将軍倭王」となった。武はついに大将軍号を得ることに成功したが、南朝の宋（四二〇～四七九）自身が翌四七九年には滅亡してしまうという時代の産物でもあった。

この時の『宋書』夷蛮伝倭国条に記された倭王武の上表文は、この時代の倭の情勢をうかがう上で貴重な史料である。


順帝の昇明二年（四七八）、使を遣わして表を上る。いわく、「封国《ほうこく》は偏遠《へんえん》にして、藩を外に作《な》す。昔より祖禰《そでい》躬《みずか》ら甲冑《かっちゅう》を擐《つらぬ》き、山川を跋渉《ばっしょう》し、寧処《ねいしょ》に遑《いとま》あらず。東は毛人《もうじん》を征すること五十五国、西は衆夷《しゅうい》を服すること六十六国、渡りて海北を平ぐること九十五国。王道融泰《ゆうたい》にして、土を廓《ひら》き畿《き》を遐《はるか》にす。累葉朝宗《るいようちょうそう》して歳《としごと》に愆《あやま》らず。臣《しん》、下愚《かぐ》なりといえども、忝《かたじけ》なくも先緒《せんちょ》を胤《つ》ぎ、統《す》ぶる所を駆率《くそつ》し、天極に帰崇し、道百済を遙《へ》て、船舫《せんぼう》を装治す。しかるに句麗無道にして、図《はか》りて見《けん》呑《どん》を欲し、辺隷《へんれい》を掠抄《りゃくしょう》し、虔劉《けんりゅう》して已《や》まず。毎《ことごと》に稽滞《けいたい》を致し、以て良風を失い、路に進むというといえども、あるいは通じあるいは不《しか》らず。臣が亡考済《ぼうこうせい》、実に寇讐《こうしゅう》の天路を壅塞《ようそく》するを忿《いか》り、控《こう》弦《げん》百万、義声に感激し、方《まさ》に大挙せんと欲せしも、奄《にわ》かに父兄を喪《うしな》い、垂成《すいせい》の功をして一簣《いっき》を獲《こ》ざらしむ。居しく諒闇《りょうあん》にあり、兵甲を動かさず。これを以て、偃息《えんそく》して未だ捷《か》たざりき。今に至りて、甲を練《ね》り兵を治め、父兄の志を申《の》べんと欲す。義士虎賁《ぎしこほん》、文武功を効《いた》し、白刃前に交わるともまた顧みざる所なり。もし帝徳の覆載《ふくさい》を以て、この彊敵《きょうてき》を摧《くじ》き克《よ》く方難《ほうなん》を靖《やす》んぜば、前功を替えることなけん。竊《ひそ》かに自ら開府儀同三司《かいふぎどうさんし》を仮《か》し、その余は咸《み》な仮授《かじゅ》して、以て忠節を勧《すす》む」と。詔《しょう》して武を使持節都督倭・新羅・任那・加羅・秦韓・慕韓六国諸軍事、安東大将軍、倭王に除《じょ》す。

この倭王武は、『古事記』（和銅五年〈七一二〉）に「大長谷若建命《おおはつせのわかたけるのみこと》」、『日本書紀』（養老四年〈七二〇〉）に「大泊瀬幼武《おおはつせのわかたける》」として「ワカタケル」の名を伝えられ、のちに漢風諡号《かんぷうしごう》で「雄略天皇」と呼ばれる大王にあたっている。そして、偶然にも関東地方と九州地方とで出土した銘文刀剣に、「ワカタケル大王」という記載が共通していたのであった。

ワカタケル大王と稲荷山古墳鉄剣銘・江田船山古墳鉄刀銘

埼玉県埼玉古墳群の稲荷山古墳から出土した鉄剣の金象嵌《きんぞうがん》の銘には、「辛亥《しんがい》年《ねん》」（四七一年）の年代表記につづけて、祖先の意富比垝《オホヒコ》から乎獲居《ヲワケ》（ヲワケ）臣《しん》に至る八代の系譜と、代々武官と推定される「杖刀人《じょうとうじん》」の首として大王に奉仕してきたこと、そしてヲワケが「獲加多支鹵《ワカタケル》大王」の「治天下」を助けたことが記されており、大王と地方豪族との関係が示されている。ヲワケを倭王権の中央伴造的な有力中央豪族ととらえる見方もあるが、その場合も、大王との関係を象徴する貴重な銘文刀剣を惜しげもなく地方豪族に与えていることになるから、大王と直接か間に有力中央豪族が介在するかは別として、倭王権と地方豪族との親密な同盟＝従属的な関係を示す遺物であることは動かない。次の江田船

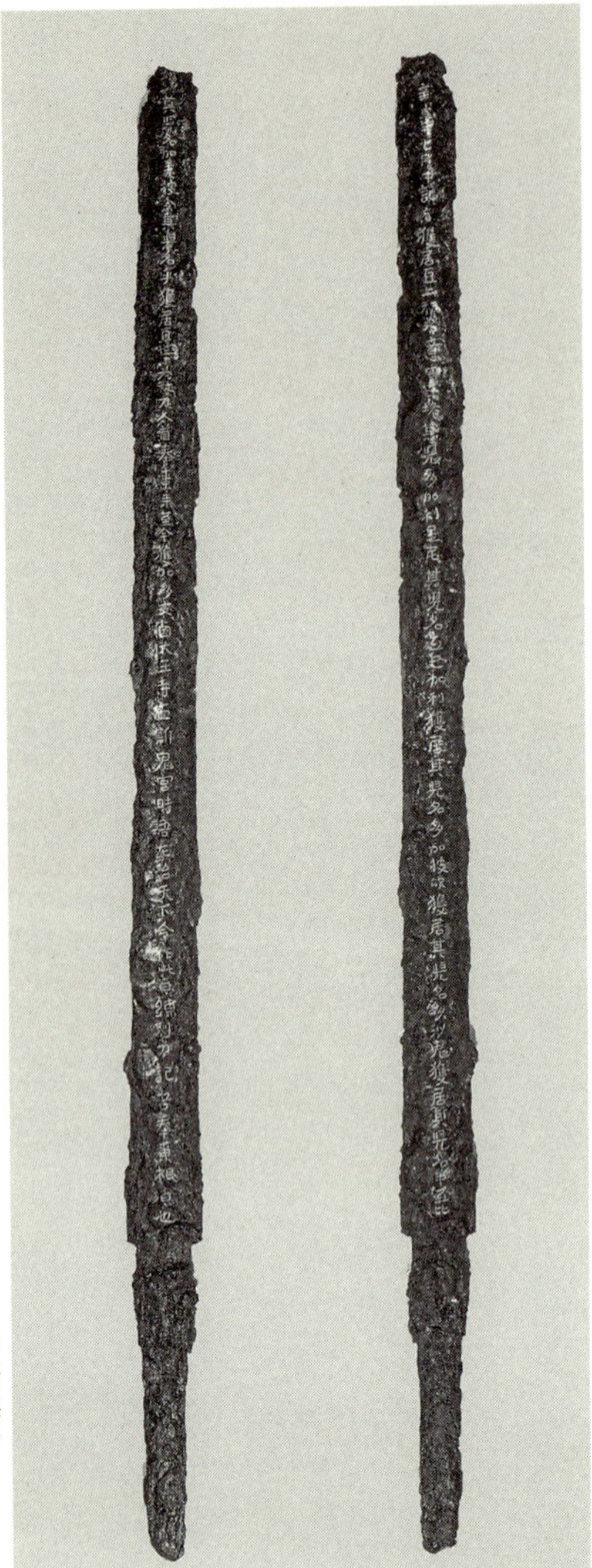

図19　稲荷山古墳出土鉄剣銘

山古墳鉄刀銘とあわせて考えるならば、ヲワケは大王に奉仕した武蔵の地方豪族としてとらえる方が、出土古墳との関係からみても穏当と思われる。

埼玉古墳群稲荷山古墳（埼玉県行田市）出土鉄剣銘　辛亥年（四七一年）銘

（表）辛亥年七月中記。乎獲居臣、上祖名意富比垝。其児多加利足尼。其児名弖已加利獲居。其児名多加披次獲居。其児名多沙鬼獲居。其児名半弖比。

（裏）其児名加差披余。其児名乎獲居臣。世々為杖刀人首、奉事来至今。獲加多支鹵大王寺在斯鬼宮時、吾左治天下、令作此百練利刀、記吾奉事根原也。

熊本県江田船山古墳（熊本県和水町）出土鉄刀銘

台天下獲□□□鹵大王世、奉事典曹人名无利弖、八月中、用大鐵釜、并四尺廷刀、八十練□十振、三寸上好□刀。服此刀者、長壽、子孫洋々、得□恩也。不失其所統。作刀者名伊太□、書者張安也

熊本県の江田船山古墳から出土した鉄刀の銘にも「獲加多支鹵大王」の名がみえ、大王に奉仕する文官と推定される「典曹人《てんそうじん》」であった「无利弖《ムリテ》」が、長寿、子孫繁栄と自分の支配地「統《す》ぶる処」を失わないために作刀した大刀であった。刀を作った者は倭人の伊太□（和）で、銀象嵌《ぎんぞうがん》の銘文の書者は中国系渡来人とみられる張安《ちょうあん》であった。この銘文から、ワカタケル大王が九州の地方豪族とも結びついていたことがわかる。江田船山古墳の横穴式石室からは、追葬をあわせて五世紀後半・六世紀初頭・六世紀前半の副葬品が推定されており、銘文大刀をふくむ刀剣や中国製鏡五面のほか、甲冑・馬

図20　江田船山古墳鉄刀銘

具・須恵器などの百済系の豪華な遺物が出土している。五世紀後半には、百済系の金銅製冠・金製垂飾付耳飾《すいしょくつきみみかざり》、金銅製飾《しょく》履《り》といった豪華な装身具が副葬されており、銘文鉄刀と一括と推測される。六世紀初頭にも、同様の装身具と百済の陶質土器が出土している。江田船山古墳は、肥沃な農業生産地を形成して有明海にそそぐ菊池《きくち》川に沿って展開する古墳群中の有力な前方後円墳（長さ六二メートル）であり、この地の地方豪族は、朝鮮半島の百済と密接な交流を実現していたのであった。

こうして、五世紀後半には、大王をいただく倭王権を中心として、関東から九州にわたる地方豪族を含みこんだ政治体制が形成されていったのである。大王と地方豪族との関係は、はじめは同盟的関係であったと思われるが、しだいに倭王権の盟主である大王が大陸からの先進文明をわかち、地方豪族の支配権を保障するいっぽうで、地方豪族が大王に対して奉仕（「仕奉」）し貢物を差し出す支配＝従属的関係へと展開していったとみられる。

倭王権と氏姓制

倭王権の中央の政治構造を考えると、畿内の有力豪族の氏族がそれぞれウヂ（氏）を構成し、そのウヂの連合体として、大王を頂点にいただく倭王権が形成されたと考えられる。倭王権を構成する中央有力氏族のウヂの長（氏上《うじのかみ》）の合議により、政策決定や大王・大后・太子の決定がなされることがしばしばあった。こうした氏族合議制の合議に参加する議政官は、マヘツキミと呼ばれ、『日本書紀』などに「大夫」「群臣」と記される。ウヂは、血縁による結合のみでなく、擬制的な系譜関係や従属関係をふくむなど、政治的に結集した統合体としてとらえることができる。合議の議長格が「大臣」「大連」と記された執政官のオホマヘツキミである。執政官としては、大伴金村《おおとものかなむら》大連、物部麁鹿火《もののべのあらかい》大連、蘇《そ》我稲目《がのいなめ》大臣、物部尾輿《おこし》大連、物部守屋《もりや》大連、蘇我馬《うま》子《こ》宿禰大臣、蘇我蝦夷《えみし》大臣といった中央有力豪族たちの名が知られる。彼らは、それぞれの大王の時代に、大王のもとでマヘツキミたちによる合議を主導し、政治を領導したのであった。

また、大伴氏・物部氏は倭王権の軍事を担う氏族であり、蘇我氏は財政を管理して渡来系氏族の編成を担う氏族であるなど、氏族はそれぞれの職能を担って倭王権を支える存在でもあった。オホマヘツキミになるような中央有力豪族以外にも、中臣連《なかとみのむらじ》・忌部首《いんべのおびと》（のち連、宿禰《すくね》、斎部宿禰）は神祭り（神祇祭祀）、膳《かしわでの》（のち高橋）臣《おみ》は食膳を担うといった氏族ごとの職能で王権を担う、中下級氏族も多くあった。また倭王権は、渡来系氏族を東漢《やまとのあや》氏・西文《かわちのふみ》氏などとして、文筆・技術などの専門的集団として編成していた。こうした伝統的な職掌で王権に奉仕する氏族を、伴造《とものみやつこ》とも称する。中央伴造は、配下の民衆を部《べ》に編成して職掌を担ったが、同時に地方豪族を伴造（地方伴造）として配下にもつ場合があり、その地方伴造が支配下の民衆である部《べ》を率いて中央の王権に奉仕する体制がとられた。土師《はじ》部《べ》が伴造の土師連《はじのむらじ》に率いられて王権の葬送に奉仕したり、額田《ぬかた》部《べ》が伴造に率いられて推古《すいこ》天皇（額田部皇女）の皇子宮《みこのみや》に奉仕したのであった。中央伴造が地方伴造を率いて地方の部を使役することもあった。部の集団からはトモが中央に出仕して奉仕し、トモの出身集団であるべ（部）の人々が、トモを資養した。こうして諸氏族が王権に奉仕する一方、大王は各氏族に対してカバネ（姓）を賜与した。この体制は氏《し》姓《せい》制と呼ばれる。

カバネの存在を示す同時代史料としては、鏡や大刀の金石文が知られている。隅田《すだ》八幡《はちまん》神社（和歌山県橋本市）の五～六世紀代の人物画像鏡の銅鏡背面に鋳造された銘文四八字の中に、「癸未年」（四四三年説と五〇三年説がある）「大王」「男弟王《おおどのおう》」「意柴沙加宮《おしさかのみや》」などとともに、派遣して鏡を作らせた者の一人として「開中費直」という人物が登場する。これは「かわちのあたい」すなわち「河内直」と考えられている。「費直」は「直《あたい》」のカバネの表記例となる。また島根県松江市の、のちに出雲国府が

図21　岡田山一号墳出土大刀

置かれた意宇《おう》平野にのぞむ六世紀後半の前方後方墳の岡田山《おかだやま》一号墳（長さ二四メートル）から出土した円頭大刀《えんとうたち》に、銀象嵌された銘文がみられ、そこには「各田ア臣」（額田部臣）と記されていた。額田部氏は『出雲国風土記』にもみられる氏族であり、ここに記された「臣《おみ》」はカバネと理解される。

倭王権と国造制・屯倉制

倭王権の地方支配においては、地方伴造とは別に、地方豪族が支配する領域をクニとして支配権を認定する形で国造《くにのみやつこ》が任命される国造制《こくぞうせい》が、六世紀頃から行われた。国造は、自らの領域支配権を保証してもらういっぽう、王権に対して、特産物を貢進し、軍事動員に協力するなど奉仕した。また大王や中央の有力な王族・豪族のもとに、男子を舎人《とねり》として、女子を采女《うねめ》として近侍させて、直接的な人的奉仕関係も保った。ただし、国造の任命によって地方支配が一元化されるようなことはなく、地方社会には、国造以外にも部の人的支配を担う地方伴造が存在するなど、人の支配と土地の支配が混在して複数の地方豪族たちが重層的・重複的に併存していたのである。

倭王権の直轄領としての屯倉《みやけ》制も、王権の地方支配の制度として重要である。王権が直接開発にあたった畿内中心の屯倉に対して、「後期屯倉」とも呼ばれる地方豪族が献上したタイプの屯倉は、六世紀に全国的に形成されたといわれる。屯倉は、王権直轄の所領として部民の田部《たべ》が耕作したが、その屯倉の経営にあたるのはやはり地方豪族であり、国造が屯倉の経営を担う場合もあった。こうした国造制や屯倉制などによって、六世紀代の倭王権の地方支配が進展していった。

磐井の戦いと東アジア

筑紫国造《つくしのくにのみやつこ》筑紫君磐井《つくしのきみいわい》（『古事記』では「筑紫君石井」）の戦いは、『日本書紀』の継体二十一年（五二七）六月条・八月条、二十二年十一月条・十二月条に、次のように伝えられている。

『日本書紀』継体二十一年（五二七）六月甲午条

近江毛野臣《おうみのけぬのおみ》、衆《いくさ》六万を率て、任那《みまな》に往《ゆ》きて、新羅に破られし南加羅《ありひしのから》・喙己呑《とくことん》を為復《かえ》し興建《た》てて、任那に合せむとす。是《ここ》に、筑紫国造磐井、陰《ひそ》かに叛逆《そむ》くことを謨《はか》りて、猶預《うらもい》して年を経《ふ》。事の成り難きことを恐りて、恒《つね》に間隙《ひま》を伺ふ。新羅、是を知りて、密に貨賂《まいない》を磐井が所に行《おく》りて、勧むらく、毛野臣の軍を防遏《た》へよと。是に、磐井、火《ひ》・豊《とよ》二つの国に掩《おそ》ひ據《よ》りて、使修貢《つかえまつ》らず。外は海路を邀《た》へて、高麗・百済・新羅・任那等の国の年に職貢《としごとみつきものたてまつ》る船を誘《わかつ》り致《いた》し、内は任那に遣《つかわ》せる毛野臣の軍を遮《さいぎ》りて、乱語《なめりごと》し揚言《ことあげ》して曰《い》はく、「今こそ使者たれ、昔は吾が伴《ともだち》として、肩摩《す》り肘触《す》りつつ、共器《おなじけ》にして同食《ものくら》ひき。安《いずくに》ぞ率爾《にわか》に使となりて、余《われ》をして儞《い》が前に自伏《したが》はしめむ」といひて、遂に戦ひて受けず。驕《おご》りて自ら矜《たか》ぶ。是を以て、毛野臣、乃《すなわ》ち防遏《た》へられて、中途《なかみち》にして掩滞《さわりとどま》りてあり。（継体）天皇、大伴大連金村《おおとものおおむらじかなむら》・物部大連麁鹿火《もののべのおおむらじあらかひ》・許勢大臣男人《こせのおおおみおひと》等に詔《みことのり》して曰《のたま》はく、「筑紫の磐井反《そむ》き掩《おそ》ひて、西の戎《ひな》の地を有《たも》つ。今誰か将《いくさのきみ》たるべき者《もの》」とのたまふ。大伴大連等僉曰《みなもう》さく、「正《たいら》に直《ただ》しく仁《めぐ》み勇《いさ》みて兵事に通《こころしら》へるは、今麁鹿火が右に出《い》づるひと無し」とまうす。天皇曰はく、「可《ゆるす》」とのたまふ。

同年八月辛卯朔条

詔《みことのり》して曰《のたま》はく、「咨《あ》、大連、惟茲《これこ》の磐井率《したが》はず。汝徂《いましゆ》きて征《う》て」とのたまふ。物部麁鹿火大連、再拝《おが》みて言《もう》さく、「嗟《あ》、夫《そ》れ磐井は西の戎《ひな》の奸猾《かだましきやつこ》なり。川の阻《さか》しきことを負《たの》みて庭《つかえまつ》らず。山の峻《たか》きに憑《よ》りて乱《みだれ》を称《あ》ぐ。徳《いきおい》を敗《やぶ》りて道に反《そむ》く。侮《あなず》り嫚《おご》りて自ら賢《さか》しとおもへり。在昔道臣《むかしみちのおみ》より、爰《ここ》に室屋に及《いた》るまでに、帝《きみ》を助《まも》りて罰《う》つ。民《おおみたから》を塗炭《くるしき》に拯《すく》うこと、彼も此も一時《もろとも》なり。唯天《ただあめ》の賛《たす》くる所は、臣《やつこ》が恒《つね》に重《おも》みする所なり。能《よ》く恭《つつし》み伐《う》たざらむや」とまうす。詔して曰はく、「良《すぐれたる》将《いくさのきみ》の軍《いくさだち》すること、恩《めぐみ》を施《ほどこ》して恵《うつくしび》を推《お》し、己《おのれ》を恕《おもいはか》りて人を治む。攻むること河の決《さ》くるが如し。戦うこと風の発《た》つが如し」とのたまう。重《また》詔して曰はく、「大将《おおきいくさのきみ》は民《おおみたから》の司命《いのち》なり。社《くに》稷《いえ》の存亡《ほろびほろびざらむこと》、是に在り。勗《つと》めよ。恭《つつし》みて天罰《あまつつみ》を行へ」とのたまう。（継体）天皇《すめらみこと》、親《みづか》ら斧鉞《まさかり》を操《と》りて、大連に授けて曰はく、「長門《ながと》より東《ひむがし》をば朕制《われかと》らむ。筑紫《つくし》より西をば汝制《いましかと》れ。専賞罰《たくめたまいものつみ》を行へ。頻《しきり》に奏《まう》すことに勿煩《なわづら》ひそ」とのたまう。

継体二十二年（五二八）十一月条

大将軍《おおきいくさのきみ》物部大連麁鹿火、親《みづか》ら賊《あた》の師《ひとごのかみ》磐井と筑紫の御井《みい》郡に交戦《あいたたか》ふ。旗鼓《はたづつみ》相望み、埃塵《ちり》相接《あいつ》げり。機《はかりごと》を両《ふた》つの陣《いくさ》の間に決《さだ》めて、万死《みをす》つる地《ところ》を避《さ》らず。遂《つい》に磐井を斬《き》りて、果《はた》して彊場《さかい》を定《さだ》む。

同年十二月条

筑紫君葛子《つくしのきみくずこ》、父のつみに坐《よ》りて誅《つみ》せられむことを恐《おそ》りて、糟屋屯倉《かすやのみやけ》を献《たてまつ》りて、死罪贖《しぬるつみあが》なはむことを求《まう》す。

これらの記事から、磐井は、新羅と交流しつつ高句麗・百済・新羅・加耶などの諸国との外交権を一時独占したこと、筑紫（後の筑前・筑後）・火《ひ》（後の肥前・肥後）・豊《とよ》（後の豊前・豊後）にわたる九州の広域にその勢力を誇っていたこと、磐井がかつて同僚であった大王の使者近江毛野臣に対して臣従することをいさぎよしとしなかったこと、すなわち大王との関係が同盟的関係から従属へと移行することに抵抗したこと、国家的危機に対して大王権力が大将軍として最有力の中央豪族物部大連麁鹿火を派遣し、九州の地の支配権をゆだねるという必死の体制で磐井の打倒に向かったこと、そして二年越しの激戦の末ようやく磐井は制圧され、北九州の地に王権直轄領となる糟屋屯倉が置かれたこと、などを読み取ることができる。

とくに、朝鮮半島諸国との外交をすべて磐井が独占してしまうことは、大王権力にとっては認めがたいことであった。これまでの倭の五王にしても、大陸・半島との外交権をにぎり、先進の文化・技術を独占して、国内の地方豪族たちに分与することを通して列島における自らの優位を確保してきたのであった。磐井を制圧して確保した糟屋屯倉は、博多湾に面した筑前国糟屋郡の地であり、磐井の対外交流の拠点であったと思われる。そこに屯倉が置かれたことは、九州の豪族を抑えて外交権を倭の大王権力が掌握《しょうあく》したことを示している。糟屋屯倉の機能は、のちに那津官家《なのつのみやけ》へも継承されよう。大《だ》宰府《ざいふ》の前身ともいわれる那津官家は、大規模な倉庫群が列立する比恵《ひえ》遺跡（福岡市博多区）に比定されており、博多湾に面する海上交通の要衝である。

岩戸山古墳と石人・石馬文化

ところで、磐井が営んだ墓については、『筑後国風土記《ちくごのくにふどき》』逸文《いつぶん》と古墳の形状によって、福岡県八女《やめ》市の八女古墳群中の大前方後円墳（周堤ふくめて全長約一八〇メートル）である六世紀前半の岩戸《いわと》山《やま》古墳にあたることが明らかとなっている。造墓者のわかる古墳としてきわめて珍しい例である。

『筑後国風土記』逸文（『釈日本紀』巻十三）には、

上妻県《かみつやめのあがた》。々の南二里《さと》に、筑紫君磐井の墳墓《はか》あり。高さ七丈《つえ》、周《めぐ》り六十丈なり。墓田《はかどころ》は南北各六十丈、東西各卌丈なり。石人《いしひと》・石盾《いしたて》各六十枚《ひら》、交陣《こもごもつら》なり行《つら》を成《な》して四面に周匝《めぐ》れり。東北の角《すみ》に当りて、一つの別区《ことどころ》あり。号《なづ》けて衙頭《がとう》と曰《い》う。〈衙頭は、政所《まつりごとどころ》なり。〉其の中《うち》に一《ひとり》の石人《いしひと》あり。縦容《おもぶる》に地《つち》に立てり。号《なづ》けて解部《ときべ》と曰う。前《まえ》に一人《ひとり》あり、躶形《あかはだか》にして地《つち》に伏《ふ》せり。号けて偸人《ぬすびと》と曰う。〈生けりしとき、猪《い》を偸《ぬす》みき。仍《よ》りて罪を決められむとす。〉側《かたはら》に石猪《いしい》四頭《よつ》あり。号けて贓物《ぞうもつ》という〈贓物は、盗みし物なり。〉彼《そ》の処に、また石馬《いしうま》三疋《みつ》・石殿《いしとの》三間《みつ》・石蔵《いしくら》二間《ふたつ》あり。古老《ふるおきな》伝えて云《い》へらく、「雄大迹天皇《をおどのすめらみこと》（継体）の世《みよ》に当りて、筑紫君磐井、豪強《つよ》く暴虐《あら》くして、皇風《おもむけ》に偃《したが》わず。生《い》平けりし時、予《あらかじ》め此の墓《はか》を造りき。俄《にわか》にして官軍《みいくさ》動発《おこ》りて、襲《う》たむとする間《あいだ》に、勢の勝つまじきを知りて、独自《ひとり》、豊前国《とよのみちのくちのくに》の上膳県《かみつみけのあがた》に遁《のが》れて、南山の峻《さか》しき嶺《みね》の曲《くま》に終《みう》せき。是に、官軍追《お》い尋《ま》ぎて蹤《あと》を失ひき。士《いくさびと》怒《いかりや》泄まず、石人の手を撃《う》ち折り、石馬《いしうま》の頭《かしら》を打ち堕《お》としき」と。古老伝えて云へらく、「上妻県に、多く篤《あつ》き疾《やまい》あるは、蓋《けだ》し茲《これ》に由《よ》るか」と。

八世紀の初めに諸国で編纂された『風土記』の中に、古老が伝えた二〇〇年前の磐井の戦いの記憶

図22　岩戸山古墳全景

が留められていたのである。磐井が生前に造営した古墳（寿陵《じゅりょう》）ということで、ここに記された規模は一七〇㍍を計る岩戸山古墳とそのまま一致しており、一辺五〇㍍の方形の区画「別区」も現存し、また石人・石馬・石楯・石猪などが多く遺存することなど、『筑後国風土記』逸文と岩戸山古墳は見事に一致する。

　九州の地元の人々の間では、磐井が豊前国の山中に逃れて生きのびたことになっていることも興味深いが、ここでは、別区にみられる磐井の王権に注目したい。この別区の様子によれば、磐井は、強大な軍事力、裁判権、政治・儀礼の場となる立派な宮殿、倉庫群に象徴される財政力をもち、九州各地の豪族や民衆たちの精神的結集を果たしていたといえるのではないだろうか。

九州の古墳文化の遺物面での特徴として、六世紀前半を中心として、阿蘇《あそ》の溶結凝灰岩《ようけつぎょうかいがん》を用いた石人・石馬の文化圏が、ちょうど磐井の地盤であった筑紫・火・豊の範囲に広がっていることが知られている。そして六世紀の次の時代には、九州独自の石人・石馬にかわって畿内系の埴輪が古墳を飾ることになったのであった。もちろん、磐井と倭の大王権力との間に一定の従属的性格をもった同盟関係が存在したであろうことは、岩戸山古墳古墳が前方後円形をとることや「君」のカバネを与えられていることなどにうかがえるが、磐井の戦いにおいて対外関係の掌握をめざした姿勢などに、筑紫・火・豊の地域を代表する豪族として「相対的自立性をもった政治権力」を認めることができよう。

こうして、磐井は、対外関係とともに列島内の大王権力や他の地方豪族たちとの関係という歴史的環境の中で、外交権、軍事権、裁判権、政治・儀礼、財政権などの権能を集約して、いわば九州における王国・王権形成への道をたどりつつあったことが指摘できよう。そしてそれゆえにこそ、倭王権の危機感も大きかったのである。

三　飛鳥の朝廷

1——飛鳥の宮々

東アジアと飛鳥の時代

中国では、五八一年に隋《ずい》を興した楊堅《ようけん》（在位五八一～六〇四年）が、五八九年に南朝の陳《ちん》を滅ぼして南北朝を統一し、強大な帝国を築いた。そしてつづく煬帝《ようだい》（在位六〇四～六一八年）が領土の拡大を進めて、高句麗《こうくり》など周辺地域に進出しはじめると、東アジアは激動の時代を迎えた。

蘇我馬子《そがのうまこ》は、五八七年にいわゆる蘇我・物部戦争で物部守屋《もののべのもりや》を滅ぼし、五九二年には大王（崇峻《すしゅん》天皇）を暗殺するなど、政治権力を掌握する。そして王位継承の危機にあたり、前大王の后であった推《すい》古《こ》が即位した。この推古天皇の時代には、国際的緊張を背景に、大臣の蘇我馬子を中心に、推古の甥の厩戸王《うまやど》（聖徳太子）も力を合わせて、国家組織の形成が進められた。六〇三年には冠位十二階、翌六〇四年には憲法十七条が定められたという。冠位十二階は、個人に対し冠位を与えて、氏族単位で構成されてきた王権組織を再編成することをめざしており、憲法十七条は、諸豪族に国家的な官僚としての自覚を求める内容をもっている。ともに、王権のもとに官司制の政治機構が形成されることに対応している。

『隋書《ずいしょ》』倭国伝《わこくでん》によれば、七世紀の倭には、中国の地方官牧宰《ぼくさい》のような「軍尼《くに》」(国か)、里長《りちょう》のような「伊尼翼《いなぎ》」(稲置か)があり、十伊尼翼が一軍尼に属するという地方組織が存在したという。七世紀前半には、このように中央官司機構と地方組織の整備・編成が進められたのであった。

また、中国との外交が再開され、遣隋使《けんずいし》が六〇〇年に派遣された。ついで六〇七年には、遣隋使小《お》野妹子《ののいもこ》が渡った。『隋書』倭国伝によれば、この時の隋への国書には「日出《ひい》づる処《ところ》の天子《てんし》、書を日没する処の天子に致《いた》す。つつが無《な》きや、云々」と書いてあり、倭の五王時代とは異なり隋の皇帝に臣属して冊封《さくほう》を受ける形式を取らないものであったが、この国書は隋の煬帝によって無礼とされている。遣隋使自体は、決して「対等」とはいえない朝貢形式をとる使節として扱われたのであった。この時、先進文化を学ぶために遣隋使とともに渡った高向玄理《たかむこのげんり》・南淵請安《みなぶちのしょうあん》・僧旻《みん》などの留学生・留学僧は、のちに新知識を伝えて七世紀半ば以降の政治や律令国家の形成に大きな影響を与えることになった。六〇八年には小野妹子を送る隋使の裴世清《はいせいせい》が倭に渡って来て外交儀礼が行われ、その裴世清が帰国する際にも、送使として小野妹子がまた派遣された。

中国では、三度の高句麗遠征に失敗した隋が反乱によって滅び、六一八年に唐《とう》がかわり、急速に強大な中央集権国家を確立する。倭は、六三〇年に犬上御田《いぬかみのみた》鍬《すき》を遣唐使《けんとうし》として派遣し、引き続き新しい唐の文明の吸収を図り、東アジアの新動向に応じて中央集権的国家体制の早急な構築をめざした。

図23 小墾田宮復元図（岸俊男による復元）

飛鳥の宮々

推古天皇の時代から、奈良盆地南部の飛鳥《あすか》の地に大王の王宮がつぎつぎに営まれた。当時は、厩戸王（聖徳太子）が飛鳥から離れた斑鳩《いかるが》の地に斑鳩宮を営んだように、有力な王族や中央豪族は大王宮とは別にそれぞれ邸宅を構えていた。しかし、飛鳥に集中して大王宮がつぎつぎに営まれ、また王権の官司機構がその近辺に整備されると、飛鳥の地には都としての姿が出現しはじめ、やがて中央集権的国家体制の形成とあいまって中国の都城《とじょう》にならった本格的宮都として藤原京《ふじわらきょう》が営まれる段階へと進んだ。

飛鳥で豊浦宮《とゆらのみや》に続いて推古天皇が六〇三年に営んだ大王宮が、小墾田宮《おはりだのみや》である。この宮は、古道の山田道《やまだみち》と飛鳥川の交わる地にある雷丘《いかずちのおか》の近くに位置しており、隋使の裴世清や、新羅使を迎えた時の記事などが『日本書紀』に載る。それらによると、宮門を入ると庁の宮殿建築が並ぶ中に朝庭《ちょうてい》（広場）があり、その奥の大門をくぐると天皇の居所である大殿《おおとの》がある、という構造が知られる（岸俊男）。この小墾田宮の時代に、儀礼に用いる大楯《おおたて》・靫《ゆき》・旗幟《きし》を作ったり、朝礼を改めて宮門の出入りの際に跪礼《きれい》・匍匐礼《ほふくれい》（立礼《りつれい》ではなく、ひざまづいて恭順の意を示す礼儀の方法）を定めたことが『日本書紀』にみえ、大王宮が王権の儀礼の場としていっそう整備されていった様子がうかがえる。王権を支えるさまざまな官司も、大王宮の周辺でしだいに整えられていった。

皇子宮　推古天皇の時代に、天皇の甥で有力な皇位継承候補であった厩戸王（奈良時代には「聖徳太子」として神格化される）は、飛鳥から西北に二〇キロほど離れた斑鳩《いかるが》の地に皇子宮《みこのみや》である斑鳩宮を営んで、そこから斜行する太子道《たいしみち》を使って飛鳥の大王宮に通ったのであった。法隆寺の東院伽藍《とういんがらん》の下層からみつかった、斜め方位をとる掘立柱建物群が、この斑鳩宮の遺跡である。そしてこの宮には、法隆寺《ほうりゅうじ》の前身であり、やはり斜め方位をとる若草伽藍《わかくさがらん》の寺院跡が隣接していた。斑鳩宮と斑鳩寺（若草伽藍）は、仏教を信仰する厩戸王によって一体として営まれたのであった。斑鳩宮は、もし厩戸王が即位したならば、大王宮になったことと思われる。なお厩戸王は、仏教を高句麗から渡来した僧慧慈《えじ》から学び、儒教を百済から渡来した博士覚哿《かくか》から学んだというように、七世紀初めの王族・貴族は、渡来人から先進知識を享受していた。

斑鳩の地は、奈良盆地から大阪平野に流れる大和川の河川交通や大和と河内を結ぶ陸上交通を抑える地に位置し、大陸・半島との交流に適した立地であった。『日本書紀』には、推古二十一年（六一三）に「難波《なにわ》より京に至るまでに大道《おおみち》を置く」という記事があるように、瀬戸内海から難波に上陸して飛鳥へと向かう直線的な官大道の整備が、この時代に進んだと思われる。奈良盆地における南北の上ツ《かみつ》道《みち》・中ツ《なかつ》道《みち》・下ツ《しもつ》道《みち》や、東西の横大路《よこおおじ》・山田道などの直線的な官大道も、この頃に体系的整備が進められたのであろう。

いっぽう、推古天皇時代の大臣として権力を保った蘇我馬子は、邸宅の中に池のある庭園（シマ）

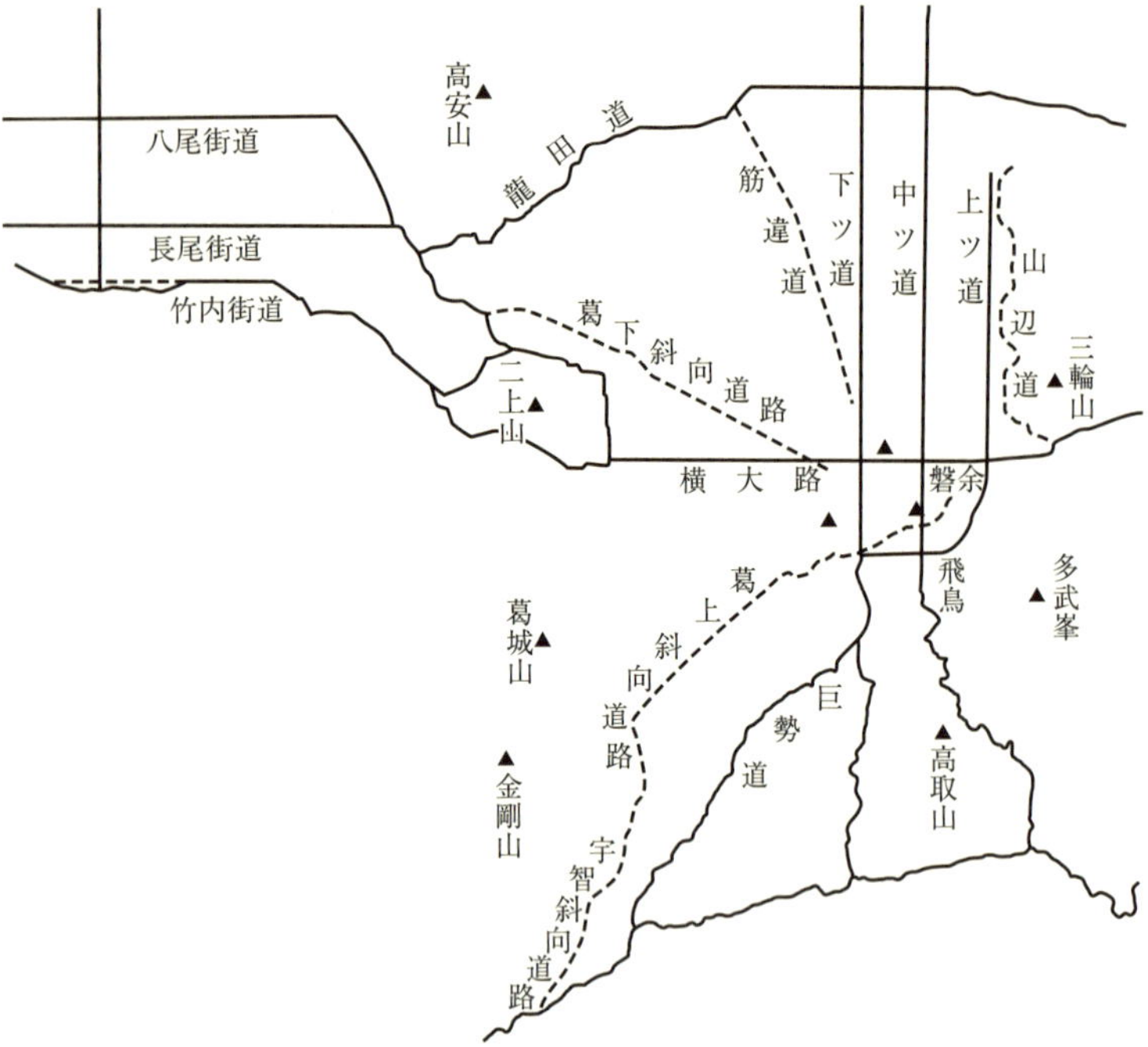

図24　奈良盆地と大阪平野の古代道路

を営んだことから「島大臣《しまのおとど》」と呼ばれた。この邸宅は、馬子の墓である石舞台《いしぶたい》古墳の近くにあり、石組み護岸をもつ方形の園池の遺跡が確認されている。この園池の形態は、朝鮮半島の園池に似ている。この邸宅は、のちに草壁《くさかべ》皇子の皇子宮となり、亡くなった皇子を偲《しの》ぶ舎人《とねり》たちの挽歌《ばんか》が『万葉集』に多く伝えられている。さらに島宮《しまのみや》と呼ばれる離宮的施設として、奈良時代以降も続いていった。

　このように飛鳥時代には、有力な王族の皇子宮や、有力な中央豪族の邸宅は、それぞれ大王宮とは離れて独自に営まれていた。その皇子宮・邸宅には、家政を担う人々や奴婢《ぬひ》が宮を維持・経営し、またそれぞれ皇子たちに従う中小豪族が通って奉仕し、さらに地方豪族の子弟が舎人として仕えるなどしていた。大王宮とは別に営まれた皇子宮は、もし当主が次の大王位（皇位）を継承した場合は、その宮が大王宮になるのであった。

仏教受容と蘇我氏

百済《くだら》の聖明王《せいめいおう》から仏教が倭に「公伝」された時期については、五三八年（戊午年、宣化三）とする『元興寺伽藍縁起并流記資財帳《がんごうじがらんえんぎならびにるきしざいちょう》』などの、もと飛鳥寺にさかのぼる奈良元興寺系の史料と、五五二年（欽明十三）とする『日本書紀』とが伝えられている。今日では前者の説が強いが、この二つの年は、いずれも百済王から倭に向けて仏教が伝えられる事情がある年代であった。五三八年には、新羅《しらぎ》の勢力拡大の圧力を受けて、百済が都を熊津《くまなり》（公州《ゆうしん》）から泗沘《しひ》（扶余《ふよ》）へと遷都することを余儀なくされた年である。また五五二年も、百済はやはり新羅と半島中部の漢江《はんがん》流域で激しく争っており、倭の協力を得るために、引き替えとして文化伝播を図っておかしくない時期であった。ただし、それ以前から渡来人によって、仏教の信仰がすでに「私的」に列島各地に渡って来ていたとみても、何ら不思議ではない。

仏教公伝を受けて、渡来人との関係も深い蘇我氏が、まず仏教の受容を進める立場となった。その後仏教導入をめぐっては、大臣蘇我馬子をはじめとする蘇我氏が仏教を積極的に受容する派で、大連物部守屋や倭王権の祭祀を担当した中臣《なかとみ》氏らが在来の信仰を守って仏教を排除する派として争ったといわれてきた。近年は、物部氏の地盤の地にも寺院遺跡がみつかり、物部氏が仏教排除一辺倒ではなかった可能性も指摘されるようになった。いわゆる「崇仏《すうぶつ》論争」のみでなく、さまざまな政治的争いが絡みあって、蘇我氏と物部氏との間の争いが展開したのであろう。この蘇我・物部戦争（「丁未《ていび》の乱」）は、五八七年に、蘇我馬子が、厩戸王の活躍もあって、激戦のすえ物部守屋を河内国渋川《しぶかわ》郡の居館に滅ぼして決着した。こののち、王権での蘇我馬子の権力が拡大し、仏教興隆の方向も確立していくこととなった。

飛鳥寺

飛鳥寺は、蘇我馬子が創建した列島最古の伽藍寺院である。その創建の様子は、『日本書紀』の崇峻元年（五八八）是歳条以降に詳しく記載されている。同条では、百済王が仏舎利《ぶっしゃり》・僧とともに寺工・鑪盤《ろばん》博士・瓦博士・画工らの寺院造営技術者を派遣してきて、蘇我馬子は飛鳥「真神原《まかみのはら》」の地に法興寺《ほうこうじ》（飛鳥寺）の創建をはじめている。飛鳥寺西の槻樹《つきのき》の広場は、しばしば『日本書紀』に神聖な樹木である槻《つき》が立つ国家的な儀礼の場として登場するが、そうした祭祀の場に飛鳥寺の占地が図られたのであろう。

その後の飛鳥寺の造営経過は、『日本書紀』に

崇峻三年（五九〇）十月条「山に入りて寺の材《き》を取る」

崇峻五年（五九二）十月条「大法興寺（飛鳥寺）の仏堂と歩廊《ぶろう》とを起《た》つ」

推古元年（五九三）正月条「仏の舎利を以て、法興寺の刹《せつ》の柱の礎《つみし》の中に置く」「刹の柱を建つ」

推古四年（五九六）十一月条「法興寺、造り竟《おわ》りぬ。則ち大臣（蘇我馬子）の男善徳臣《こぜんとこのおみ》を以て寺司《てらつかさ》に拝《め》す。是の日に、慧慈《えじ》・慧聡《えそう》、二の僧、始めて法興寺に住《はべ》り」

推古十四年（六〇六）四月条「是の日に、丈六の銅の像《みかた》を元興寺（飛鳥寺）の金堂《こんどう》に坐《ま》せしむ。時

に仏像、金堂の戸より高くして、堂に納《い》れまつること得ず。是に、諸の工人《たくみ》等、議《はか》りて曰《い》はく、『堂の戸を破《こぼ》ちて納《い》れむ』といふ。然るに鞍作鳥《くらつくりのとり》の秀《すぐ》れたる工《たくみ》なること、戸を壊《こぼ》たずして堂に入ることを得《う》」

と続く。その間にも、推古二年（五九四）二月には皇太子厩戸王と大臣蘇我馬子に詔して三宝《さんぽう》を興隆せしめ、諸臣連らが競って仏舎を造ったとみえ、推古三年には厩戸王の師となる高句麗僧慧慈のほか百済僧慧聡が倭に来て、この二僧が「三宝の棟梁《とうりょう》」となった。そして推古十三年四月には、渡来系の鞍作鳥《くらつくりのとり》を造仏の工に任じた時に、高句麗の嬰陽《えいよう》王が黄金三〇〇両を贈ってくれている。このように、飛鳥寺は百済・高句麗の僧、百済の技術、高句麗の黄金、渡来系の技術といった国際的な協力のもとに、瓦葺き礎石建物の伽藍建築の造営や仏像鋳造が実現したのであった。

発掘調査によって明らかになった飛鳥寺の遺跡の特徴は、伽藍配置が、塔を中心に北・東・西の金堂が塔に向く「一塔三金堂」であることで、高句麗の清岩里廃寺《せいがんりはいじ》に例がある。それらを中門から延びる回廊《かいろう》が取り囲み、北に講堂《こうどう》が位置する。また東と西の金堂は二重基壇《きだん》をもっており、これは高句麗の清岩里廃寺や百済の扶余・定林寺《じょうりんじ》に例がある。創建軒瓦の文様は、百済扶余の出土瓦に似ている。塔心礎《とうしんそ》の舎利孔《しゃりこう》に舎利を埋納し、そばには古墳副葬品と同様の品々（硬玉《こうぎょく》・碧玉《へきぎょく》・瑪瑙《めのう》・水晶・銀・ガラス等の玉類、金環《きんかん》、金銀延べ板、金銀小粒、金銅飾金具《かざりかなぐ》、金銅鈴、銅馬鈴、鉄桂甲《けいこう》など）が埋納されていたことから、仏教が在来の信仰と混交しつつ受容された様子が知られた。

こうした埋納品のあり方に関連しては、近年、韓国・百済扶余・王興寺《おうこうじ》跡の木塔の塔心礎から銘文

図25　飛鳥寺塔心礎からの出土品

をもつ舎利容器が出土し、五七七年に百済の威徳王《いとくおう》が亡き王子のために創建した寺であることがわかり、共伴する埋納品の様子も知られた。また益山《いくさん》・弥勒寺《みろくじ》の西石塔でも、同じように銘をもつ奉安記《ほうあんき》や舎利容器とともに埋納品が出土している。こちらは六三九年に百済の武王《ぶおう》の后が創建したという。これらによれば、飛鳥寺の埋納品と似たあり方がすでに百済仏教において存在していたといえるかもしれない。

近畿地方だけでなく、渡来人が列島各地に仏教を伝えていたであろう様子は、蘇我馬子が仏像をまつるための僧を国内に探させたところ、播磨国で高句麗から渡来した還俗《げんぞく》僧の恵便《えべん》を見つけ出して、自らの仏教の師としたという話（『日本書紀』敏達十三年是歳条）にうかがえる。中央豪族だけでなく地方社会においても、先進知識を身につけた渡来僧・渡来人たちが地方豪族によって重用されたことを推測してもよいだろう。

王権の寺―吉備池廃寺―

舒明《じょめい》天皇が百済川のほとりに百済大宮《くだらおおみや》とともに百済大寺《くだらおおでら》を営んだことが、『日本書紀』舒明十一年（六三九）条にみえる。この舒明天皇が大宮と一体で発願《ほつがん》した百済大寺は、はじめての天皇による勅願《ちょくがん》の寺ということになる。その百済大寺の遺跡が、奈良県桜井市の吉備池廃寺《きびいけはいじ》跡と考えられる。回廊に囲まれて東西に大規模な金堂基壇と塔基壇が並んでいる。金堂基壇は東西三七㍍、南北二八㍍、高さ二㍍以上で、方形の塔基壇は、一辺三〇㍍、高さ二・八㍍という破格に大きな規模をもつ。塔基壇の規模は、飛鳥にある文武《もんむ》天皇時代大官大寺《だいかんだいじ》跡の九重塔の基壇とほぼ並ぶ規模を誇り、九重塔であったと思われる。蘇我氏による飛鳥仏教の中心であった飛鳥寺の塔が五重塔であったことと比較して、天皇の勅願の寺が超大規模な「大寺」であることを示したのであろう。また、新羅・慶州《けいしゅう》にある皇龍寺《こうりゅうじ》の、六四五年に建てられた九重塔の塔基壇もほぼ同規模であり、東アジアの王権の寺が、大規模な九重塔を築くことによって仏教による国家護持を図ろうとする共通の護国仏教の思想をうかがうことができるのではないだろうか。

六七三年に飛鳥浄御原宮《きよみはらのみや》で即位した天武天皇によって、百済大寺は移されて高市大寺《たけちおおでら》となり、六七七年には大官大寺《たいかんたいじ》と改称される（天武天皇時代大官大寺）。天武天皇によっても、大宮と大寺はセットで営むべきもので、「大寺」は天皇の権威を示す規模をもつべきものととらえられていたのであろう。その後、文武天皇時代に、大寺は飛鳥の今の大官大寺跡がある地に移される（文武天皇時代大官大寺）。この文武天皇時代大官大寺は、九重塔の塔基壇化粧がまだ完成しないうちに金堂・講堂ともども和銅《わどう》四年（七一一）に焼失してしまう。のち平城《へいじょう》遷都とともに移って、平城京の大安寺《だいあんじ》となっていった。

一貫して王権の寺として護国仏教を象徴する寺院と位置づけられたことが知られるが、そのはじまりとなったのが、百済大寺であった。

2――東アジアと「大化改新」

東アジアの激動

中国では、六一八年に隋にかわった唐が、律令制にもとづく中央集権的な強大な帝国を形成し、七世紀半ばに高句麗への遠征をはじめると、朝鮮半島にあった高句麗・百済・新羅の三国や日本列島の倭などの東アジア諸国は緊張状態に突入する。唐の軍事的進出という国家の存亡がかかった対外的緊張に対応するため、東アジア諸国では権力の集中が図られ、中央集権的な国家体制の構築がめざされた。高句麗では、六四二年に泉蓋蘇文《せんがいそぶん》が栄留王《えいりゅうおう》や多くの貴族を倒して宝蔵王《ほうぞうおう》を擁立し、自らのもとに権力を集中した。百済では、六四一年に即位した義慈王《ぎじおう》が権力を掌握して、新羅への攻撃を強めた。新羅では、王族の金春秋《きんしゅんじゅう》や将軍の金庾信《きんゆしん》たちが女王（善徳王《ぜんとくおう》、真徳王《しんとくおう》）を支えて権力集中を図るとともに、唐に援助を求めた。

倭では、ちょうど帰国した七世紀前半の遣隋使・遣唐使の留学生・留学僧たちによって、唐の充実した国家制度などについての知識がもたらされ、政治改革への動きが強まった。『日本書紀』や『藤氏家伝《とうしかでん》』には、この頃有力な王族や中央豪族の子弟の多くが、留学から帰国した南淵請安《みなぶちのじょうあん》や僧旻《みん》から大陸の新知識を積極的に学んだという記事がみられる。六世紀末から七世紀代にあいついで大王宮が置かれた飛鳥の地（奈良県明日香村）は、緑豊かでおだやかな歴史的景観を今日に伝えているが、当時は大変な国際的緊張感がみなぎる空間であり、有力豪族の若者たちは、対外的危機に対応して新しい国造りをどのように進めるか、真剣に取り組んだことであろう。

乙巳の変—蘇我本家の滅亡—

七世紀初めに権勢をふるった蘇我蝦夷《そがのえみし》とその子蘇我入鹿《いるか》も、対外的緊張に対する集権化をめざしたが、六四三年に蘇我入鹿が有力な皇位継承候補の一人であった山背大兄王《やましろおおえのおう》（厩戸王〈聖徳太子〉の子）を殺してしまうなど、その強引さは、いっぽうで蘇我本家中心の権力集中に対する豪族たちの反感につながっていった。

有力な皇位継承候補の一人であった中大兄《なかのおおえ》皇子や、蘇我氏の傍系の有力者であった蘇我倉山田石川麻呂《そがのくらのやまだのいしかわのまろ》、そして中臣《なかとみの》（藤原）鎌足《かまたり》たちは、天皇家を中心とした集権化をめざして、六四五年（大化元）六月に、権勢を誇った蘇我蝦夷と入鹿を殺して、蘇我氏の本家を滅亡させた。このクーデターを乙巳《いっし》の変といい、蘇我本家にかわって、新しい政治的集中がめざされた。

ここに、六世紀後期のいわゆる蘇我・物部戦争に勝利した蘇我馬子以来の蘇我本家の権勢は一段落するが、なお蘇我氏は引き続き改新政権の右大臣に蘇我倉山田石川麻呂がおり、またのちの天智天皇時代も蘇我赤兄《あかえ》が左大臣に任じられるなど、本家以外の蘇我氏は引き続き政界に重きをなしていた。

改新政権と改新詔

乙巳の変ののち、皇極《こうぎょく》天皇からはじめての生前における譲位を受けて、もう一人の有力な皇位継承候補で「万徳王《ばんとくおう》」とも称されて人望のあった軽《かる》皇子（孝徳《こうとく》天皇）が即位した。皇極の弟で、中大兄皇子の叔父である。改新政権の体制は、孝徳天皇とともに

図26　七世紀後半〜八世紀の皇位継承系図

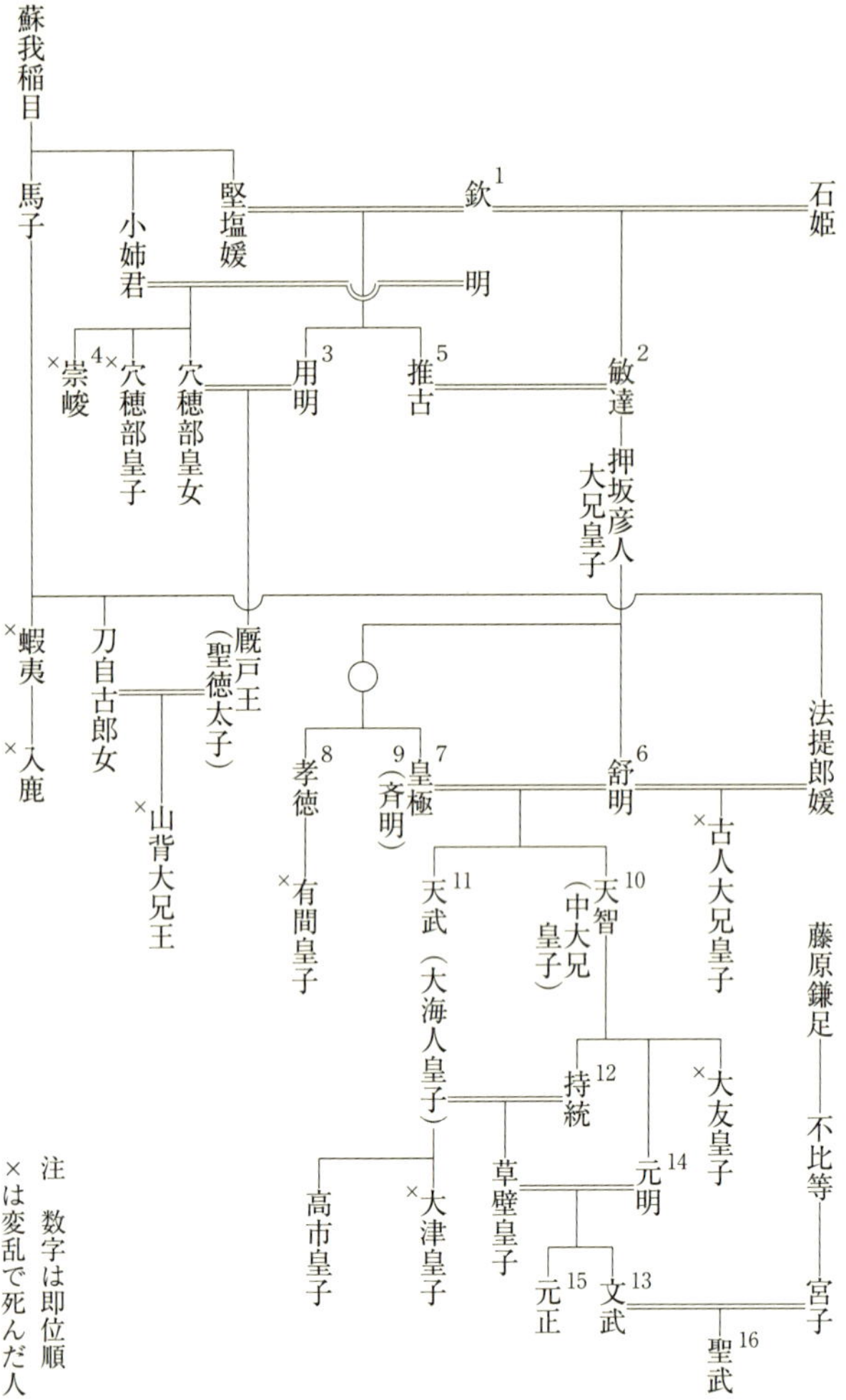

注　数字は即位順
×は変乱で死んだ人

前天皇の皇極が「皇祖母尊《すめみおやのみこと》」とされて権威をもち、中大兄が「皇太子」、阿倍内麻呂《あべのうちまろ》が左大臣、蘇我石川麻呂が右大臣、中臣鎌足が内臣《ないしん》となり、さらに唐帰りの僧旻と高向玄理が国博士《くにはかせ》となって構成した（『日本書紀』皇極四年六月甲戌条・乙卯条）。三ヵ月後には、中大兄皇子が蘇我氏本家が押していた最有力の皇位継承候補であった古人大兄皇子《ふるひとのおおえ》を殺して、さらに政治的集中を進めた。

乙巳の変の翌大化二年正月に、飛鳥から移した新しい都の難波宮《なにわのみや》（大阪市）で宣言されたと『日本書紀』が記す「改新の詔《かいしんのみことのり》」は、後の大宝律令《たいほうりつりょう》などによって文章が修飾されているので、そのまま信じることはできないが、地方で人口・土地の調査を行い、地方行政区画の「評《こおり》」（のちに大宝令で「郡」となる）を設置するなど、中央集権化を進める諸政策が打ち出されていった。

大化・白雉《はくち》年間（六四五〜六五〇）または孝徳天皇の時代に行われたこうした諸改革は、総称して「大化改新」と呼ばれる。

政治権力の集中

六四五年の乙巳の変による蘇我本家の滅亡を受けて、大王と中央諸豪族との関係は、大夫《まえつきみ》合議制の伝統を受け継ぎながら、大王家への権力集中の道が進められた。その際、中大兄皇子が中心となって、蘇我本家を滅ぼした乙巳の変につづけて、古人大兄皇子（六四五年九月）、蘇我倉山田石川麻呂（六四九年三月）そして有間《ありま》皇子（孝徳天皇皇子。母は阿倍内麻呂の娘。六五八年十一月）といった有力な皇位継承候補や中央豪族があいついで滅ぼされている。このことは、滅ぼされた有力者たちの政治的・経済的基盤を手中にした王権・中大兄皇子に、大きな権力強化をもたらした。これにより、王権や中大兄皇子への集権化が一段と進んだといえよう。

「東国国司」と天下立評

全国的な土地・人民の調査を進めるのには地方豪族たちの協力が欠かせなかったが、それにともなって、中央政府は地方豪族の編成を進めた。孝徳天皇の時代に、東国をふくむ全国的規模で地方行政区画としての「評」（のち大宝令で「郡」となる）の設置が行われ、これまでの国造たちが評司《ひょうじ》（「評督《ひょうとく》」・「評造《ひょうぞう》」）に任じられていったことは重要である。『常陸《ひたち》国風土《のくにふど》記《き》』によれば、中央から東国に派遣された総領《そうりょう》に対して、各地の国造《くにのみやつこ》たちが申請して、国造領の境界地区で新しい行政組織の「評」が新設されている。各地の伝統的地方豪族である国造氏族は、王権と結びついて新しく評の官人（評司）となることによって、勃興してきた有力家族層に対して自らの支配の拡充を図り、また対外的危機にも対処しようとしたのである。

いっぽう中央国家の側も、『日本書紀』大化元年（六四五）八月条の「東国国司詔」において、中央から東国に派遣された一時的使者である国司《くにのみこともち》たちに対して、「国司等《くにのみこともちたち》、国に在りて他《ひと》の貨賂《まいない》を取りて民《おおみたから》を貧苦《まずしき》に致《いた》すこと得じ。京《みやこ》に上《のぼ》らむの時には、多《さわ》に百姓《おおみたから》を己《おのれ》に従うること得じ。唯国造《ただくにのみやつこ》・郡領《こおりのみやつこ》をのみ従わしむること得む」と命じているように、地方豪族の領域内支配権を直接侵すことのないように配慮している。こうして、中央の有力王族・豪族を介さずに国家による地方豪族の直接的編成が進み、中央集権的な国家体制が実現していった。

白村江の敗戦

六五五年に孝徳天皇が亡くなると、中大兄皇子の母であるもとの皇極天皇（皇祖母尊）が再び女性天皇として即位し（斉明《さいめい》天皇）、中大兄は引き続き皇太子とされた。唐の朝鮮半島侵攻による東アジアの激動は引き続いており、朝鮮半島では、唐と新羅が連合して攻勢を強め、六六〇年には王都扶余《ふよ》が陥落して百済が滅び、六六八年にはついに王都平壌城《へいじょう》が陥落して高句麗が滅んだ。唐・新羅連合軍による挟撃という情勢だけでなく、百済では義慈王の専権のもとで軍事政策がほころびをみせ、高句麗では泉蓋蘇文の没後に三人の子供たちの間で仲間割れが起こるなど、百済・高句麗の両国とも国家的集中が崩れる中での滅亡であった。その後六六三年の白村江《はくそんこう》の戦いを経た後、半島では唐と新羅の対立という情勢となり、百済や高句麗の復興を図る地方勢力を上手に利用した新羅は、唐の勢力を最終的に追い返して、六七六年に新羅がついに半島の統一を実現していった（統一新羅）。

その過程においては、六六〇年に倒れた百済を復興しようとする鬼室福信《きしつふくしん》たち百済の王族・貴族による抵抗運動が根強く展開され、一時はかなりの勢力を保った。倭は、鬼室福信の求めに応じて、百済復興勢力を支援することを決めて、渡来していた百済王子余豊璋《よほうしょう》を送り返すとともに大量の援軍を百済の地に送った。そして、斉明天皇をはじめ皇太子中大兄皇子や大海人《おおあま》皇子、中臣鎌足たち政権中枢の人々も北部九州に居を移す。半島南部のすぐそば近くまで政権を移動させて軍事指導を行うという体制であり、国の存亡をかけて、真剣に朝鮮半島に軍勢を派遣したといえる。しかし、斉明天皇は九州の地で病没し、その後中大兄皇子が引き続き喪服のまま戦いを指導するが、六六三年には半島南西部の百済旧都扶余を流れる錦江《きんこう》下流の白村江での戦いで倭軍は唐・新羅連合軍に大敗する。

この敗北による危機感のもとに、早速さまざまな防衛策が講じられた。六六四年には対馬《つしま》・壱岐《いき》・筑紫《つくし》国に防人《さきもり》と烽《とぶひ》を置き、大宰府《だざいふ》を守る位置に水城《みずき》を築く。また翌年には、百済からの亡命貴族たち

図27　大野城跡の百間石垣

の技術指導のもとに、長門《ながと》や筑紫に古代朝鮮式山城《やまじろ》を築いている。筑紫では大宰府の北・南を守る大野《おおの》城・基肄《きい》城が築かれた。大野城は、土塁や石垣が山の山頂部を鉢巻《はちまき》状に取り囲む構造で、内側には長期の籠城に必要な食料を蓄える倉庫群が配置されていた。このほか、九州・瀬戸内・近畿にかけて、古代朝鮮式山城が点々と築かれている。

地方豪族と白村江の戦い

古代の仏教説話集『日本霊異記《にほんりょういき》』に収められた説話（上巻第七）には、白村江の敗戦から帰国した備後《びんご》国三谷《みたに》郡（広島県三次市）の郡司氏族の祖先の地方豪族が、出征の時に「無事に帰国出来たら諸神祇《じんぎ》の為に伽藍《がらん》を造立する」と誓願していたことを受けて、百済人の禅師弘済《ぐさい》を招いて共に帰郷し、立派な伽藍をもつ三谷寺《みたにでら》を建てたという話がある。三谷郡の郡司氏族に招かれた百済僧弘済は、伽藍や仏像を造る上で必要な資材を調達するため、飛鳥の都の市にまで出向いて「金丹《きんたん》等の物」を購入し、難波津《なにわづ》から船出して瀬戸内海を備後国まで戻るコースをたどっている。中国山地の地方豪族でも、中央の市場で資材を購入するだけの財力を持っていたこと、そして早くから仏教を受容していたことは注目される。そして、この「三谷寺」は、備後寺町《てらまち》廃寺《はいじ》（広島県三次市）であることが発掘調査によって明らかになっている。塔・金堂などの礎石《そせき》が遺存し瓦が出土するこの寺町廃寺は、七世紀第3四半期の創建であり、水切りをもつ特徴ある百済系軒丸《のきまる》瓦《がわら》が広島県東部から中国地方にかけて広く分布する中心となっていて、「多く諸寺に超え、道俗観《み》て共に欽敬《きんきょう》をなす」という『日本霊異記』の記載が裏付けられている。

また、『日本霊異記』の別の説話（上巻第一七）には、伊予国（愛媛県）越《お》智《ち》郡の郡司の先祖である越《お》智直《ちのあたい》たちが白村江の戦いに参戦し、唐国に捕虜となったものの、観音菩薩《かんのんぼさつ》像への仏教信仰によって心を合わせ、結局無事帰国することができたという話がある。自らの軍勢を率いて参戦した伊予の郡司クラスの地方豪族が、以前から仏教を受容してその信仰的結合によって「国造軍」をまとめていたことは、七世紀の倭国の地方豪族が外来文化の受容に積極的であったことを示している。

地方豪族軍（国造軍）の寄せ集め的な倭の軍勢と、律令軍制によって統率された唐の軍勢との力量の差が認識されたことは、中央集権的な唐の国制を導入する動きを加速することになった。白村江の戦いには九州・中国・四国地方ばかりでなく、東北地方に至るまでの多くの地方豪族が軍勢を率いて参戦しており、敗戦によって、日本列島の対外的危機感のもと国家的集中の必要性を多くの地方豪族たちが認識したことも、その後の中央集権的な国家体制の形成に向けて大きな力となった。

天智天皇の時代

百済・高句麗滅亡の混乱の際には、多くの朝鮮半島の人々が列島に逃れてきて、この後の列島の文化に多くの影響を与えた。白村江の敗戦を受けて百済から列島に渡ってきた百済の王族・貴族たちは、倭の政府で官僚に任じられた者も多かった。また、高句麗・

百済・新羅から渡ってきた人々の多くが東国に「安置」されたことは、その後の東国の歴史・文化に影響することになった。

百済・高句麗滅亡後は、新羅が唐に対抗して半島の統一支配をめざすことになったので、唐・新羅による列島侵攻の危機は急速に遠のいていった。中大兄皇子は、六六七年に近江の大津宮《おおつのみや》に遷都し、翌六六八年ようやく即位する（天智《てんじ》天皇）。そして、白村江の敗戦を受けた対外的危機感をバネにして、国内における集権化政策を進めた。天智天皇時代に、律令の令の「近江令《おうみりょう》」が編まれたとするのちの史料もみられるが、体系的な法典としての近江令が完成したとまではいえないとみる説が強い。ただし、集権化政策は進められ、六七〇年にははじめての全国的な戸籍である庚午年籍《こうごねんじゃく》が作成された。諸国の土地と民衆を中央政府が把握する体制が、地方豪族の協力のもとに進展したのである。

天智天皇時代の対外関係は、六六三年の白村江の敗戦ののちは、六六五年（天智四）・六六七年に唐使を送る遣唐使があり、天智八年（六六九）にも遣唐使の記事があるが、半島情勢を考えると、本格的な外交が行われたことには疑問がある。

その後は、天武《てんむ》・持統《じとう》天皇時代を経て大宝元年（七〇二）に任命されて翌年唐に渡った粟田真人《あわたのまひと》を遣唐執節使《けんとうしっせつし》とする遣唐使の派遣まで、七世紀最後の三〇年間は、直接唐との国交関係はなかった。粟田真人の時には、唐に対してはじめて「日本」の国号を称して、驚かれてもいる。

天智・天武・持統天皇時代に進められた律令国家の確立をめざす政治動向の外交的背景としては、この時期盛んであった新羅との間の外交が大きな影響を与えたものと考えられる。六七六年に唐の駐留軍を追い返して鴨緑江《おうりょっこう》から南の朝鮮半島を統一した統一新羅と倭との関係は、相互に数多く遣使しあう良好な関係が展開したのであった。この時代、新羅経由で、多くの唐の律令国家体制に関する知識・文物が倭に渡ってきたといえる。

3―天武・持統天皇の時代

壬申の乱

天智天皇が亡くなると、天智の命を受けて近江朝廷を主宰した天智の子の大友《おおとも》皇子〈母は伊賀〈三重県〉の地方豪族の娘〉と、身の危険を感じて大津宮から奈良盆地南の吉野に逃れていた天智の弟の大海人皇子との間で、六七二年に皇位継承をめぐる大きな戦いが起こった。これが壬申《じんしん》の乱である。晩年の天智天皇が、後継者とみられていた弟の大海人皇子にかわって、優秀な息子の大友皇子に跡を継がせるため近江朝廷をゆだねたことが乱の原因となった。

大海人皇子は、都から逃れていた吉野の地を発して東国に入り、東国に向かう陸路の要衝である美濃国不破《ふわ》の地（近江と美濃の国境で、東山道《とうざんどう》の不破関が置かれる地。岐阜県関ヶ原町）を押さえ、舎人《とねり》として従者になっていた東国豪族の子弟たちの活躍によって、東国の軍勢を動員することに成功する。そして息子の高市《たけち》皇子の活躍もあって、西国からの軍事動員にも出遅れた近江朝廷軍を圧倒して勝利し、大友皇子は殺された。東国などの広範な地方豪族を巻きこんだこの乱の結果、近江朝廷側についた有力中央豪族たちの勢力は失墜《しっつい》し、勝者として即位した天武天皇の権威と権力が高まった。

天武天皇は、都を近江の大津宮（滋賀県大津市）から大和の飛鳥（奈良県明日香村）に戻し、壬申の乱の翌六七三年に飛鳥浄御原宮《あすかきよみはらのみや》で即位して、乱の勝利者の権威を活かして天皇を中心とする中央集権化政策をいっそう進めた。有力な中央豪族たちはほとんど近江朝廷側について敗者となっていたから、勝者である天武天皇は、それまでの大王とは違って専制的な権威・権力を身につけることができたのであった。

天武天皇

『万葉集』には、壬申の乱ののち詠《よ》まれた歌として、「大君《おおきみ》は神にしませば赤駒《あかこま》のはらばふ田井《たい》を都《みやこ》となしつ」「大君は神にしませば水鳥《みずどり》の多集《すだ》く水沼《みぬま》を都となしつ」（巻一九、四二六〇・四二六一）など、奉仕する官人の立場から、天皇を神格化した歌がはじめて登場する。「天皇」制はこの天武天皇時代に、実体化したと考えられている。天武天皇時代の国家的工房の遺跡である飛鳥池《あすかいけ》遺跡からは、最古の「天皇」記載をもつ木簡《もっかん》が出土している。「天皇」という称号も、この頃使われるようになったとする見方が強い。

天武天皇は、氏《うじ》よりも天皇に仕える官人を養成するための官僚制度を整え、六七五年には豪族私有民を止め、諸国の境界を画定し、六八四年には八色《やくさ》の姓《かばね》を定めて天皇中心の身分制を設けるなど、天皇中心の中央集権的国家体制の形成を進めた。そして、支配の骨組みとなる法典としての律令《りつりょう》の編纂や、支配の正当性を示す歴史書としての国史《こくし》の編纂、さらに大王宮《だいおうきゅう》にかわる新しい宮都《きゅうと》の造営などをはじめたが、これらの完成をみないで亡くなった。

飛鳥池遺跡と富本銭

飛鳥寺東南方に位置する飛鳥池遺跡（奈良県明日香村）は、天武天皇時代（六七二〜六八六年）の七世紀後半のさまざまな生産にあたった国家的な生産工房の遺跡である。この遺跡からは、今のところ最古の「天皇」という記載をもつ天武天皇時代の木簡が出土したり、銅銭の富本銭《ふほんせん》が本格的に鋳造されたことなどが知られた。唐にならって国産の銭貨を鋳造し流通させようとするなど、律令国家の形成と自立をめざしたこの時代の意気ごみがうかがえる遺跡である。また、出土した天武天皇時代にさかのぼる貢進物荷札木簡《こうしんもつにふだもっかん》からは、美濃国（岐阜県）にあたる領域からの貢進物が飛鳥の地に送られていたことが明らかになった。この荷札木簡が、のちの律令時代の貢進物荷札木簡と類似した記載をもっていることは、中央の王権と美濃との間に、律令制と結びつくような貢進システムや文書による情報伝達システムがすでに天武天皇時代に成立していたことを示すと考えられる。

また天武天皇は、仏教の振興と寺院の造営を進めたので、豪族たちもそれまでの古墳にかわって競って氏寺《うじでら》を建立するようになり、白鳳寺院《はくほう》が各地に数多く営まれるようになった。七世紀後半から八世紀初めにかけての白鳳文化の文物には、こうした寺院・仏教関係のものが多く残っている。その他高松塚古墳《たかまつづか》の壁画などは高句麗や唐の古墳壁画の影響が指摘されている。

律令の編纂

天武天皇が亡くなると、天皇の政治をよく補佐して発言力も持った皇后鸕野《うの》皇女（持統天皇）が、夫の遺志を継いで、律令編纂や宮都造営などの事業を継承し、それらを完成させていった。六八九年には飛鳥浄御原令《あすかきよみはらりょう》を施行し、翌年には即位を期待した息子草壁《くさかべ》皇子の病

図 28　飛鳥池遺跡の模型

図 29　飛鳥池遺跡出土の富本銭

図 30 「天皇」と記された飛鳥池遺跡出土木簡

没を受けてみずから即位し、令にもとづく戸籍である庚寅年籍《こういんねんじゃく》の作成を命じた。そして六九四年には、飛鳥の地から新しくできた都・藤原京へと遷都した。六九七年には孫の軽皇子（文武天皇）に皇位を譲り、太上天皇となってともに政治を指導し、大宝元年（七〇一）の大宝律令の完成をみた翌年、亡くなった。

大宝律令は、はじめて律六巻・令一一巻がそろって制定・施行された法典であり、刑部《おさかべ》親王を代表者として、藤原不比等《ふじわらのふひと》・粟田真人《あわたのまひと》・下毛野古麻呂《しもつけぬのこまろ》たちが編纂にあたった。大宝元年には新令の講義を諸道に対して行い、大宝二年には諸国に律令を頒布《はんぷ》した。これによって、ようやく自らの手による法式備定の国となったのである。

藤原京の形成

藤原京は、それまで七世紀代に大王宮が営まれてきた飛鳥の小盆地から北西方に離れ、耳成山《みみなしやま》・畝傍山《うねびやま》・香具山《かぐやま》の三山をふくみこみ、中ツ道・下ツ道（奈良盆地を一定間隔で南北に走る直線官道）や横大路・山田道（奈良盆地南端部を東西に走る直線官道）などの古代道路を取りこむ形で、中国の都城制《とじょうせい》にならって営まれた都であった。天皇の住む内裏《だいり》や中央官庁が位置する中央の「宮」と、その周りを囲む皇族・貴族や役人・一般住民たちが住む広域な「京」とからなり、京には碁盤の目状の道路が街区を区画する条坊制《じょうぼうせい》が施行された。また京の中には、大官大寺・（本）薬《やく》師《し》寺などの巨大な寺院の伽藍建築群がそびえて、都に荘厳を加えていた。

藤原京の、方形の京域の中央に方形の宮域をもつというプランは、中国の『周礼《しゅらい》』の考工記《こうこうき》に記された王城のプランにならった形になっており、唐の都長安《ちょうあん》や洛陽《らくよう》のプランとは異なることが指摘され

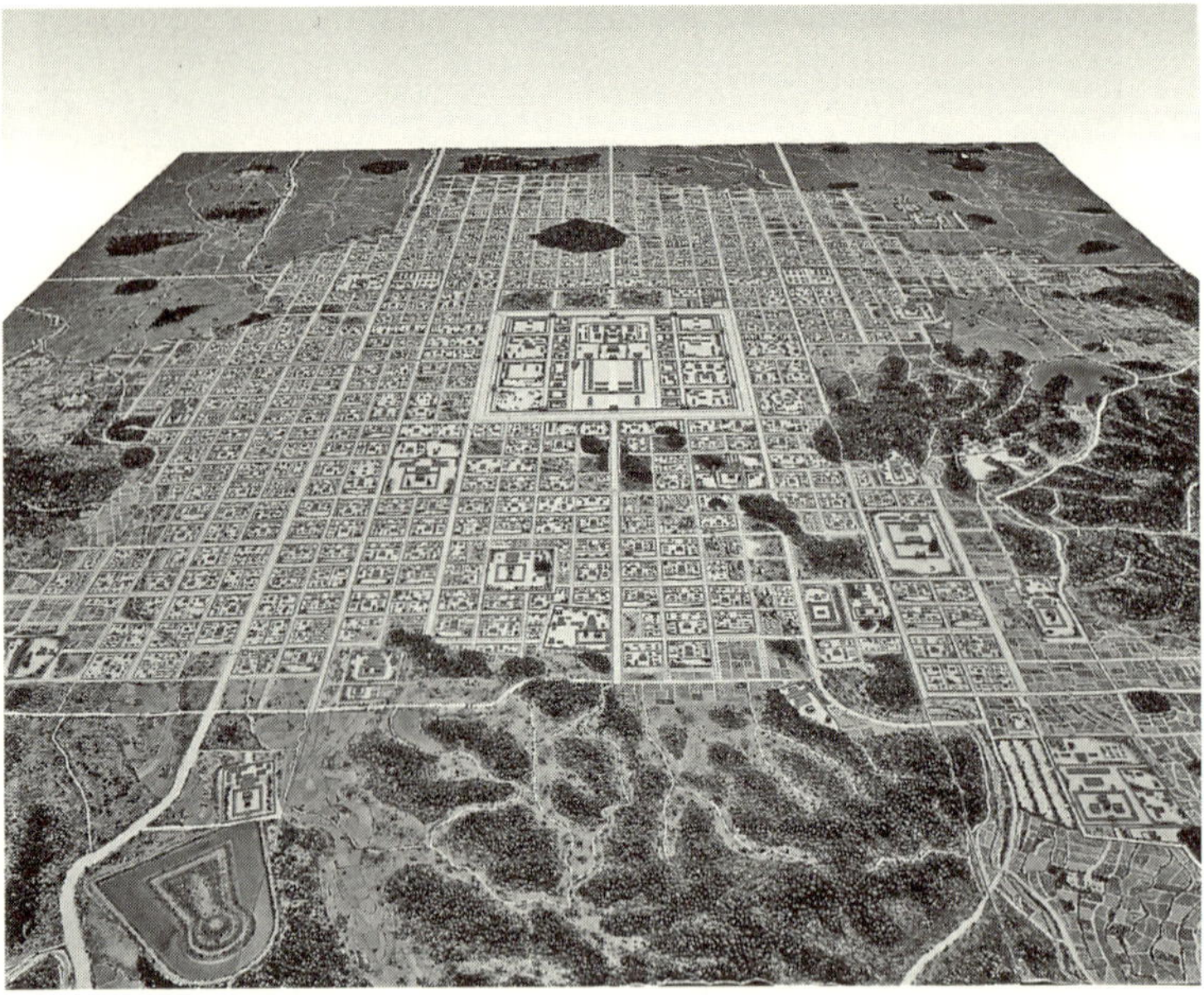

図31　藤原京の模型

ている。長安のように、北方民族の影響を受けて長方形の京域の北端中央に王宮が配置される形態ではなく、方形の京域の中央に王宮が位置する儒教的思想にもとづくプランを採用したと指摘されている。すでに遣唐使が何度か派遣されていたから、長安や洛陽のプランを知らなかったわけではない。このことをどう理解するかは課題であり、さかのぼる中国都城の影響とみるか、新羅の慶州などのあり方との関連をみるか、などの検討が望まれる。

藤原京は、まず第一に、それまでの飛鳥の宮々が代替わりごとに遷宮したのとは違って、持統・文武・元明《げんめい》三代の天皇の都として継承される都となった点、第二に、それまでは皇位継承候補をふくむ有力な王族や中央豪族が大王宮とは別にみずからの宮

（皇子宮）や邸宅を構えていたのに対して、新たに宮の周囲に京の区画（京域）を設け、王族・豪族に宅地を班給《はんきゅう》してその集住がはかられた点、そして第三に、それまでの地面を掘りこんで柱を建てる掘《ほっ》立柱建物《たてばしらたてもの》の伝統的建築技法にかわって、礎石建ち・瓦葺きの大陸風建築の技法を用いた立派な大極殿《だいごくでん》などの宮殿が建てられた点などに、新しい律令国家にふさわしい宮都としての歴史的性格が指摘できる。

七世紀の木簡

日本における最古の木簡は、今のところ七世紀前半頃までさかのぼる。藤原宮木簡は、六九四年から和銅三年（七一〇）までの都であった藤原宮跡（奈良県橿原市）から出土しており、まさに大宝律令の成立をはさんだ律令制確立期の生の記録といえる。少しさかのぼる天武天皇時代の飛鳥池遺跡（奈良県明日香村）や各地の遺跡からも、七世紀代の木簡の出土例が増えつつある。『日本書紀』が養老四年（七二〇）に編纂されているのに対して、それ以前の同時代資料であることは、藤原宮木簡など七世紀木簡の大きな特徴となっている。日本の古代律令国家の諸制度が形成される過程を、七世紀木簡によって構成できることが注目されるのである。

「大化改新」をめぐる「郡評論争《ぐんぴょうろんそう》」では、地方行政区画の「コホリ」の表記が、浄御原令《きよみはらりょう》制の「評」から大宝令《たいほうりょう》制の「郡」に改められ、すぐに諸国いっせいに実施されたことが明らかになったが、それを証明したのが藤原宮木簡であった。七世紀木簡によって、編纂時に修飾された『日本書紀』の大化改新詔の記載が読み改められ、史料批判が進んだのである。

木簡は、中央の宮都遺跡からだけでなく、地方の役所の遺跡からも出土し、遺跡数と出土点数が急増している。そうした地方遺跡出土の木簡は、中央や国家の立場から編纂された編纂史料からはうかがえない、各地域の古代史を雄弁に物語ってくれる歴史資料として貴重である。

四　律令国家

1——律令国家と平城京

大宝元年（七〇一）の大宝律令の完成は、それまでの飛鳥浄御原令《あすかきよみはらりょう》時代には律として は中国唐《とう》の律を借用してきたことに比べ、はじめて律・令ともに日本で編纂した法典 が備わったことを意味する。律・令ともに、唐のそれや飛鳥浄御原令にならいながら、 日本の実情に合わせて条文に改変を加えて編纂されたもので、刑部《おさかべ》親王のもと藤原不 比等《ひと》・粟田真人《あわたのまひと》・下毛野古麻呂《しもつけぬのこまろ》など、海外事情・法典に詳しい官人たちが編纂の実際を担った。

大宝律令——文物の儀是に備れり——

『続日本紀《しょくにほんぎ》』の大宝元年元日条は、藤原宮の大極殿《だいごくでん》に文武《もんむ》天皇が出御《しゅつぎょ》して官人たちから朝賀《ちょうが》の儀式 を受けた時の様子を、

その儀、正門に烏《う》形の幢《どう》を樹《た》つ。左には日像・青竜《せいりゅう》・朱雀《すざく》の幡《ばん》、右は月像・玄武《げんぶ》・白虎《びゃっこ》の幡《ばん》なり。蕃夷《ばんい》の使者、左右に陳列す。文物の儀、是に備れり。

と、新羅《しらぎ》からの外交使節や蝦夷《えみし》も参列する盛大な儀式の中で、「文物の儀、是に備れり」と誇らしげに記している。その背景には、この年に律・令ともに日本で編纂した大宝律令が完成し、独自の法典

が備わり定まった「中華」の国家となることへの自負があったとみられる。

翌大宝二年に唐に渡った遣唐使《けんとうし》が、唐に対してはじめて「日本」の国号を称したことにも、律令国家が確立したという自負がうかがえるとともに、日本が中国にならった小中華帝国をめざす意志表明とみることができよう。この時の遣唐使は、約三〇年ぶりの派遣であり、かつて白村江《はくそんこう》で唐軍に大敗を喫した倭国のままではないことを意識したのであろうか。

律令官僚制と官人たち

日本の律令国家では、それまでの氏族（ウヂ）を中心として倭王権を構成した氏姓制《しせいせい》の政治組織にかわって、氏上《うじのかみ》を介在させずに天皇に直接仕える個人的官僚からなる律令官僚制が形成された。かつての氏姓制のもとでは、ウヂを単位として氏上《うじのかみ》のもとに統率された氏人《うじびと》たちが、伝統的にウヂが担ってきた王権内の職能に仕奉してきた。それが、律令制のもとでは、官僚個人が天皇に奉仕するあり方に変わったのであった。律令制とともに、官人《かんじん》たちはウヂよりも天皇に対する奉仕を優先しなくてはならなくなった。官人は、まず天皇との距離に応じて位《い》階《かい》を賜り、その位階に相当する官職に任命されるという官位相当制のシステムで官僚として勤めることになった。

ただし、蔭位《おんい》の制によって、五位以上の貴族層の子弟（三位以上の上級貴族の子・孫、五位以上の貴族の子）は、あらかじめ一定の高さの位階を授かり、位階上昇の機会も短期であるため、倭王権以来の有力中央豪族の氏族は、その地位を維持することが可能となっていた。

一般には、貴族・官人の子弟や文筆で王権に仕えてきた渡来系のフミヒトの子弟たちは、中央の大学で漢字文化・儒教《じゅきょう》・律令などを学び、官吏《かんり》登用試験に合格して官僚世界に入ることとされ、地方では郡司《ぐんじ》の子弟を中心に国学で学んで官吏となった。こうして、古代の官人には、きわめて少数の三位以上の上級貴族や五位以上の貴族のもとに、大多数の下級官人が存在した。官人になるためには、漢字・漢文の読み書き能力とともに、あわせて中国の儒教の教養を身につけることが求められた。

地方行政組織

こうして七世紀の後半を通じて律令国家が確立していったが、律令国家が中央・地方にわたる統治のための行政組織を確立する上では、地方豪族の協力が不可欠であった。律令国家の地方行政組織は、国—郡《ぐん》—里《り》とされ、かつての国造《くにのみやつこ》などの地方豪族の支配領域を郡として、その下に五〇戸《こ》一里となるように里を置いた。国郡里制は、養老《ようろう》元年（七一七）～天平《てんぴょう》十二年（七四〇）に国—郡—郷《ごう》—里制となり、天平十二年からは国—郡—郷制となった。里（郷）を構成する五〇の戸は、戸籍に編成された戸（郷戸《ごうこ》）を単位とした。戸は、戸主《こしゅ》のもとに戸主の家族や戸主の兄弟の家族、そして同じ戸《こ》に付せられる人である寄口《きこう》や、戸主らが所有する奴婢《ぬひ》などから構成された。一戸の規模は数人から一〇〇人余の場合があり、平均的には二〇人余りであった。この戸は、班《はん》田収授《でんしゅうじゅ》の対象や租《そ》・調《ちょう》・庸《よう》などの税を負担する単位となり、とくに正丁《せいてい》四人につき一人のわりで徴発される兵士役は、一戸から一人の徴兵となるように編成されたと思われる。すなわち戸は、血縁による自然大家族ではなく、負担などのために上から人為的に編成された複合家族であった。

国・郡を行政的に統治するために国司《こくし》・郡司《ぐんじ》が任命され、役所として国府《こくふ》（国衙《こくが》）・郡家《ぐうけ》（郡衙《ぐんが》）が置かれたが、国府・郡家にも多数の下級官人がいなくてはならなかった。この地方下級官人たちにも、漢字・漢文の読み書き能力と儒教の教養を身につけることが求められた。こうした膨大な数の下級官人が全国の地方官衙にいなければ、地方への命令は届かず、都への調庸貢進も滞って、律令国家の運営はできなかったといえよう。

古代の阿波《あわ》国府跡の一角に位置する徳島市の観音寺《かんのんじ》遺跡からは、七世紀第2四半期にさかのぼる『論語《ろんご》』を習書した木簡が出土している。この遺跡は、阿波国造の本拠地に接する遺跡であり、まだ律令制的な国が成立する以前から、地方豪族である阿波国造氏族が漢字文化と儒教を積極的に受容していたことが知られた。また、古代の信濃国埴科《はにしな》郡の郡家に近い長野県千曲《ちくま》市の屋代《やしろ》遺跡群でも、七世紀の天智《てんじ》天皇時代にさかのぼる古い木簡や、八世紀初めにかけて『論語』を習書した木簡などが出土している。ここでも、同地の科野《しなの》（信濃）国造氏族が、七世紀代から漢字文化や儒教を受容していたことが知られたのである。また、古代の越後国古志《こし》郡家である新潟県長岡市の八幡林官衙《はちまんばやしかんが》遺跡では、八世紀初め頃からの、古志郡司（大領《だいりょう》）あての宛先記載をもつ封緘《ふうかん》木簡が多く出土している。これらは、地方豪族である郡司よりも下のクラスの人々が、紙の文書を郡司あてに封緘して差し出していたことを示しており、漢字文化の地方社会への浸透が早くから進んでいた様子が明らかになった。列島各地の地方豪族たちが、中国の儒教の教養や漢字文化の摂取に懸命であった様子がうかがえるのである。こうした地方豪族を中心とした漢字文化・儒教の受容を背景としたからこそ、中央・地方に膨大な下級官人を必要とする律令官僚制が七世紀後半の短期間のうちに形成され、中央集権的な国家組織の確立が進んだのだといえよう。

こうして、大化改新、白村江《はくそんこう》の戦い、壬申《じんしん》の乱などの戦乱が続く中で、日本の律令国家が短期間に確立していった歴史的背景には、東アジアの国際関係を受けた対外的危機や、中央豪族ばかりでなく地方豪族たちによる海外先進文明の摂取という動向が存在していたといえる。

平城京

平城京《へいじょうきょう》（七一〇～七八四年）は、中国の都城《とじょう》にならって形成されたはじめての本格的な宮都《きゅうと》である藤原京（六九四～七一〇年）がもった特質を、引き継いだ。それは第一に、元明《げんめい》・元正《げんしょう》・聖武《しょうむ》・孝謙《こうけん》・淳仁《じゅんにん》・称徳《しょうとく》・光仁《こうにん》・桓武《かんむ》といった代々の天皇の「永続する都」となったこと、第二に、条坊制《じょうぼうせい》をもつ京域に宅地を班給《はんきゅう》して、皇族や貴族たちを天皇の住む宮域周辺の膝下に集住させたこと、そして第三に、大極殿・朝堂院《ちょうどういん》などの宮殿建築が大陸風の礎石《そせき》建ち・瓦葺《かわらぶ》きの建物となったこと、などがあげられる。

平城京において聖武天皇が即位した年の『続日本紀』神亀《じんき》元年（七二四）十一月甲子《かっし》条には、次のような記事を載せる。

上古《じょうこ》は淳朴《じゅんぼく》にして、冬は穴にすみ、夏は巣《す》にすむ。後世の聖人、代えるに宮室を以ちてす。また京師有りて、帝王居と為す。万国の朝《ちょう》する所、是れ壮麗なるに非ざれば、何を以ちてか徳を表さん。

このように、外国使節や辺境の民そして支配下の地方豪族・民衆たちに対して、宮都は君主の徳や支配の正当性を示すために壮麗でなくてはならなかった。「神が造った」と思わせるほどの大規模で華麗な宮都を誇示することが、国家の中央集権的な支配を確保するために必要とされた。宮都は、いわ

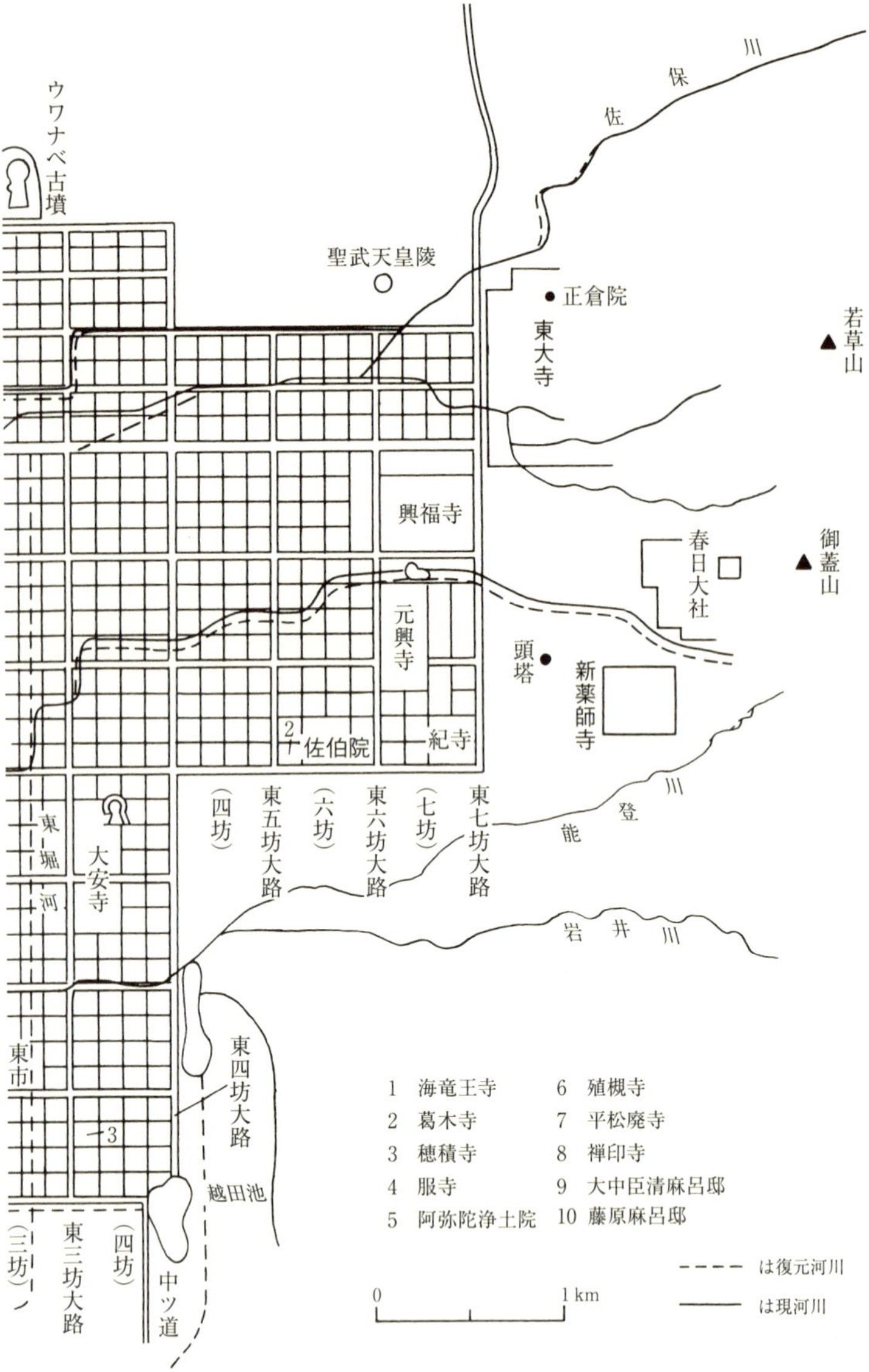

ウワナベ古墳
佐保川
聖武天皇陵
正倉院
東大寺
若草山
興福寺
春日大社
御蓋山
元興寺
頭塔
新薬師寺
佐伯院
紀寺
東七坊大路
（七坊）
東六坊大路
（六坊）
東五坊大路
（四坊）
能登川
東堀河
大安寺
岩井川
東市
東四坊大路
越田池
（三坊）
東三坊大路
（四坊）
中ツ道
1　海竜王寺
2　葛木寺
3　穂積寺
4　服寺
5　阿弥陀浄土院
6　殖槻寺
7　平松廃寺
8　禅印寺
9　大中臣清麻呂邸
10　藤原麻呂邸
は復元河川
は現河川
0
1 km

京図

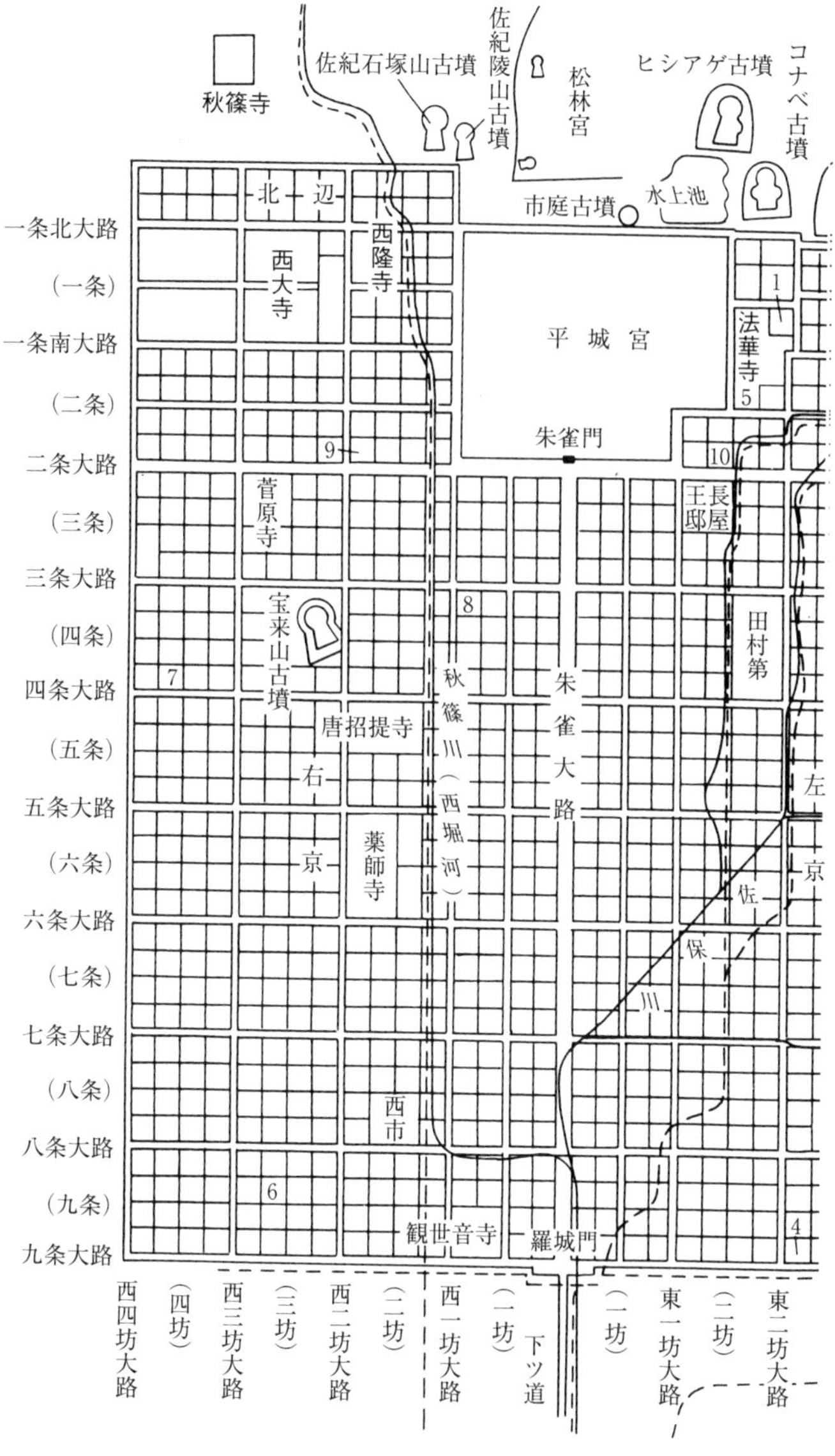
秋篠寺
佐紀石塚山古墳
佐紀陵山古墳
松林宮
ヒシアゲ古墳
コナベ古墳
水上池
市庭古墳
北 辺
西隆寺
西大寺
平城宮
法華寺
朱雀門
王邸
長屋
菅原寺
宝来山古墳
田村第
秋篠川（西堀河）
朱雀大路
唐招提寺
右京
薬師寺
左京
佐保川
西市
観世音寺
羅城門
一条北大路
（一条）
一条南大路
（二条）
二条大路
（三条）
三条大路
（四条）
四条大路
（五条）
五条大路
（六条）
六条大路
（七条）
七条大路
（八条）
八条大路
（九条）
九条大路
西四坊大路
（四坊）
西三坊大路
（三坊）
西二坊大路
（二坊）
西一坊大路
（一坊）
下ツ道
（一坊）
東一坊大路
（二坊）
東二坊大路

図 32　平城

ば支配の道具としての機能を果たしたのである。そして、対外関係を意識して中国風の立派な宮都が営まれたことは、日本の律令国家が東アジアにおいて「小中華帝国」をめざした国際意識とも対応しよう。

平城京・平城宮の遺跡は今日の奈良市にあり、長岡京《ながおかきょう》・平安京への遷都ののち遺跡として地下に埋もれながら今日まで残ってきた。中世以降、奈良町は平城京東端部の興福寺《こうふくじ》や東大寺などの大寺院のいわば門前町として展開したいっぽう、平城京の大部分は水田となって近代まで遺存してきた。平城京・平城宮では、今日まで奈良文化財研究所や奈良県・奈良市などによって五〇年以上にわたって精密な発掘調査が進められ、八世紀の古代都市の実像が最もよく判明した遺跡となっている。

平城京の南の正門、羅城門《らじょうもん》から京の北端に位置する平城宮の正門、朱雀門《すざくもん》までの間をまっすぐに結ぶのが、幅七四メートルの規模をもつメインストリート、朱雀大路《すざくおおじ》である。中国の都城とは違って平城京には京域の四周すべてを取り囲む羅城《らじょう》の高い城壁はなかったが、朱雀大路の両側だけには高い坊垣《ぼうがき》が続いており、街路樹として柳などが植えられていた。壮観な朱雀大路の様子は、外国使節などに対する配慮であり、宮都が儀礼的空間であったことを示している。

平城京の人口は約一〇万人と推定されている。そのうち五位以上の貴族は、八世紀初めには一〇〇人ほどにしか過ぎなかった。一方、官人の圧倒的多数を占める下級官人の数は、定員として一万人弱と数えられ、彼らの家族もかなりの数にのぼった。そのほか一般京民をふくめて、京の住民の多くは、何らかの形で官司、貴族や寺院などに依存しながら生活していた。

図 33　長屋王邸宅復元模型

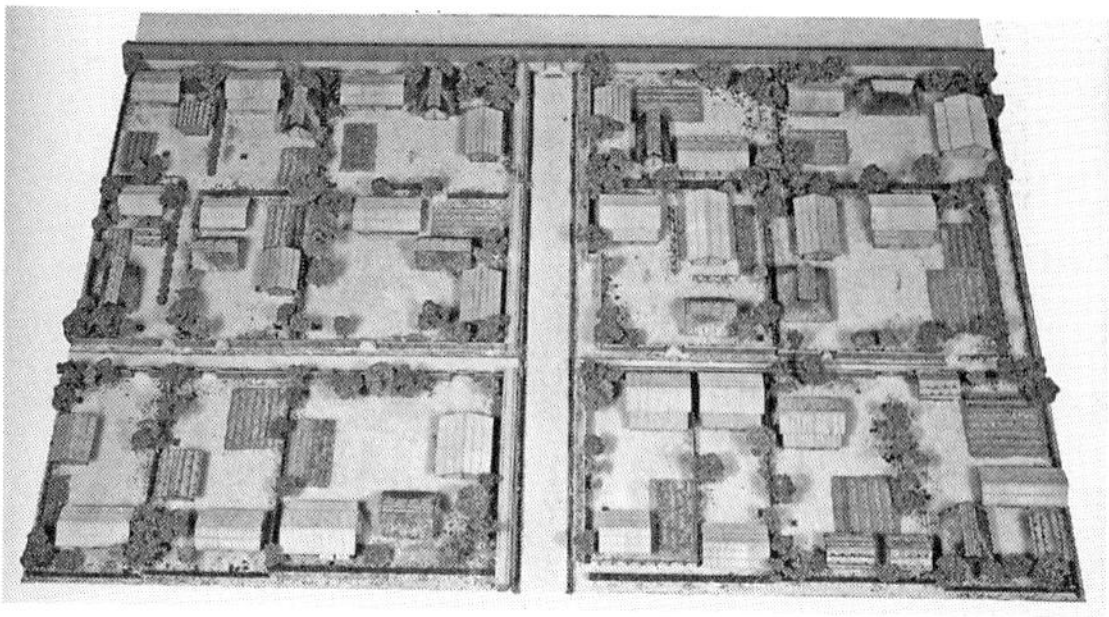

図 34　下級官人の家模型（右京八条一坊十三・十四坪）

史料や発掘調査成果から知られる平城京住人の分布状況では、平城宮に近い五条以北の地に、広い敷地をもつ貴族たちの邸宅が建ち並び、宮から遠い八条・九条のあたりに下級官人たちの小規模な屋敷が集まっていた。貴族の邸宅は、条坊の「坪《つぼ》」（大路に囲まれた一街区を小路で一六に分割した街区）を単位として、ひと坪以上の広い面積をもっており、宅地内に多数の建物群が整然と配置されていた。

平城宮に近い左京《さきょう》三条二坊一・二・七・八坪の四か坪を占める広大な規模をもつ奈良時代初期の長屋《ながや》王《おう》邸宅は、発掘調査によって、いくつかの区画に仕切られ、公的空間・生活空間・家政機関の空間などから構成されていたことがわかった。そして三万五〇〇〇点ちかくの長屋王家木簡が出土し、王家の優雅な日常生活、邸宅で働いていた多様な職種の人々の実態や家政機関の構成、諸国に及ぶ経済基盤が明らかになり、古代史像を大変豊かにしてくれた。

いっぽう、多数を占める下級官人たちの屋敷の姿は、宮から遠い左京・右京《うきょう》の八条・九条などの地に、ひと坪の一六分の一、三二分の一、六四分の一ほどの敷地規模で営まれ、痕跡をとどめない柴垣《しばがき》のような区画施設の中に、二〜三棟の小規模な掘立柱建物と井戸がセットになるというものであった。

平城宮

平城宮は、平城京の北部中央に位置しており、一キロ四方に東に張り出した東院《とういん》の部分を合わせて約一二〇ヘクタールの面積をもつ。宮内の中心部に、天皇の生活空間である内裏《だいり》、政務・儀式の場である中央区（第一次）・東区（第二次）の二つの大極殿・朝堂院があり、そのほかの宮内各所に二官八省《にかんはっしょう》の各官庁が配置されていた。宮跡は大部分が国有地となり、奈良文化財研究所が五〇年以上にわたって発掘調査を続けた結果、宮内の姿が明らかになってきている。

平城宮は、四周を大垣とその外濠によって囲まれ、大垣には宮城十二門《きゅうじょうじゅうにもん》が設けられ、とくに南面中央には正門の朱雀門が建っていた。朱雀門は、発掘調査と建築研究の成果の上に、二層の大規模な門が当時の工法・素材を用いて復元整備されている。

大極殿・朝堂院は、朱雀門を入ったところにある第一次（中央区）の大極殿・朝堂院と、朱雀門のひとつ東の壬生門《みぶもん》を入ったところにある第二次（東区）の大極殿・朝堂院との二区画がある。第一次大極殿・朝堂院は、朝庭《ちょうてい》を囲んで細長い南北棟の朝堂が東西に並ぶ饗宴《きょうえん》・儀式の場であり、第二次大極殿・朝堂院は、朝庭を囲んで一二の朝堂が列立する朝堂院をもち、政務・儀式の場であったと考えられる。当初は掘立柱建物であった朝堂群は、高い基壇《きだん》の上に立つ礎石建ち・瓦葺きの大陸風の建築

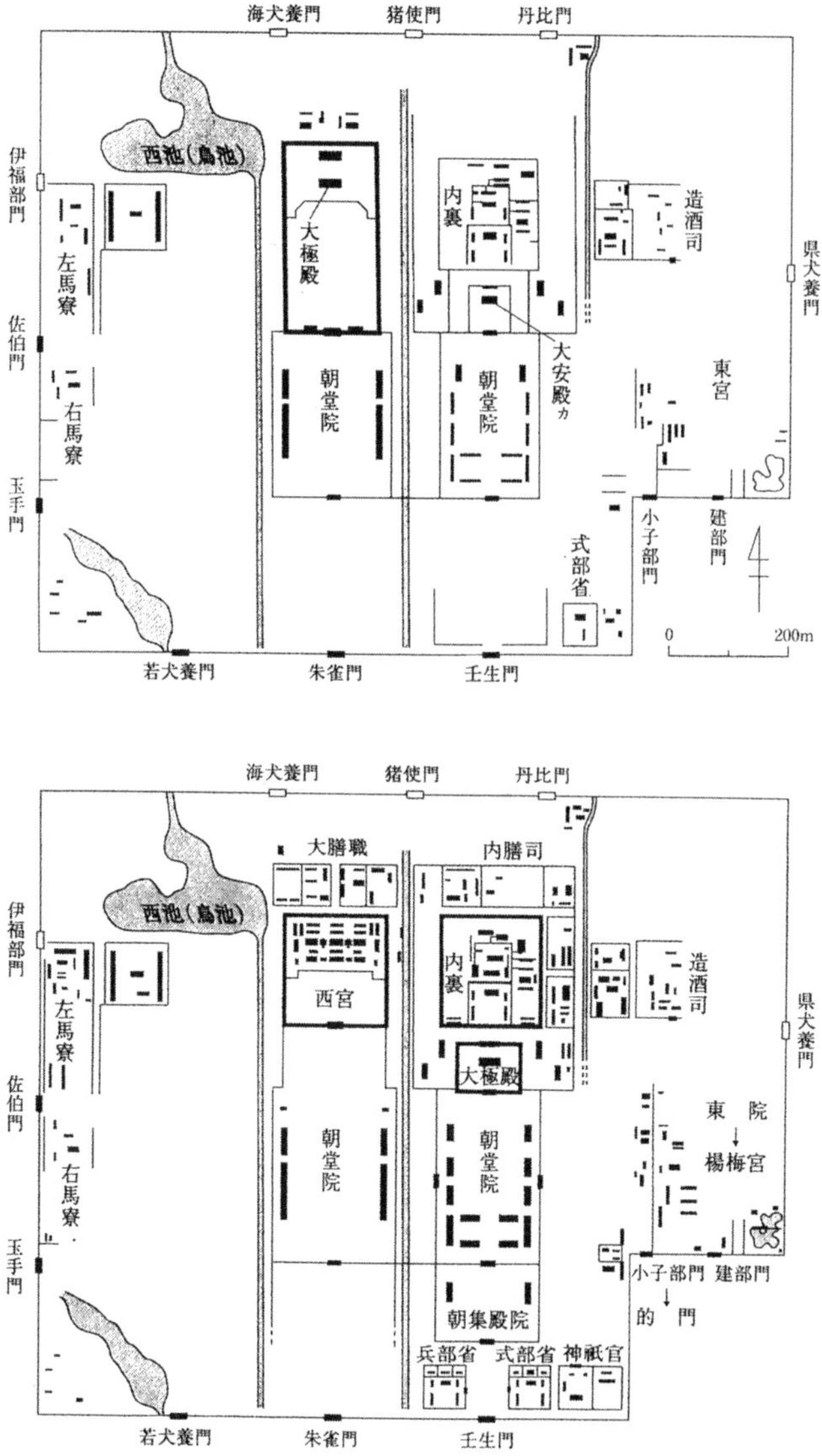

図35　平城宮の中枢部（上・奈良時代前半、下・奈良時代後半）

群に建て替えられた。平城遷都一三〇〇周年を記念して第一次大極殿の建物が、当時の工法で復元され、大極殿院の回廊《かいろう》なども史跡整備が進んでいる。

内裏は、第二次大極殿のすぐ北に位置し、天皇はこの内裏正殿《せいでん》から大極殿へと出御《しゅつぎょ》しやすい配置となっている。内裏の建物群は、大極殿・朝堂とは異なり、伝統的な掘立柱建物の工法で、瓦を葺かな

図36　第一次大極殿復元建物

図37　東院庭園

い檜皮葺《ひわだぶき》などの建築を墨守していた。他の官庁群は、壬生門を入った東西に配置された式部省《しきぶしょう》・兵部省《ひょうぶしょう》や、宮内省・造酒司《ぞうしゅし》・馬寮《めりょう》などの様子が明らかになっている。奈良時代の前半と、天平十七年（七四五）の平城京還都後の後半での官庁群の配置には変化がみられる。内裏東方の宮内省《くないしょう》の復元建物群が、当時の官庁の様子を再現してくれている。

また宮内には、東院の南端にある東院庭園のように、優美な園池とそれを鑑賞する建物群をもった宴遊施設もあった。東院庭園の園池や建物群も、発掘成果をもとに復元整備されている。東院庭園には、『続日本紀』に「玉殿《ぎょくでん》」と記された、釉薬《ゆうやく》をかけた瓦を屋根に葺いた殿舎も建っていた。

中央区の第一次大極殿、朱雀門、宮内省建物群や東院庭園のように、発掘調査の成果にもとづいて、当時の建物などを視覚的に分かり易く公開するために、遺跡を保護する配慮の上に、建物などの復元整備が進められつつある。

墾田永年私財法　養老六年（七二二）に、百万町歩開墾《かいこん》計画が出された。国郡司が人夫に食料・道具を支給して一〇日間まで徴発し、水田の開墾にあたらせようとしたものである。公民の増加や口分田《くぶんでん》不足への対策として良田の開墾が図られたともいわれるが、開墾の対象地域や範囲などについて、諸説がある。いずれにしても、この計画の百万町歩はは現実性のない数字であったとされる。

ついで翌養老七年、三世《さんぜ》一身《いっしん》の法が出された。民間の開墾を奨励するため、自ら溝や池など灌漑《かんがい》施設を築いて墾田《こんでん》を行った場合は子・孫・曾孫の三世にわたってその領有を認め、既存の灌漑施設を利用して墾田した場合は、本人の身に限って領有を認めるという内容であった。しかし、墾田が収公されてしまう期限が設定されているため、開墾はなかなか広がらなかった。

その二〇年後の天平十五年(七四三)には、墾田永年私財法《こんでんえいねんしざいほう》が出された。三世一身を限ることなく、墾田の永世私有を認めて、開墾を奨励することにしたのである。この政策は、かつては「公地公民」の原則を放棄するものとして律令制衰退の出発点とみる説もあったが、今日では、そのような見方はとられない。それまで律令国家は、既開墾地のみを把握して口分田の班田収授《はんでんしゅうじゅ》を行ってきたが、手が付けられなかった未墾地の開墾を奨励して荒地を輸租田《ゆそでん》(田租を負担する田)化していく上で、百万町歩開墾計画における国郡司主導の開墾の失敗の上に、民間の開墾によって国家が把握する田地の拡大をめざしたのが、墾田永年私財法であった。律令国家の基盤を充実させようとした政策であり、けっして律令制の原則を放棄するような内容ではなかったのである。

ただし、墾田永年私財法と同時に、親王・貴族や有位の官人そして郡司たちが領有できる墾田地の面積が規定されている。そこから知られるように、結果として、貴族・官人や大寺院そして郡司や富《ふ》豪層《ごうそう》などの有力者が墾田を集積して、大土地所有が展開することの原因となったことも、否定できない。それが荘園化への歩みと結びついていくことにもなった。

2——争乱の奈良時代史

「青丹《あおに》よし寧楽《なら》の京師《みやこ》は咲く花の薫《にお》ふがごとく今盛りなり」（『万葉集』巻三、三二八）と謳歌された平城京を都とした奈良時代の政治史の展開の軸は、一つは皇位継承の問題であり、もう一つは藤原氏の勢力伸張であった。前者は、天武《てんむ》天皇・持統《じとう》天皇の直系の子孫に皇位がどのように受け継がれ、それが終焉を迎えたかという流れであり、後者は、皇位継承とからみながら藤原氏が天皇家の外戚《がいせき》としての地位を築き、勢力を伸張させてどのように他氏族を圧倒していったか、という動きである。

平城遷都と藤原不比等

和銅《わどう》三年（七一〇）に、藤原京から奈良盆地北部の平城京への遷都を導いたのは、藤原鎌足《ふじわらのかまたり》の子で当時右大臣の藤原不比等《ふひと》（六五九〜七二〇）であった。不比等は、持統天皇の信任を得て、大宝律令の編纂にあずかり、律令官僚制の形成とともに力を発揮するようになった新興の貴族であった。平城遷都は、旧来の中央有力豪族が勢力基盤としていた飛鳥・藤原の地を離れて、氏姓制にかわる新しい律令制にもとづく都を形成するという意味をもっていた。

八世紀初めには、中央有力豪族が氏族ごとに氏上を議政官《ぎせいかん》に出して群臣会議を構成し、その合議を経る政治体制となっていたが、その後、天武・持統天皇の直系皇位継承と結びついた藤原氏が次第に勢力を伸ばし、藤原氏の議政官の数が増すとともに、いっぽうで倭王権以来の伝統的な中央有力豪族が勢力を失っていくという動向が進んでいった。

長屋王の変

長屋王（六八四〜七二九）は、天武天皇にかわり軍事的指導者として壬申の乱を勝利に導いた高市《たけち》皇子の子である。母も天智天皇の皇女であり、文武天皇の妹である吉備《きび》内

図38　天皇家と藤原氏系図

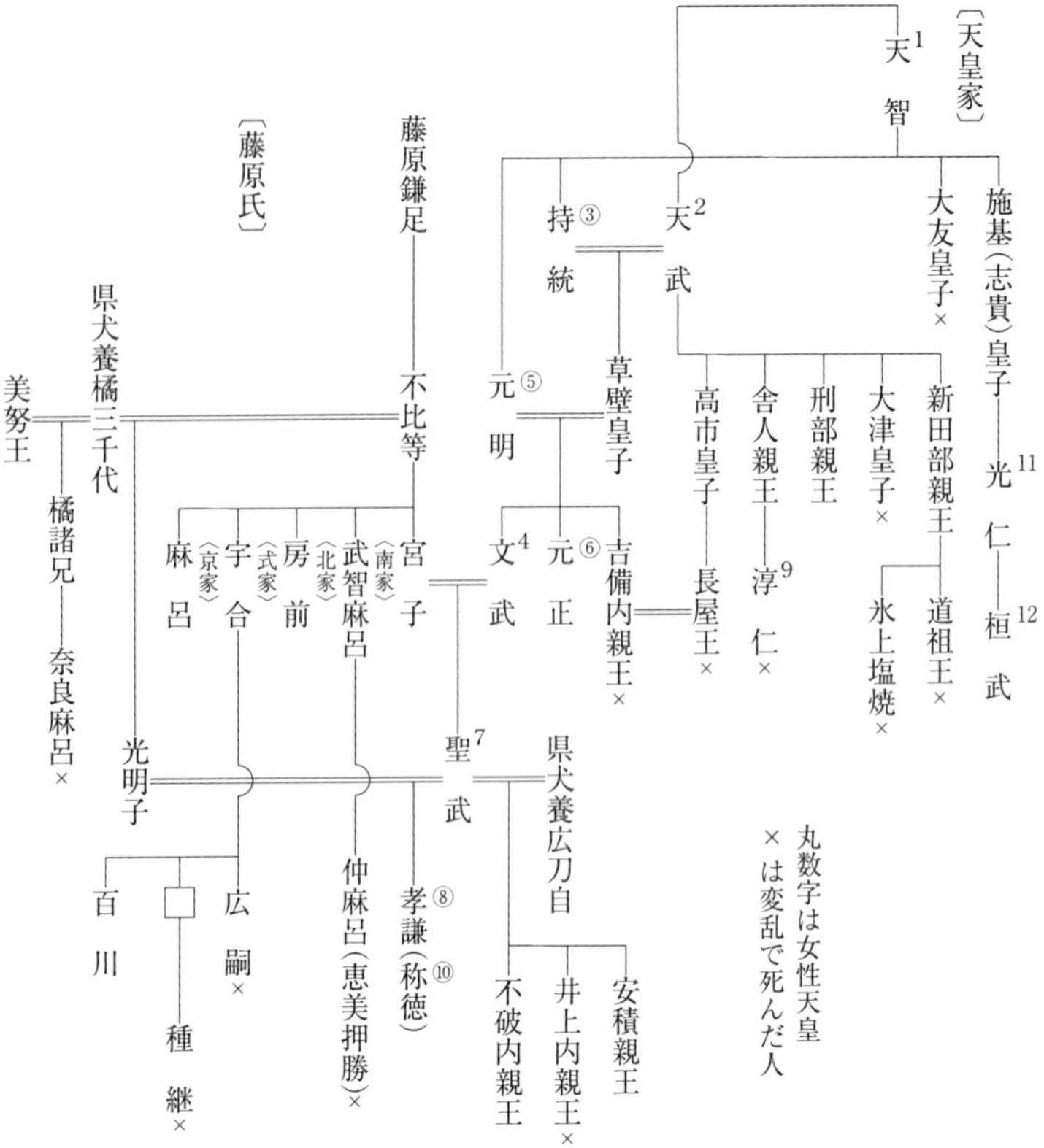

親王を妻にもつという血筋の優れた皇族であった。藤原不比等も娘を長屋王に嫁がせており、不比等没後に、右大臣さらに左大臣となって政界の首班として政治を主導した。

不比等の四人の子供たち、武《む》智麻呂《ちまろ》（南家の祖）・房前《ふささき》（北家の祖）・宇合《うまかい》（式家の祖）・麻《ま》呂《ろ》（京家の祖）の四兄弟はまだ若く、政界中枢で活躍する以前の段階であった。平城京の左京三条二坊で発掘された広大な面積をもつ長屋王邸宅の調査からは、大量の長屋王家木簡が出土して、王たちの華麗な生活、王家に仕えたさまざまな職種・階層の人々のあり方や、それらを支えた経済基盤の実態などが明らかになった。

しかし、天平元年（七二九）、謀反《むへん》を密告された長屋王は、突然藤原宇合らが率いる軍勢に屋敷を囲まれ、自刃させられた。同時に、吉備内親王および内親王との間にもうけた若い王子たちも自殺させられたが、他の関係者はほとんど許されている。『続日本紀』には、吉備内親王は無罪であったとするほか、密告を偽りとする表現があることから、この事件は、王邸を囲んだ側の中心であり変後の政界に大きく進出した藤原四兄弟によって仕組まれた策謀であったと考えられる。

変の背景には、皇位継承をめぐって危機感をつのらせた藤原四兄弟の焦りがあった。藤原氏は、もともと不比等の娘宮子《みやこ》が文武天皇に嫁ぎ、その子である聖武天皇（七〇一～七五六）にまた不比等の娘光明子《こうみょうし》（七〇一～七六〇）が嫁ぐという婚姻政策によって、外戚として政治権力を強め、新興してきた氏族であった。その光明子に男子が誕生し、天武・持統天皇直系で藤原氏の母をもつ次代の天皇が保証されることを藤原氏は期待していた。ところが、神亀四年（七二七）に光明子が産んだ待望の親王は、慣例を無視して生後すぐに皇太子としたにもかかわらず、翌年急死してしまった。いっぽう、聖武天皇の別の夫人県犬養広刀自《あがたいぬかいのひろとじ》が、聖武天皇唯一の男子となる安積《あさか》親王を産んだ。この聖武天皇唯一の男子安積親王が成長すると、天皇の外戚としての地位を失うという危機感が藤原氏には増幅した。県犬養広刀自は、不比等と再婚した県犬養橘宿禰《あがたいぬかいのたちばなのすくね》三千代《みちよ》とも縁があるが、その背景には皇族出身の有力者橘諸兄《たちばなのもろえ》（六八四～七五七。美努王《みのおう》と橘三千代の間の子。はじめ葛城王《かずらきおう》）がいたのである。安積親王を擁する橘諸兄のもとには、藤原氏の進出により後退しつつあった伝統的氏族の大伴《おおとも》氏・佐伯《さえき》氏などの期待が集まっていた。

こうして安積親王の誕生で追いつめられた藤原四兄弟が、天皇権力との結びつきを強化するため、光明子を聖武天皇の皇后に立てようとして、邪魔になる長屋王を排除したのが長屋王の変であったと考えられる。皇太子が望めない状況にあって、皇后を占めることにより、次の皇位継承への発言権確保をめざしたといえよう。と同時に、変で命を失った長屋王や長屋王と吉備内親王との間に生まれた王子たちは、有力な皇位継承候補でもあったから、次の皇位継承をめぐる藤原氏にとっての不安材料排除が事件の目的であったと思われる。

藤原四兄弟から橘諸兄へ

変の後、光明子は聖武天皇の皇后に立った。律令では、皇后には天皇の娘の内親王がなると決められており、臣下である貴族出身の光明子は制度的には皇后になれなかったが、皇太子の母であったからという論理で立后を正当化したのであった。政界では、新たに大納言《だいなごん》となった南家藤原武智麻呂をはじめ、北家藤原房前・式家藤原宇合・京家藤原麻呂ら藤原四兄弟がそれぞれ参議《さんぎ》となり議政官に進出して政権を掌握した。しかし、天平九年（七三七）、九州の地から広まってきた疫病《えきびょう》（天然痘《てんねんとう》）にかかり、四兄弟は一年の間に相次いで病死してしまう。ここに、藤原氏の政治勢力は一時後退した。

藤原四兄弟にかわって政界をリードしたのは、皇族出身の橘諸兄であった。聖武天皇に重用された唐帰りの吉備真備《きびのまきび》・玄昉《げんぼう》をブレーンとして、左大臣となって政治を指導した。

藤原広嗣の乱

藤原広嗣《ふじわらのひろつぐ》（〜七四〇）は、式家藤原宇合の長子で、天平十年大宰少弐《だざいのしょうに》となって大宰府に赴任した。大宰少弐といっても、上官の帥《そち》・大弐《だいに》が赴任しなかったので大宰府官人のトップとなった。藤原四兄弟没後の中央政界では、橘諸兄が首班となり、遣唐留学僧・留学生として唐の先進文化を身につけて帰国した玄昉《げんぼう》や吉備真備が聖武天皇に重用されて政治に手腕をふるっていた。それに不満をつのらせた藤原広嗣は、玄昉・吉備真備の排除を求めて、ついに天平十二年（七四〇）に九州で挙兵した。大宰府管内の軍団兵士を動員して、北九州の地で中央政府軍と対峙したが、戦いに敗れ、さらに海外への逃亡を試みたが荒天に吹き戻されて、殺された。

乱の背景には、四兄弟が一斉に病死し、次世代がまだ高位に昇らない中での藤原氏の危機感があった。この乱の失敗により、光明皇后をいただく藤原氏の立場は悪化してしまった。乱は中央の宮廷に大きな動揺を与え、その影響は乱の制圧後もなかなか収まらなかった。聖武天皇は、天平十二年に平城京をはなれて恭仁京《くにきょう》（京都府木津川市）、難波宮《なにわのみや》（大阪市）そして紫香楽宮《しがらきのみや》（滋賀県甲賀市）と遷都を続け、ふたたび平城京に戻ったのは天平十七年のことであった。この間の天平十六年には、聖武天皇唯一の男子で有力な皇位継承候補であった安積親王が、脚病《きゃくびょう》のため難波から恭仁京に戻ったところ急死するという事件も起こった。確証はないものの、恭仁京の留守官であった藤原仲麻呂《ふじわらのなかまろ》による暗殺説もある。

国分寺建立と大仏造立

藤原広嗣の乱にはじまる政治的混乱の間に、聖武天皇は光明皇后とともに、天平十三年（七四一）には国ごとに国分寺《こくぶんじ》を建立する事業を命じ、天平十五年には大仏造立の事業をはじめた。仏教の鎮護《ちんご》国家思想にもとづいて、国家・社会の安定と平和を図ろうとしたのであった。国分寺建立や大仏造営の大事業は、簡単には進まなかったが、大仏がほぼ完成して塗金のための黄金が陸奥国で産出し、天平勝宝《てんぴょうしょうほう》元年（七四九）に聖武天皇は娘の阿倍《あべ》内親王（孝謙天皇。母は光明皇后）に皇位を譲った。その後、天平勝宝四年（七五二）に、ようやく東大寺の大仏が完成し、大仏開眼供養《かいげんくよう》の儀式が行われた。聖武太上天皇・光明皇太后・孝謙天皇が臨席し、文武百官や、インド・中国から渡来した僧侶をはじめ僧一万人が参列するという盛大な儀式であり、世界における仏教史を飾る盛大なイベントであった。

また、戒律《かいりつ》を伝えるために五度の航海失敗の後にようやく日本への渡航を果たし、天平勝宝六年（七五四）に平城京に入った唐僧の鑑真《がんじん》は、この年東大寺の大仏殿前に設けた戒壇《かいだん》において、聖武太上天皇・光明皇太后・孝謙天皇はじめ多くの人々や僧侶に授戒《じゅかい》を行った。これも、同様に仏教東進の世界史を象徴する出来事であった。しかしいっぽうで、平城京造営に重ねて展開された国分寺建立や東大寺大仏造立といった大造営事業は、国家財政や民衆に莫大な負担をもたらすものでもあった。

藤原仲麻呂の権勢と橘奈良麻呂の変

孝謙天皇の時代には、藤原南家の武智麻呂の二子藤原仲麻呂（七〇六〜七六四）が、光明皇太后との結びつきを背景に、政界で勢力を伸ばした。仲麻呂は、光明皇太后のための役所紫微中台《しびちゅうだい》（もと皇后宮職《こうごうぐうしき》）の長官として、太政官《だじょうかん》とは別ルートで光明皇太后の権威を利用して政治力を発揮したのだった。高齢の左大臣橘諸兄は、天平勝宝八年（七五六）に引退に追いこまれ、翌年没した。

橘奈良麻呂《たちばなのならまろ》（七二一～七五七）は、橘諸兄の子で、父の後を継いで大伴氏・佐伯氏をふくむ藤原氏と対抗する勢力の中心に位置することになった。『万葉集』には、大伴家持《おおとものやかもち》が橘諸兄や奈良麻呂の邸宅で開かれた宴会にしばしば列席した際の歌が伝えられている。

天平勝宝八年に聖武太上天皇が亡くなると、その遺言によってすぐに道祖王《ふなどおう》（新田部《にいたべ》親王の子）が皇太子に立てられた。未婚の女性天皇の孝謙天皇までで天武・持統天皇の直系子孫による皇位継承は途切れてしまうことから、次の皇位継承をめぐる不安を取り除くための遺言であったといえる。ところが翌天平宝字《てんぴょうほうじ》元年（七五七）、聖武太上天皇の喪中の不適切な行いを理由に、皇太子の道祖王は廃せられることになった。かわって複数の皇太子候補が検討されるなかで、結局大炊王《おおいおう》（舎人《とねり》親王の子。のちの淳仁天皇）が立太子することになった。大炊王は、藤原仲麻呂の亡くなった長子の夫人を妻に迎え、仲麻呂の邸宅内に住んでいたから、この廃太子・立太子は、光明皇太后と結んだ仲麻呂による大炊王の擁立劇とみられる。

こうして皇太子を擁立して専権をふるう藤原仲麻呂に対して、橘奈良麻呂は、反発する皇族や大伴氏・佐伯氏らの力を合わせて仲麻呂を打倒しようと計画する。しかし天平宝字元年、逆に仲麻呂に先制されて、奈良麻呂や彼に組した黄文王《きぶみおう》（長屋王と藤原不比等の娘との間の子）・道祖王（もと皇太子）そして大伴氏の有力者大伴古麻呂《おおとものこまろ》らは、厳しい取り調べを受けながら殺されてしまう。これが橘奈良麻呂の変で、これによって天武天皇の孫・曾孫世代の有力な王たちが命を失うとともに、橘・大伴・佐伯などの諸氏の地盤沈下が進んだ。

恵美押勝の乱

藤原仲麻呂（七〇六〜七六四）は、南家藤原武智麻呂の二子で、政治的手腕を発揮し、光明皇后・皇太后の権威と結びつきながら権勢を手にしていった。

天平宝字二年（七五八）に孝謙天皇が皇太子大炊王に譲位すると、仲麻呂に擁立された淳仁天皇は、仲麻呂に恵美押勝《えみのおしかつ》の名、功封《こうふう》・功田《こうでん》や私鋳銭《しちゅうせん》・私出挙《しすいこ》の権利を与えるなど、破格の厚遇を与えた。恵美押勝は、唐風化政策を行い、官司の名前を中国風に改めるなどした。光明皇太后が亡き夫の聖武太上天皇の遺愛の品々を東大寺大仏に献上したものが今日の正倉院《しょうそういん》宝物の核となっているが、その献上品リストの文書「東大寺献物帳《とうだいじけんもつちょう》」には、「仲麻呂」の自筆署名がみられる。

天平宝字四年に恵美押勝はついに大師《たいし》（太政大臣）となり、権勢を極める。しかし同年、後ろ盾であった光明皇太后が亡くなると、恵美押勝の権勢にも影が射すようになる。翌年、平城宮改作のため近江の保良宮《ほらのみや》（滋賀県大津市）に遷っていた時期に、孝謙太上天皇は、自らの看病にあたった僧道鏡《どうきょう》を寵愛するようになった。これをいさめた淳仁天皇と孝謙太上天皇との仲は悪化し、平城宮に戻る際にも、淳仁天皇は平城宮内の中宮《ちゅうぐう》に入ったのに対して、孝謙太上天皇は平城宮の東に隣接する法華寺《ほっけじ》に入って別居状態になった。この時代の太上天皇は天皇をしのぐほどの権威と権力を保持しており、両者の別居は政治的な危機であった。天平宝字六年（七六二）に孝謙太上天皇が国政の大事は自ら行うと宣言すると、恵美押勝の権勢はまた動揺した。押勝は、息子たちを次々議政官の参議《さんぎ》とし要職につけて対処したが、こうした自家中心の施策は、かえって他氏族や藤原他家の反発をかって孤立化していった。

ついに天平宝字八年（七六四）、危機感をつのらせた恵美押勝は、淳仁天皇のもとにあった天皇権力の象徴である鈴（駅鈴《えきれい》）・印（「天皇御璽《てんのうぎょじ》」の内印《ないいん》）の争奪を契機として孝謙太上天皇側と武力衝突し、乱を起こす。しかし、孝謙太上天皇側の迅速な対応によって平城宮での緒戦に敗れ、地盤である近江をめざし、さらに息子が国司であった越前をめざした。その途中、随伴した氷上塩焼《ひかみのしおやき》（塩焼王。新田部親王の子）を「今帝」とし、また自分の子供たちに親王に準じた品位を与えるなどしている。しかし、孝謙太上天皇側の迅速な対応によって愛発関《あらちのせき》を押さえられて、越前への逃亡は果たせなかった。そして琵琶湖北西岸の地で最後の決戦を展開したが敗れ、恵美押勝は兵士に斬殺された。

恵美押勝の乱に勝利すると、孝謙太上天皇は、道鏡を大臣禅師としたのち、淳仁天皇を廃して廃《はい》帝《てい》（「淳仁」の諡号《しごう》は明治に作られた）とし淡路《あわじ》にとじこめて、ふたたび即位した（称徳《しょうとく》天皇）。

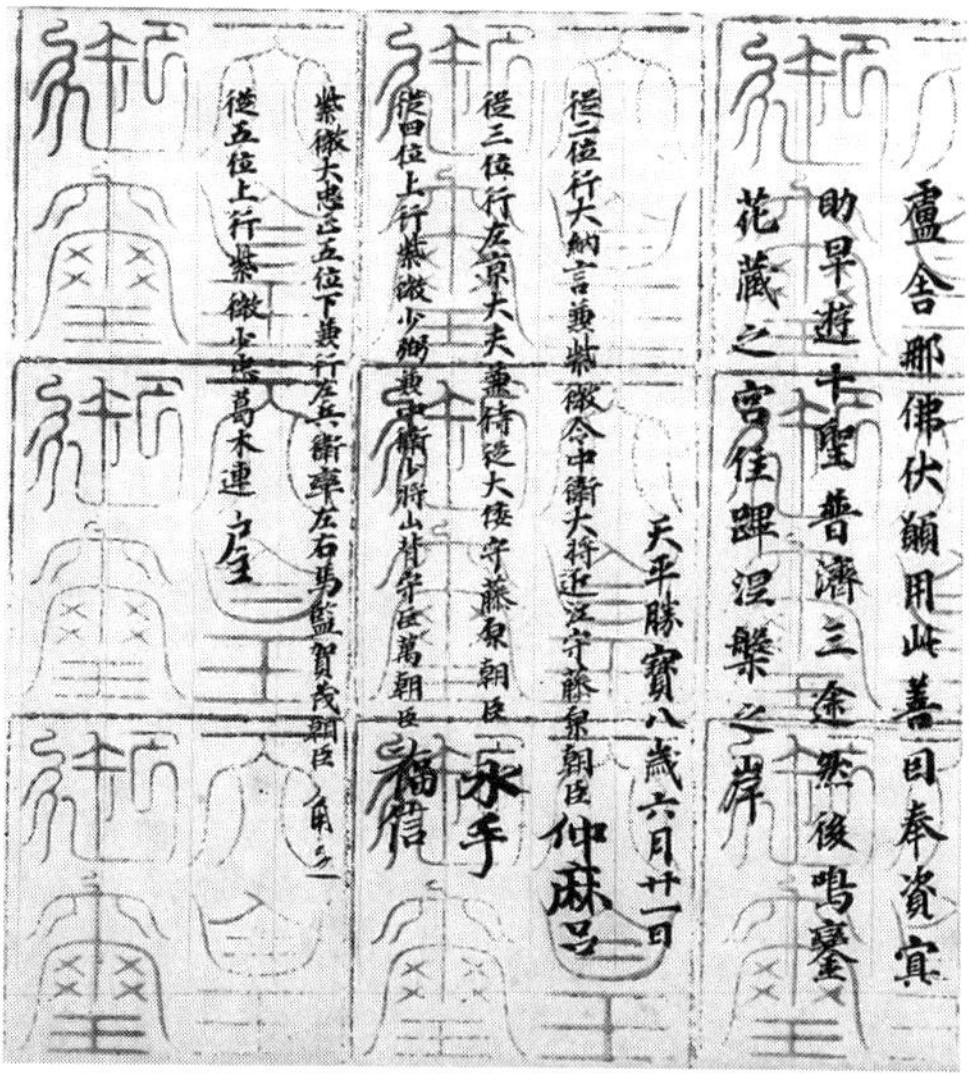
盧舍那佛伏願用此善因奉資冥
助早遊十聖普濟三途然後鳴鑾
花蔵之宮住蹕涅槃之岸
天平勝寳八歳六月廿一日
從二位行大納言兼紫微令中衛大將近江守藤原朝臣仲麻呂
從三位行左京大夫兼侍從大倭守藤原朝臣永手
從四位上行紫微少弼兼中衛少將山背守巨萬朝臣福信
紫微大忠正五位下兼行左兵衛率左右馬監賀茂朝臣角足
從五位上行紫微少忠葛木連戸主

図39 「仲麻呂」の自筆署名（「東大寺献物帳」）

宇佐八幡神託事件

道鏡(~七七二)は、サンスクリット文の習得や仏教修行で名を高めたのち、近江保良宮で看病にあたってから、称徳天皇から厚い信任を受けた。天平宝字八年の恵美押勝の乱ののちは僧侶として大臣禅師に任ぜられ、翌天平神護元年《てんぴょうじんご》(七六五)には太政大臣禅師へと進み、さらに翌天平神護二年にはついに法王にまでなった。法王の待遇は天皇並みとされ、聖俗両面での権勢を握って、称徳天皇とともに仏教中心の政治を行った。この時期には、百万塔《ひゃくまんとう》や西大寺《さいだいじ》が造営されるなど、造寺・造仏がよく行われている。

称徳天皇は皇太子を置かないことを宣言したので、政治の底流では、次の皇位継承をめぐって皇族・貴族たちの政治的な動きが止まなかった。天平神護元年の和気王《わけおう》(舎人親王の孫)の謀反事件、淡路に配された廃帝(淳仁天皇)が逃亡死した事件、そして神護景雲《じんごけいうん》三年(七六九)の不破《ふわ》内親王(聖武天皇の娘)の京外追放事件などが起こり、政治的な不安定が続いた。

そうした中で神護景雲三年に起こった宇佐八幡神託事件《うさはちまんしんたく》は、「道鏡をして皇位につかしめば、天下太平ならむ」という宇佐八幡神の託宣《たくせん》を受けて、称徳天皇が道鏡への譲位を模索した事件である。道鏡即位への動きは、称徳天皇側近の女官である和気広虫《わけのひろむし》(尼法均《ほうきん》)に代わって宇佐八幡神の神意を聞きに行った弟の和気清麻呂《きよまろ》が、道鏡即位に反対する報告を行ったことにより、挫折した。称徳天皇は、偽りの報告をしたとして和気清麻呂やその姉和気広虫を厳しく処断したが、清麻呂の背景には、藤原式家の藤原百川《ふじわらのももかわ》ら貴族たちの道鏡に対する反発があり、結局道鏡即位は実現しなかった。

道鏡の政治的基盤は称徳天皇の信任に負うところが大きく、貴族社会の中で大きな基盤を保持したわけではなかったから、宝亀《ほうき》元年（七七〇）に称徳天皇が亡くなると、たちまち失脚した。道鏡は、皇太子となった白壁王《しらかべおう》（のち光仁天皇）の令によって下野薬師寺《しもつけやくしじ》（栃木県下野市）に配せられ、宝亀三年に下野国で没し、庶民として葬られた。

光仁天皇の登場

称徳天皇が皇太子を定めないままで亡くなると、次の皇位継承者の選定が群臣会議の重大な議題となった。会議は候補に諸説あって紛糾したが、結局式家の藤原百川（七三二〜七九九）らの働きによって、天智天皇の孫である六二歳の白壁王が皇太子となった。称徳天皇の墓につきそっていた道鏡は下野薬師寺に追放され、そして白壁王が即位した（光仁天皇）。ここに、天武天皇・持統天皇の直系で長く受け継がれてきた皇位は、天智天皇系皇統へと移ることになった（図38）。この時の白壁王立太子をめぐっては、右大臣吉備真備らの貴族たちが天武天皇系の皇族を立てるべきと主張したのに対して、藤原百川らが偽の宣命《せんみょう》を用いた政治的策謀によって白壁王を擁立したことが、百川の伝記（『日本紀略』所収）に書かれている。光仁天皇は、聖武天皇の娘である井《い》上《の》内《え》親王（母は県犬養広刀自）を妻に迎えており、その子の他戸《おさべ》親王は天智・天武系両方の血を受け継いでいたことも考慮されたと思われる。

光仁天皇は、称徳天皇・道鏡時代の仏教中心政策を改め、式家など藤原氏の協力のもとに、律令制再建政策を進めた。藤原式家は、恵美押勝の乱の制圧に活躍したことに続けて、光仁天皇の擁立によって、かつて藤原広嗣の乱で後退した家の地盤を回復したのだった。

その後も皇位継承をめぐっては、皇后井上内親王・皇太子他戸親王が廃后《はいこう》・廃太子《はいたいし》されて幽閉され、やがて同日に死亡する事件が起こるなど、不安定な状況が続いた。その間の宝亀四年（七七三）に、藤原百川らの援助を得て、百済系渡来氏族出身の高野新笠《たかののにいがさ》を母とする光仁天皇皇子の山部《やまべ》親王（桓武天皇）が立太子する。こうして、新しい天智天皇系皇統が安定するには、まだ桓武天皇の時代を経なくてはならなかった。

争乱あいつぐ奈良時代

『続日本紀』の藤原真楯《ふじわらのまたて》（もと八束《やつか》。北家房前の三子）という大納言まで昇った貴族の伝記（天平神護二年三月丁卯条）には、公務に励んで聖武天皇の信任を受けるようになり、政治的才能を発揮しはじめたところ、従兄弟の藤原仲麻呂の妬みをかったため、その後は病と称して家に籠もり、書物に埋もれて暮らしたという記事がある。

また、同じく『続日本紀』の光仁天皇の即位記事（即位前紀）には、

（天平）勝宝より以来、皇極弐《つぎて》無く、人彼此《かれこれ》を疑ひて、罪なひ廃せらるる者多し。（光仁）天皇、深く横禍《おうか》の時を顧《かえり》みて、或は酒を縦《ほしいまま》にして迹《あと》を晦《くらま》す。故《ゆえ》を以て、害を免るることは数《あまたたび》なり。

とみえる。平城京を舞台にした奈良時代には、絶え間なくつづいた政治的争乱の中で、高貴な出自をもち、また優れた能力をもった皇族や貴族たちが数多く不幸な死を迎えた状況を、当時の人々もよく知っていたのである。皇位継承をめぐっては、それまでの天皇や皇太子が廃されて廃帝・廃太子になる事態まで起き、また各氏族・各家の思惑が絡み合いながら権力の争奪が相次ぎ、血なまぐさい政争が繰り返された。天寿を全うするためには、高貴な皇族、有能な貴族であるほど、病気を称したりわざと酒に溺れたふりをしなければならない時代であった。「天平のロマン」の時代は、そういう性格

ももっていたのだった。

3―地方官衙と辺境

国　府

国司は、クニノミコトモチと訓《よ》まれ、中央から諸国に派遣される地方官として、「天皇の言葉を持って」諸国に赴任し国内を統治する官職であった。国内諸郡の郡司には、伝統的に地域を支配してきた国造《くにのみやつこ》などの地方豪族が任じられるのに対して、国司は原則として四年の任期をもち、郡司たちを配下として国内の行政・財政・軍事・信仰など統治全般を担う官職であった。

国府（国衙）は、国司が地方を統治する拠点であり、国内行政・経済の中心となり、のちには近くに国分寺も置かれて、諸国の政治・経済・文化の中心となる地方都市であった。国府の構成は、国庁（政庁）を中心に、曹司《ぞうし》（実務官衙）・厨《くりや》・国司館《こくしのたち》・正倉院・駅家《うまや》などの諸施設からなる。諸国の国府跡の発掘調査からは、国府が大体八世紀前半に営まれ、一〇世紀頃には次第に機能しなくなっていった様子が確認されている。

国庁は、軸線方位を南北にそろえた方形区画（一辺一〇〇《メートル》程度）の中に、東西棟の正殿（前殿《ぜんでん》・後殿《こうでん》が付属する場合がある）を中心に、その南の広場（庭）をはさんで南北棟の東脇殿《わきでん》・西脇殿がシンメトリに配置され、区画の南に南門が開くという構成をもっている。この、南に開く「コ」の字型の建物配置は、宮都における大極殿・朝堂院や二官八省の役所の政庁の構成にならったものといわれる。

国庁が儀礼の場として機能した様子は、儀制令《ぎせいりょう》の18元日国司《がんじつこくし》条にみえる、元旦の儀式にうかがうことができる。

凡《およ》そ元日には、国司皆僚属・郡司等を率いて、庁《まつりごとどの》に向かいて朝拝《ちょうはい》せよ。訖《おわ》りなば長官賀を受

図40　下野国府復元模型

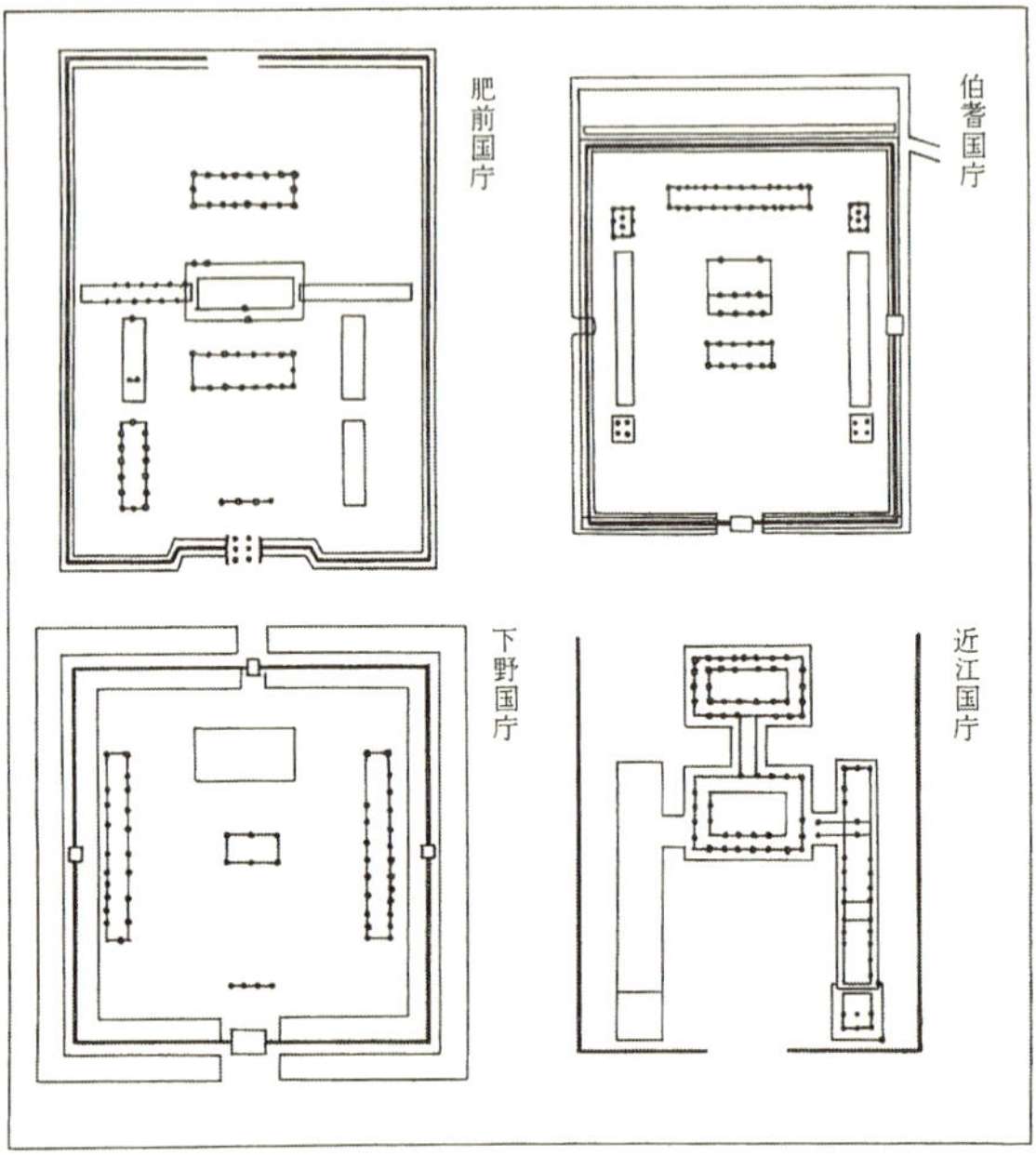

図41　国庁のプラン

けよ。宴を設くることは聴《ゆる》せ。〈其れ食には、当処の官物《かんもつ》及び正倉を以ちて充てよ。須《もち》いむ所の多少は、別式に従えよ。〉

まず①国司が部下の国司や郡司たちを従えて国庁正殿に向かって天皇に対する拝礼を行い、ついで②国司長官自らが部下の国司や郡司たちから賀礼を受け、その後③参加者たちで国府の財源を用いた饗宴を設けるという儀式である。元日には、中央では平城宮の大極殿・朝堂院において天皇に対して百官人たちが朝賀の礼を行っており、同時に地方でも、諸国の国庁でこのような朝拝がいっせいに行われたのであった。天皇の名代として中央から派遣された国司と地方豪族である郡司たちとの間で、天皇・国家に対する服属を再確認する儀礼が、国庁を場として行われたといえよう。国庁は、こうした儀礼の場であると同時に、日常の政務・文書行政の場でもあった。

国府は、国庁を中心として、それぞれの行政実務を分担する各部局の役所である曹司（実務官衙）や、国司の四等官たちが住む公邸である国司館、租税を納める国家的倉庫である正倉が多数列立する正倉群が区画施設に囲まれた正倉院、国府の官人たちに給食を行う給食センターである厨、そして陸上交通機能を果たす駅家などが集まって構成されていた。国庁の南門から南に道路がまっすぐのび、その東西に曹司・国司館が並んだり、また国庁の周辺に部分的に方格地割が推定される場合もある。かつては遺存地割などから「方八町」「方六町」などと広域なミニ条坊制を推定する歴史地理学的見解もあったが、その後各地での国府跡発掘調査の結果、明確な外郭をもつ条坊制はなかったとみられるようになった。

八世紀半ばからは、国庁からさほど遠くない地に国分尼寺《こくぶんにじ》が営まれ、国内における宗教・文化の中心となった。のち平安時代以降には、国内の神々を集約して祭った総社《そうじゃ》や、国司の支配権の象徴である印《いん》（国印）・鑰《やく》（正倉のカギ）を祭祀の対象とした印鑰社《いんやくしゃ》、また国内神社を序列化した一宮《いちのみや》などども、国庁近くに所在するようになる。

国府像を明らかにした最初の研究事例である周防《すおう》国府（山口県防府市）では、方二町の「国庁」の西に「国衙」「西門」、南に「朱雀」という地名が残り、近辺に残る方格地割の各所には「細工所《さいくしょ》」「市《いち》田《だ》」「蔵添《くらぞえ》」「馬屋田《うまやだ》」などの国府関係の地名が残っていた。この地には古代山陽道が東西に走るとともに、北西方に国分寺・国分尼寺・総社が位置し、南の瀬戸内海側に面しては国府の港（国府津《こうづ》）と推定される「浜《はま》の宮《みや》」「船所《ふなどころ》」という地名・旧地形がみられる。そしてこれらを方八町の規模で土塁の痕跡が方形に取り囲むという様子がみられたのである。国府研究の大変すぐれた歴史地理学的な業績であったが、発掘調査の結果、方八町の外郭と推定された土塁については、中世以降のものであることが明らかになった。

下野国府（栃木市）は、正殿・前殿・東西脇殿の建物と前殿前面の広場の全体を囲む方形の区画からなる国庁が発掘調査によって明らかとなり、その国庁の南門から幅九メートルの道路（「朱雀路」）が南に向けてまっすぐのびて、その道に面した西には、掘立柱建物が整然と配置されて「介」と書かれた墨《ぼく》書土器《しょどき》が出土した、国司館《こくしのたち》と推定される区画が存在した。また曹司（実務官衙）と推定される国府関連施設が国庁の東南や北にも配置されている。国庁に接するすぐ西からは大量の木簡が出土して、国庁が文書行政の場でもあったことが知られた。

郡家

郡家《ぐうけ》（郡衙）は、地方豪族が任命された郡司が、郡内を行政的に統治した拠点である。郡司にはもと国造であった伝統的な郡司氏族が任命され、その支配力が律令国家によって総括されることによって、中央集権的な国家の体裁が形成されたのであった。郡司は、任期のある国司とは違って、一度任じられたら亡くなるまで在職する終身官であり、官職に与えられる職分田《しきぶんでん》も国司よりも多くの田地が与えられるなど、伝統的な在地土豪的支配権を国家が掌握するための待遇が認められていた。

郡家の構成は、国府と同様に政庁である郡庁を中心に、曹司、正倉院、郡司館、厨や駅家などが郡庁近辺に集まるという配置であった。郡庁の規模はほぼ五〇<ruby>メートル</ruby>四方であり、国庁のコンパクト版であったといえるが、歴史的には郡庁（七世紀代は「評庁」）の方が国庁よりも先行して営まれたのであった。また郡家の近くには、郡司氏族の氏寺《うじでら》としての性格をもつ古代寺院（「郡寺《ぐんじ》」）が営まれ、その遺跡がしばしば併存している。

美濃国武儀《むぎ》郡家である弥勒寺東遺跡《みろくじひがし》（岐阜県関市）では、長良川《ながら》に面した七世紀後期の白鳳《はくほう》寺院である弥勒寺跡の東側に、郡庁・正倉院・郡司館・厨などからなる郡家（七世紀代は評家《ひょうけ》）がセットで営まれ、また弥勒寺西遺跡では在来信仰による祭祀遺跡がみつかったほか、弥勒寺の瓦を焼いた生産遺跡の丸山古窯跡《まるやまこようせき》も離れて知られるなど、地方豪族による郡内統治の様相がうかがえる。郡家遺跡の発掘調査からは、国府よりも前の七世紀後期頃から評家は機能するようになり、やはり一〇世紀頃には機能しなくなっていったという変遷が知られている。

郡庁は、正殿が面する南に広場があり、それをはさんで東脇殿・西脇殿が位置し、それらが南門をもつ区画施設によって四周を囲まれるという構成である。これは、国府の国庁に似るが、郡家遺跡における郡庁の建物配置の統一性は、国庁よりも多様性が認められ、また規模は五〇メートル《メートル》四方ほどで小ぶりとなる。正倉院は、郡家に属する国家的な倉庫の「正倉」が列立する倉庫群であり、その周囲は溝などにより区画されて院をなした。正倉の倉庫建物は、建物の内側にも四周の側柱と同規模の柱をもつ高床の大規模な倉庫であり、一般集落の倉庫建物とは規模を異にしている。正倉には、収取された租税が大量に収蔵保管され、国家の富を象徴する空間でもあった。郡司館は、郡司の公邸としての生活居館、厨は郡家で働く大勢の人々に給食を行うための厨房施設である。

武蔵国都筑《つづき》郡家（長者原《ちょうじゃはら》遺跡、横浜市）や常陸国鹿島《かしま》郡家（神野向《かのむかい》遺跡、茨城県鹿嶋市）などの遺跡では、郡庁・正倉院・郡司館・厨などの諸施設が集合して郡家が構成されている様子をみることができる。駿河《するが》国志太《しだ》郡家の御子ケ谷《みこがや》遺跡（静岡県藤枝市）では、食器に「志太厨」「志厨」「志大領」などの墨書記載をもった墨書土器が二〇〇点以上も出土していることが特徴で、厨などの郡家の諸施設が、発掘調査成果にもとづいて復元整備されている。また、常陸国筑波《つくば》郡家の平沢官衙《ひらさわかんが》遺跡（茨城県つくば市）や武蔵国榛沢《はんざわ》郡家の中宿《なかじゅく》遺跡（埼玉県深谷市）では、国家的倉庫の正倉群の一部が復元整備されており、古代の景観をうかがうことができる。

郡家遺跡からは、「郡司符…」の文言からはじまる郡符《ぐんぷ》木簡がしばしば出土している。郡符木簡は、

図42　武蔵国都筑郡家復元模型

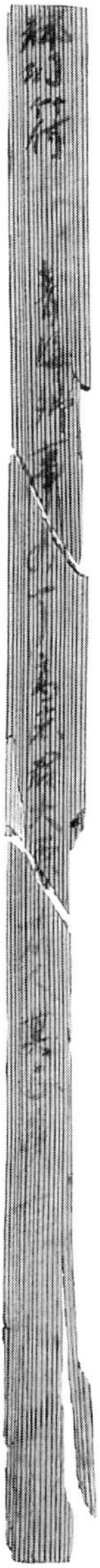
図43　郡符木簡（八幡林遺跡出土、複製）

郡司から管下の郷長《ごうちょう》（里長《りちょう》）たちに向けた命令を記載した公文書を内容とする木簡であり、地方の郡においても、官僚化した地方豪族の郡司は、口頭による人格的支配ではなく、律令にもとづいて文書行政による行政的・制度的な支配を行っていたことがわかる。

国府や郡家などの地方官衙のあり方が、遺跡や出土文字資料から具体的に明らかになってきたことによって、律令国家の中央集権性の実態がうかがえるようになってきた。中央・国家に偏った内容をもつ文献史料によって構成されてきた歴史像に、こうして判明してきた地方の古代史像をつきあわせることによって、より多角的に日本列島の古代史が描けるようになってきたといえる。

東北の城柵

律令国家の東北政策は、日本海側では、七世紀半ば以降、日本海沿いの主要河川の河口部を北上するように、渟足柵《ぬたりのさく》（新潟市）、磐舟柵《いわふねのさく》（新潟県村上市）、秋田城（秋田

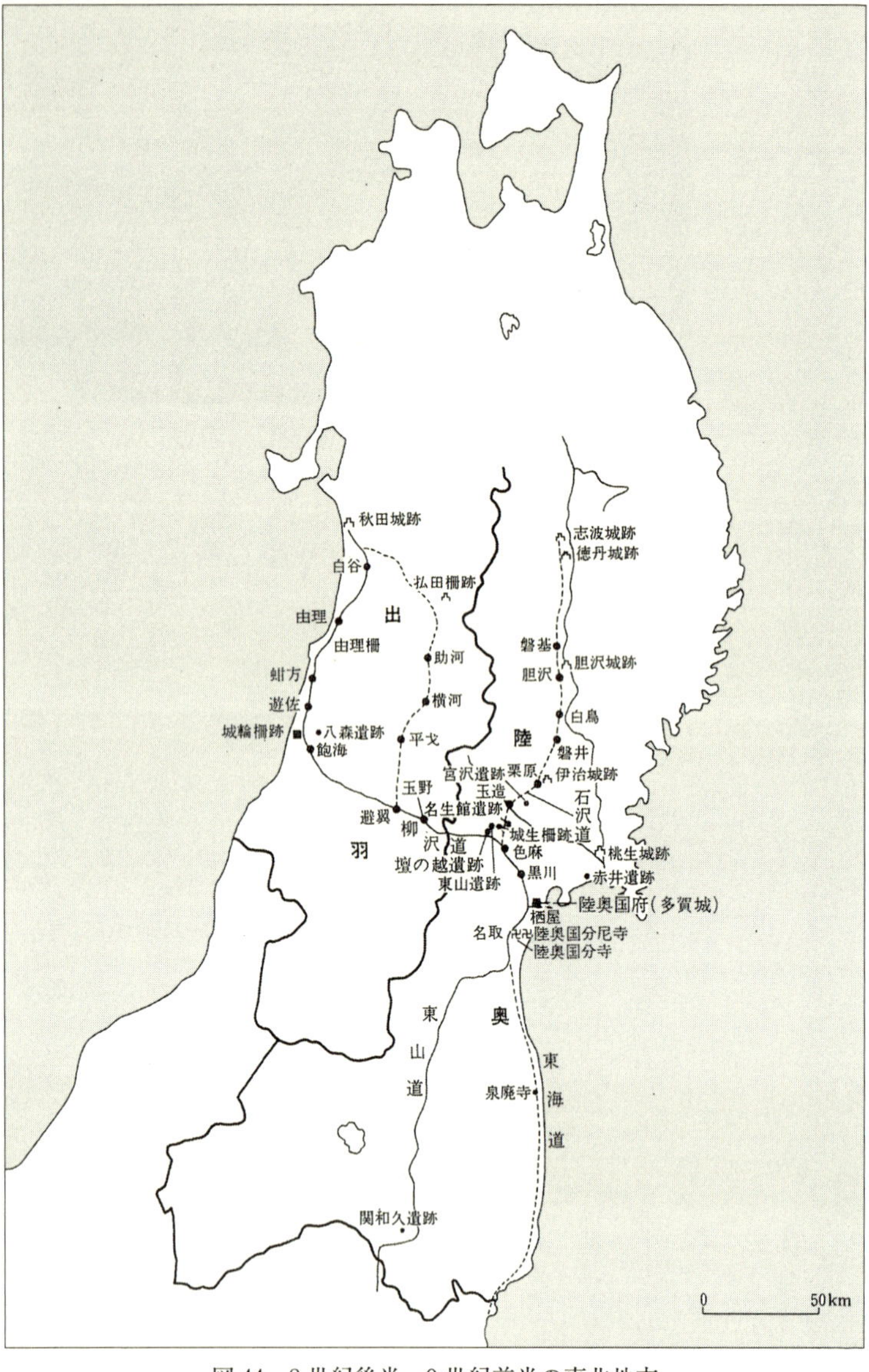

図44　8世紀後半〜9世紀前半の東北地方

市）などの城柵《じょうさく》が設けられ、内陸にも払田柵《ほったのさく》（秋田県大仙市・美郷町）が置かれるなど、城柵を拠点として律令国家の勢力扶植が進められていった。

太平洋側では、七世紀後期の郡山《こおりやま》遺跡（宮城県仙台市）をはじめとして、神亀元年（七二四）造営の多《た》賀《が》城《じょう》（宮城県多賀城市）を中心に、大崎平野から次第に北上川をさかのぼるように城柵が造られていった。陸奥《むつ》国府でもある多賀城は、低い丘陵上を占めて、外郭の区画施設として築地《ついじ》（一部は材木塀《ざいもくべい》）をめぐらし、その所々に櫓《やぐら》を置いていた。外郭内の中央に、方形の内郭すなわち政庁がある。政庁は正殿の南に東西の脇殿にはさまれる広場があり、それらの四周を区画施設がとりまき南門が開くという、平城宮内の官庁や国府の国庁と同様の行政官庁としての構造をもっている。外郭内には、他にそれぞれの機能を担う役所の曹司（実務官衙）や、倉庫群、厨、兵士の住居群などが配置されていた。こうした古代東北の城柵は、かつては軍事的な機能を果たす城砦《じょうさい》として理解されていたが、五〇年にわたる城柵遺跡の発掘調査によって、行政的な役所としての性格を強くもつ、行政・軍事の施設であったことが明らかになってきた。

こうして奈良時代以来、陸奥では多賀城、出羽では秋田城を中心にしながら、行政拠点としての城柵を各地に配置して、東国から移住させた柵戸《さくこ》による開拓を進め、北の蝦夷《えみし》の地への浸透が図られていった。ただし、古代国家の蝦夷対策は軍事政策一辺倒ではなかった。一方で帰順した蝦夷に対しては禄《ろく》を給うなどの優遇策をとりながら、他方で帰順しない蝦夷に対して軍事的制圧を行うという、「アメ」と「ムチ」の二面政策であった。律令の職員令《しきいんりょう》70大国条では、陸奥・出羽・越後の国司のみの職掌として、「饗給《きょうきゅう》・征討《せいとう》・斥候《せっこう》」を掲げている。「饗給」は、蝦夷に対して食を饗し禄を給う「撫慰《ぶい》」をさし、軍事的な制圧策の「征討」や北方世界の情勢をうかがう「斥候」とともに、平常において基本的な政策基調であったのである。先にみた多賀城の政庁における正殿前の広場（第二期には石敷き広場）などは、蝦夷に対して饗給を行い、律令国家の権威を示す儀礼の場でもあったのである。そして、大きな政治的結集への統合をなかなか果たしえない蝦夷社会の特徴につけこんで、「夷《い》をもって夷《い》を制する」政策が採られたのであった。

蝦夷・隼人と律令国家

光仁天皇の時代から、東北地方には不穏な状況があって軍勢派遣がなされていたが、宝亀五年（七七四）の陸奥按察使鎮守将軍《むつあぜちちんじゅ》大伴駿河麻呂《おおとものするがまろ》の奏上による対蝦夷戦争から、弘仁《こうにん》二年（八一一）までの間、断続的に蝦夷と律令国家との間で戦いがくりひろげられ、研究者から「三十八年戦争」とも呼ばれている。とくに宝亀十一年（七八〇）には、帰順して陸奥国の伊治《これはり》郡司に任命されていた蝦夷の豪族伊治呰麻呂《これはりのあざまろ》が、自らへの侮辱的処遇を憤って反乱を起こし、都から赴任していた参議で按察使鎮守将軍の紀広純《きのひろずみ》を殺した上、多賀城を陥落させて焼いてしまうという大規模な反乱となった。このの ち、蝦夷を軍事的に制圧するための大軍が継続して送りこまれ、東北地方では長期にわたり戦争の時代が続いた。

いっぽう、九州南部の南方・南島の世界でも、律令国家が「熊襲《くまそ》」・「隼人《はやと》」と呼んだまつろわぬ人々に対して、支配下に組みこむ過程が進行した。『日本書紀』には、早く仁徳天皇や雄略天皇の時代の記事に、王族の近習《きんじゅう》として隼人がそば近く仕えていた伝承がみえる。天武十一年（六八二）には、阿多《あた》（のちの薩摩《さつま》地域）・大隅《おおすみ》（のちの大隅地域）の隼人たちが大勢朝貢し、相撲《すまい》を行い饗宴が行われた記事がみえる。和銅二年（七〇九）にも、薩摩隼人の郡司以下一八八人が朝貢した記事がみえる（『続日本紀』）。霊亀《れいき》二年（七一六）には六年交替の朝貢とされ、その後も隼人の朝貢が引き続いており、帰順した隼人が王権に朝貢する体制が実現している。律令制では、壱岐・対馬・日向・薩摩・大隅などの国司の職掌に、「鎮捍《ちんかん》・防守《ぼうしゅ》・蕃客《ばんきゃく》・帰化《きか》」が加えられている。朝貢のため畿内に赴いた隼人たちは畿内に居住することとなり（畿内隼人）、隼人司《はやとのつかさ》に属して、天皇の護衛や芸能・竹細工などを奉仕した。

文武四年（七〇〇）には、九州南部や南西諸島を調査するために律令国家が派遣した覓国使《くにまぎのつかい》が、各地で抵抗を受ける事件が起こる。大宝二年（七〇二）には兵を派遣して、唱更国《しょうこう》（のちの薩摩国）が設けられた。さらに和銅六年（七一三）には、日向の肝坏《きもつき》・贈於《そお》・大隅・姶良《あいら》の四郡を分かって大隅国が建国された。養老四年（七二〇）には、大隅国司が殺されるという大規模な隼人の反乱があり、大伴《おおともの》旅人《たびと》が征隼人持節大将軍として派遣されて激戦が展開し、翌養老五年ようやく隼人の反乱は制圧された。その後、この地域に班田収受が施行されるのは、遅れて延暦《えんりゃく》十九年（八〇〇）になってからのこととなる。この班田収受の施行によって、隼人と呼ばれた住民は、ようやく租・調・庸を負担する公民となったといえる。

4―天平文化

遣唐使の人々

八世紀の半ばになると、朝鮮半島の新羅との外交関係が悪化したことにより、日本からの遣唐使は、比較的安全な半島沿いの航路を離れて、東シナ海の荒波を乗り越えて往復する大変危険な行程をとらなくてはならなくなった。これは、当時の造船・航海技術のレベルでは大いに危険をともなう船旅であった。一回の遣唐使では、外交官としての使節や船乗りだけでなく、多くの留学生や留学僧たちが、多いときは五〇〇人という規模で、四隻の船に分乗して唐に渡った。四隻には、もし大使の船が沈んでも副使や判官が役目を果たせるように、使節が分かれて乗りこんだ。

多くの犠牲者を出しながらも、運良く帰国を果たした彼らは、さまざまな先進的な知識や文物を持ち帰り、古代日本の文化に大きな影響を与えた。彼ら個々人にとっては、人生を賭けたライフワークでもあった。そうした海を渡った古代の人々の事例から、日本の古代文化が東アジアの国際的な環境のもとで形成されていった様相をたどろう。

平群広成

遣唐使の渡海の危険と苦労について、平群広成《へぐりのひろなり》というある遣唐使の波乱の体験についてみてみたい。平群広成は、天平四年（七三二）に遣唐使の三等官である判官《はんがん》に任命され、翌年唐に渡った古代の外交官であった。無事に唐における任務を果たすことができたが、この時の遣唐使の帰途は、散々なことになった。任を終えた天平六年（七三四）十月に帰国の途についたが、長江の河口を出発した遣唐使の四船は、たちまち暴風にあって散り散りになってしまった。大使の船は漂流した末、幸いこの年十一月に種子島に漂着して帰国することができたが、副使たちが苦労した末何とか帰着して聖武天皇に帰国報告をしたのは、二年後の翌天平八年（七三六）八月のことになった。

判官の平群広成たち一一五人が乗った船に至っては、風に流されて遠く東南アジア南方（ベトナム南部）の崑崙《こんろん》国に漂着した。そこで、地元の兵に捕えられ、殺されたり逃亡したり九十余人が疫病で死ぬなどして、生き残ったのは平群広成ら四人だけとなり、崑崙王のもとに留め置かれたのである。七三五年、たまたま唐から帰国した崑崙人商人の船に潜りこむことに成功し、唐国に戻ることができた広成らは、玄宗《げんそう》皇帝に信任されて唐政府の高官となっていた留学生の阿倍仲麻呂《あべのなかまろ》のとりなしを得て、今度は東北方の渤海《ぼっかい》国を経由して帰国する許可を皇帝から得ることができた。東シナ海に向けて乗り出すことをさけたのだと思われる。

渤海は、日本との間でたびたび使節の往来をしていた友好国であった。唐から渤海湾を渡って七三八年五月に渤海国に至った平群広成は、今度は渤海王に一刻も早い帰国を懇願した。彼の切実な求めに応じて、渤海から日本に向かう遣日本使の派遣予定を早めて、日本海を越えて日本に送り届けてもらえることになった。

しかし、その渤海使船は、出航を早めたためか激しい波浪にみまわれ、船が転覆して渤海使節の大使たち四〇人が海に沈んでしまうという災難にあった。幸い広成らはかろうじて出羽国（秋田県・山形県庄内地方）に到着し、そこからさらに奈良の都平城京に戻ったのは、天平十一年（七三九）十月のことであった。唐を発して帰国の途についてから、実に、五年におよぶ歳月の間、アジアの諸国をさまよっていたのである。

しかも、この時共に帰国するはずであった遣唐使船の残る一船については、歴史にまったく消息を残さないまま、消えてしまっている。この時たまたま大使の船で帰国できた留学僧玄昉や留学生吉備真備は、大陸で得た先進知識や大量の文物を持ち帰ることができ、その後の宮廷で政治的・文化的に活躍したが、彼らとは明暗をなす話といえよう。

阿倍仲麻呂

阿倍仲麻呂は、有力貴族阿倍氏の子弟ともいわれ、吉備真備と同じ養老元年（七一七）に留学生として唐に渡って学び、優秀さが唐の地でも広く認められ、楊貴妃《ようきひ》への寵愛《ちょうあい》で有名な時の玄宗皇帝に気に入られて、唐政府の高官にまで昇った人である。唐では、「朝衡《ちょうこう》」という中国名で呼ばれた。

当時の中国において優秀な人材として名が知られた日本人留学生としては、この阿倍仲麻呂と吉備真備の二人の名があがるような、優れた秀才であった。有力貴族の子弟として、立ち居振る舞いも洗練されていたことから、玄宗皇帝に認められたのだろうか。当時の唐の都長安《ちょうあん》は、キリスト教（ネストリウス派）が流行するなど、シルクロードを通じた西方世界や周辺諸国との交流が盛んな国際都市であったから、優秀な他国の人材を役人に登用することも稀ではなかった。阿倍仲麻呂も、李白《りはく》や王《おう》維《い》といった唐の著名な文人と漢詩を交換して交際するなど、国際的な才能を持った人物だった。

阿倍仲麻呂は、皇帝から許しを得て日本への帰国を試みたが、その時の遣唐使船が難破するなどして果たせず、ついに唐の地で没した。阿倍仲麻呂が詠んだ、「天の原ふりさけ見れば春日なる三笠《みかさ》の山に出でし月かも」の和歌は、唐で見る月に故郷の奈良の都で見た月を重ねて望郷の思いを表現したもので、今日まで私たちの心をとらえてはなさない。

唐に渡った遣唐使の中でついに帰国できなかった人として、天宝勝宝四年（七五二）に唐に渡った遣唐大使の藤原清河《ふじわらのきよかわ》という藤原氏の一員である有力貴族もいた。彼は、日本から何度も迎えのための使節が派遣されたにもかかわらず、船の難破などがあいついでついに唐の地で没している。

また、中国の西安《せいあん》で墓誌《ぼし》がみつかった井真成《せいしんせい》という遣唐使の一員も、帰国できずに唐で亡くなった一人である。それ以外に、往復の船の沈没などで歴史に名をとどめないまま姿を消してしまった人たちは、さらに大勢いた。そうした危険性を充分に知った上で、あえて遣唐使船には多くの古代の若者たちが留学生などとして乗りこんでいったことに、注目したい。

吉備真備

遣唐使として二度も唐に渡り、多くの先進知識・文物を持ち帰って日本の朝廷で重んぜられ、地方豪族の出身でありながら右大臣にまで昇った人が吉備真備である。

吉備真備の父は、吉備（備前・備中・備後・美作）地方を代表する豪族下道氏《しもつみちうじ》の出身で、都に出て下級武官として仕えた下道国勝《しもつみちのくにかつ》である。郷里の地（岡山県小田郡矢《や》掛《かげ》町）にある下道氏墓《しもつみちうじのはか》からは、和銅元年（七〇八）に国勝らが母を埋葬した銘文を記載した火葬骨壺（下道国勝国依母夫人骨蔵器《しもつみちのくにかつくによりのははふじんのこつぞうき》）が出土しており、下道国勝は早くから仏教や漢字文化に親しんでいた地方豪族の一員であった。
吉備真備は、霊亀二年（七一六）に遣唐留学生となり、翌年入唐した。唐では、儒教や歴史をはじめさまざまな学問を学び、「日本からの留学生として唐で名声を得たのは、阿倍仲麻呂と吉備真備の二人である」といわれるほど、多くの学識を身につけた。そして、一七年ぶりの天平六年（七三四）に、留学僧玄昉とともに無事帰国して、翌年平城京に戻ったのだった。この時帰国した遣唐使たちの困難な旅路は、平群広成の体験を見た通りである。

幸い大使の船に乗っていて、先進文明の学識や多くの文物を持ち帰ることができた真備は、聖武天皇に、唐礼《とうれい》一三〇巻（「礼」は貴族が重んじた行動規範で、その書物は渇望された）、最新の暦書（大衍暦《たいえんれき》。暦は国内の時を支配する上で重要だった）、音楽書（貴族が大事にした教養は「左琴右書」といわれるように音楽と書物であった）などの貴重な書物や、武器、楽器、測量器具などを献上し、正六位下の位階を授かった。ついで、右衛士府《うえじふ》の長官や大学寮《だいがくりょう》の次官に任じられたのは、真備の軍学などの学識が評価されたことによる。

また、聖武天皇の娘で皇太子となった阿倍内親王（母は光明皇后。後の孝謙天皇・称徳天皇）付きの春宮《とうぐう》大夫《だいぶ》・春宮学士となり、阿倍内親王に『礼記《らいき》』『漢書《かんじょ》』などの儒教・歴史を教えたことは、彼の後の人生に影響する。大陸の新仏教や新知識を大量に伝えた玄昉や吉備真備を、聖武天皇は政治面でも重用し、彼らもそれに答えて活躍した。

しかし、不比等の息子たち藤原四兄弟が天平九年（七三七）に疫病であいついで没して一時勢力を後退させた藤原氏の焦りを反映して、大宰府の次官となっていた藤原広嗣（式家宇合の子）が、玄昉と吉備真備を排除することを求めて天平十二年に九州で反乱を起こし、政府は大いに混乱することとなった。

のち藤原氏の次世代の藤原仲麻呂が権力を握ると、歳老いた吉備真備への風当たりは強くなる。再び遣唐使の副使に任命され、天宝勝宝四年（七五二）に二度目の唐に渡った。そして帰国すると、早々に大宰府の次官に任じられて九州に赴任する。この時、中国では七五五年にはじまる安禄山《あんろくざん》の乱で唐帝国が滅びかけるという国際的危機が起こり、その余波は朝鮮半島から日本にも及んだ。吉備真備は、九州の地で藤原仲麻呂政権が進める軍事策の実施に努め、軍学の知識にもとづいて山城の怡土《いと》城（福岡県糸島市）を築き、また行軍式《こうぐんしき》を策定した。

地方豪族である下道氏出身の吉備真備は、このように、与えられた仕事をしっかりこなすタイプの人であった。長生きして、恵美押勝（藤原仲麻呂）の乱ではかつて教えた孝謙太上天皇方の勝利に貢献した。乱後に称徳天皇が即位すると、天平神護二年（七六〇）重んじられて右大臣にまで昇った。古代に、地方豪族出身で大臣になることは稀であった。また、中世の絵巻物『吉備大臣入唐絵詞《きびだいじんにっとうえことば》』では、唐の貴族や鬼神が優秀な吉備真備を困らせようと課してきた難題を次々にクリアーする物語が、描かれている。

井真成の墓誌

阿部仲麻呂らとともに唐に渡った八世紀前期の遣唐使の一員であった「井真成」という人が唐の地で没し、葬られたことを記した墓誌が、長安（西安市）でみつかっ

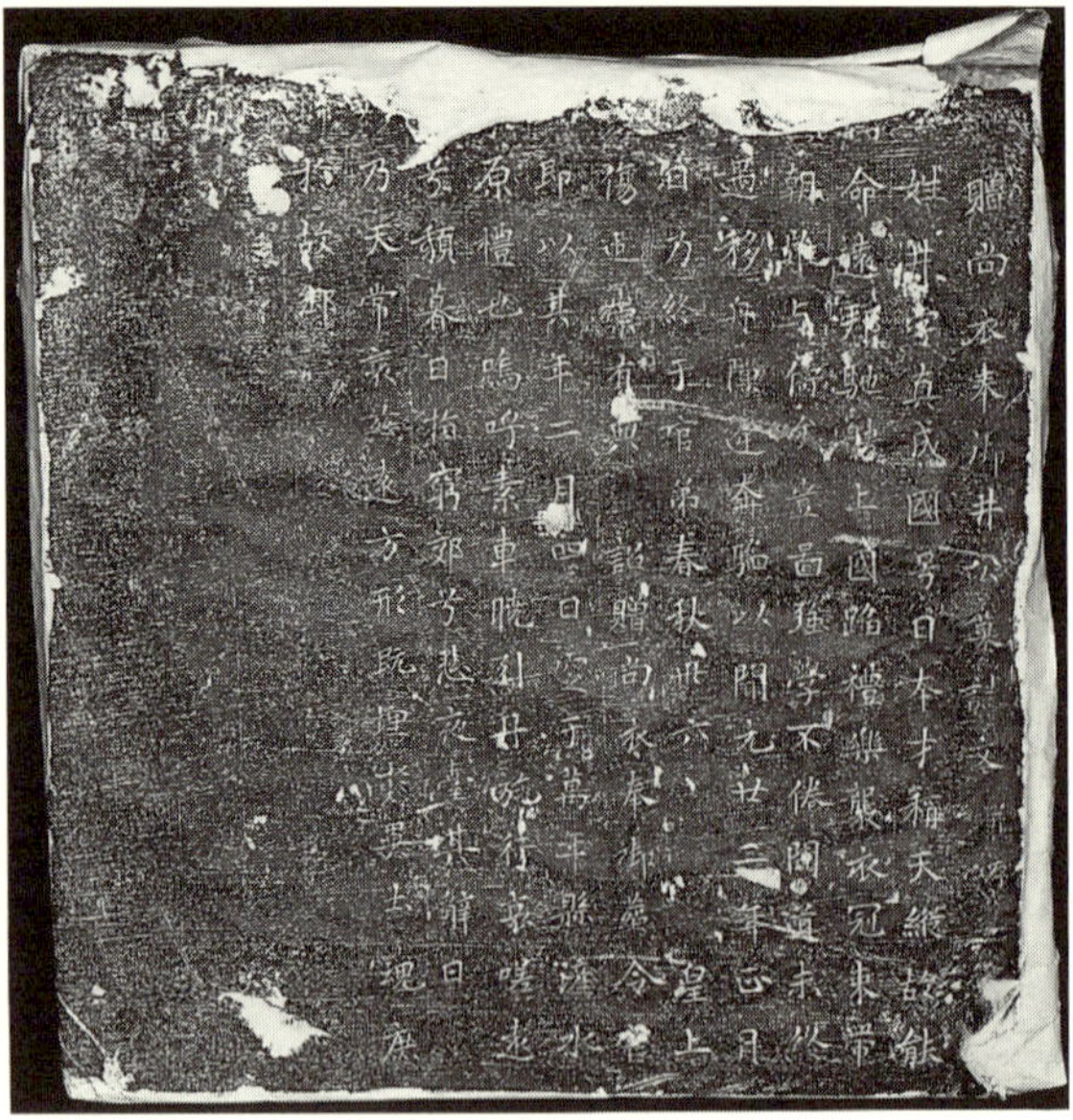

図45　井真成の墓誌（拓本）

た。異国の地で志を果たせず亡くなった外国の外交官をあわれんで、唐の皇帝は官職・位階を与え墓誌を作らせ埋葬に当たらせたのである。今回の偶然の発見がなければ、井真成という人物は歴史にまったく名を残さなかったのであり、遣唐使の一行の中では、むしろ史書に名をとどめる人の方が珍しかったのである。

国分寺の建立

天平十三年（七四一）の聖武天皇の国分寺建立の詔《みことのり》により諸国で造営が進められた国分寺・国分尼寺は、「国華《こっか》」とも呼ばれたように、七重塔・金堂《こんどう》・講堂《こうどう》・僧坊《そうぼう》・食堂など壮麗な伽藍《がらん》建物だけでなく、仏像・調度・経典など様々な文物を備えた総合文化施設であり、地方に及んだ天平文化を象徴する拠点であった。

国分寺は、中心となる塔・金堂・講堂・回廊《かいろう》などの伽藍だけでなく、経営拠点である政所《まんどころ》、給食のための厨《くりや》や、薬用植物などを育てる苑院《えんいん》、奴婢を収容する賤院《せんいん》など、多様な施設が広い寺域の中に存

図46　結城廃寺出土の塼仏

在していた。こうした国分寺の全体像が発掘調査などで判明してきた事例としては、伊勢国分寺（三重県鈴鹿市）、遠江国分寺（静岡県磐田市）、相模国分寺（神奈川県海老名市）、美濃国分寺（岐阜県大垣市）、信濃国分寺（長野県上田市）、上野国分寺（群馬県前橋市・高崎市）、下野国分寺（栃木県下野市）、陸奥国分寺（仙台市）、若狭国分寺（福井県小浜市）、能登国分寺（石川県七尾市）、佐渡国分寺（新潟県佐渡市）、丹後国分寺（京都府宮津市）、但馬国分寺（兵庫県豊岡市）、伯耆国分寺（鳥取県倉吉市）、出雲国分寺（島根県松江市）、播磨国分寺（兵庫県姫路市）、備前国分寺（岡山県赤磐市）、安芸国分寺（広島県東広島市）、讃岐国分寺（香川県高松市）、筑前国分寺（福岡県太宰府市）、豊後国分寺（大分県大分市）、肥前国分寺（佐賀県佐賀市）、薩摩国分寺（鹿児島県川内市）などが知られる。寺域の全体像がうかがえる復元模型としては、讃岐国分寺の十分の一の事例や武蔵国分寺の例が知られる。また、地方社会では飛び抜けた超高層建築であり、国家の権威を象徴する建物でもあった七重塔の十分の一の復元模型は、武蔵国分寺、筑前国分寺のものなどが知られる。

　また国分寺以外の地方寺院でも、下野薬師寺（栃木県下野市）は、東国の僧侶の授戒《じゅかい》のための戒壇《かいだん》が置かれたように、大きな影響を東国の仏教に与えた寺院であり、発掘調査の成果にもとづいて史跡整備が進められている。さらに、国の下の郡レベルで営まれた古代の地方寺院も多く存在した。各地の郡家《ぐうけ》遺跡の直近にはしばしば寺院遺跡が付随しており、郡司氏族の氏寺でもある「郡寺」として位置づけられている。こうした地方寺院には、白鳳期にさかのぼる仏像が伝えられていたり（東京都深大寺《じんだいじ》、千葉県龍角寺《りゅうかくじ》など）、遺跡から壁画（鳥取県上淀《かみよど》廃寺など）・塼仏《せんぶつ》（茨城県結城《ゆうき》廃寺など）や螺髪《らほつ》（栃木県下野薬師寺跡など）など、伽藍・仏像を飾った美術工芸品やその一部が出土するなど、寺院が地域の文化的中心として機能したことがうかがえる。これら地方寺院の遺跡・遺物からは、古代の地方豪族が、最先端の知識や技術とともに仏教を積極的に受容していた姿が知られる。その動きに、国家的に進められた諸国国分寺の造営が影響を与えたことも、見逃せない。こうした仏教の受容は、信仰のみではなく、寺院造営にかかわるさまざまな手工業生産の先進技術の郡司氏族による獲得とも一体であったのである。そして、地方豪族たちは、従来の伝統的な神祇《じんぎ》祭祀と同様に新しい仏教によって、在地の民衆を精神的に統合しようとしたといえる。

大仏造立と鎮護国家

奈良東大寺の本尊《ほんぞん》にあたる大仏、毘盧舎那仏《びるしゃなぶつ》のうち、奈良時代にさかのぼる部分は台座や左膝《ひざ》などに限られている。大仏殿は、奈良時代に創建されて以後、源平《げんぺい》合戦の時の平重衡《たいらのしげひら》による南都《なんと》焼打《やきう》ちの際と、戦国時代の松永久秀《まつながひさひで》による合戦の際の戦火とで、二度焼け落ちている。その都度、大仏・大仏殿は補修・再建された。鎌倉時代の再建は、後白河《ごしらかわ》法皇・源頼朝《みなもとのよりとも》・藤原秀衡《ふじわらのひでひら》たちの援助も得た勧進上人重源《かんじんしょうにんちょうげん》の尽力によって、江戸時代の再建は、将軍徳《とく》

図47　東大寺盧舎那仏

川綱吉《がわつなよし》の援助を得た勧進上人公慶《こうけい》の努力によって、それぞれ多くの人々の協力のもと実現した。現在の大仏や大仏殿は、江戸時代に修補・再建されたものである。中世の絵巻物『信貴山縁起《しぎさんえんぎ》絵《え》巻《まき》』には、創建当初の大仏の姿が描かれている。戦火による焼失などの歴史的変遷の中で、大仏は多くの人々によって守られ補修され続けてきたといえる。高さ一五㍍もの巨大な仏像は、どのようにして造立されたのだろうか。

聖武天皇は、天平十五年（七四三）に近江の紫香楽宮《しがらきのみや》（滋賀県甲賀市宮町遺跡）で「大仏造立の詔」を発し、巨大な仏像の鋳造を命じた。聖武天皇が大仏造立を決意したのは、天平十二年に河内国大県《おおあがた》郡の智識寺《ちしきじ》（大阪府柏原《かしわら》市）の盧舎那仏《るしゃなぶつ》を拝んだ時の感動にはじまる。今は塔心礎《とうしんそ》石《せき》をわずかに残す地方寺院であるが、寺号の「智識」（知識）とは、信仰を共にする仏教の信徒集団または彼らから仏への献納物をさしている。渡来系氏族が多く経済的にも豊かな河内の地域で、人々が仏教信仰を共有して自主的に盧舎那仏像を造立し寺院を営み、安定した社会を実現していた様子に、聖武天皇は理想郷を見たのではないか。また、聖武天皇の造仏の決断を最終的にうながしたのは、宇佐八幡宮（大分県宇佐市）の八幡神が、聖武天皇に大仏完成への助力を表明したからであった。

天平の時代は、天平十二年の藤原広嗣の乱などにみられる政治的な混乱とともに、災害・天候不順による飢饉《ききん》や疫病が展開して全国的に社会不安が広がっていたから、鎮護国家の仏教にすがって、大仏造立を通して人々の心を一つにしようと意図したのだろう。人々の知識に期待する聖武天皇は、都や畿内において橋を架け溜池《ためいけ》・灌漑《かんがい》水路を作り、救済施設や道場（寺院）を営むなどの社会事業を進めながら民衆に仏教を教化し、多くの民衆から支持されていた行基《ぎょうき》を、かつては律令に反するとして弾圧したにもかかわらず、大僧正《だいそうじょう》として迎えて、大仏造立への協力を求めた。造立事業は、天平十七年（七四五）の平城京への還都とともに京域東方の東大寺の地へと移され、造東大寺司《ぞうとうだいじし》という大きな役所によって鋳造や造寺が進められた。

大仏鋳造

「国の銅を尽して」造像するという大仏造立の詔の言葉は、けっして誇張ではなかった。『東大寺要録《とうだいじようろく》』によれば、巨大な銅像の本体は、天平十九年から三年がかりで、八段に分けて溶かした銅を鋳型《いがた》に流し込んで造られた。銅の総量は「奉鋳用銅卌万一千九百十一斤」といい、五〇〇㌧近い大量の銅が使用されたのである。奈良の正倉院に伝わる正倉院文書《しょうそういんもんじょ》の一点には、長門国司から大量の銅（約一八㌧）が造東大寺司あてに海路送られていたことが記されていた。

大仏鋳造を担ったのは、国君麻呂《くにのきみまろ》という技術系官人であった。工人たちが尻込みする中で、白村江の敗戦の六六三年に渡来してきた百済貴族の孫である彼だけが、優れた技術で難事業を達成したという。渡来人の技術が大仏造立に用いられたといえよう。

奈良の東大寺大仏殿回廊西遺跡の一九八八年の発掘調査により、銅を溶かして大仏の鋳型に流しこむ鋳造現場の遺跡・遺物がみつかり、大仏鋳造関係の木簡が出土した。そして出土した銅の成分分析の結果、山口県美祢《みね》市にある長登《ながのぼり》銅山（一九六〇年閉山）のヒ素をふくんだ銅が、大仏の原材料となっていたことが明らかになった。また出土木簡から、光明皇后の皇后宮《こうごうぐう》から上質の銅が大量に大仏鋳造現場に送られていたこともわかった。

美祢市には、大仏のための銅を供給したことから「奈良登」が「長登」となったという地名伝承があり、すでに長登銅山跡の古代の手掘り坑道の底から奈良時代天平期の須恵器《すえき》がみつかっていた。この銅山遺跡の発掘調査が行われ、長門国司のもとで国家的に営まれた古代の銅生産工房の様子が明らかになった。銅鉱石《どうこうせき》を採掘し、その純度を高め、さらに精錬《せいれん》して銅のインゴットを作るまでの工程がこの地で行われ、それを国府の出先役所が運営していたのであった。採鉱から精錬までの銅生産と、インゴットの銅塊を発送する作業までを、一貫してこの役所が差配していたのである。出土した約八〇〇点の天平初年の木簡からは、銅生産の具体像が明らかになるとともに、インゴットを送る際の付《つけ》札《ふだ》木簡が知られた。その中には都の光明皇后（「故太政大臣家《こだじょうだいじんけ》」）を宛先とするものがあり、長登銅山の銅が光明皇后のもとに送られたことがわかった。こうして、奈良市と美祢市で出土した二点の木簡がつながり、長登銅山の銅が、平城京の光明皇后のもとを経て大仏の造営現場に送られたという経路がわかったのである。

大仏が完成に近づいた天平勝宝元年（七四九）、陸奥守《むつのかみ》である百済王の末裔《まつえい》の百済王敬福《くだらのこにきしきょうふく》から、管内の小田郡《おだ》に産した黄金九〇〇両が聖武天皇に献上された。これまで国内では産出しなかった金が東北陸奥の地から出現したことを聖武天皇は大変喜び、元号は天平から天平感宝《てんぴょうかんぽう》へと改元された。大仏造立を天神地祇《てんしんちぎ》が助けた結果として黄金が湧出したととらえたのである。この時の産金の遺跡が、宮城県遠田郡《とおだ》湧谷町《わくや》にある黄金山産金遺跡《こがねやまさんきん》である。今も砂金が採取できる黄金沢《こがねざわ》に面して黄金山《こがねやま》神社が鎮座《ちんざ》するこの遺跡では、発掘調査によって、「天平」の文字がヘラ書きされた宝珠《ほうじゅ》や瓦が飾られた奈良時代の仏堂の建物跡がみつかっている。この産金の技術も、百済王敬福のもとで百済系渡来人の技術が発揮されたのであろう。

大仏開眼供養会

大仏が完成を迎えたのは、大仏造立の詔から九年たった天平勝宝四年（七五二）のことで、東大寺で盛大な大仏開眼供養会《かいげんくようえ》が行われた。聖武太上天皇・光明皇太后・孝謙天皇をはじめ百官が並び、僧一万人が参列した。開眼の儀式を行う僧としてインド僧の菩提《ぼだい》僊那《せんな》や唐僧の道璿《どうせん》が参加し、アジア各国の楽舞・音楽が披露《ひろう》されるという、国際色豊かな儀式であった。正倉院に伝えられた宝物の中には、菩提僊那が大仏の眼を点じる開眼に用いた筆など、開眼供養会で使われた品々が多く伝えられており、「天平勝宝四年四月九日」という当日の日付を記した寄進物も多い。開眼供養会は、まさにアジアにおける仏教東流を象徴する一大イベントであった。

大仏造立の歴史的背景

大仏発願《ほつがん》の背景には、聖武天皇に影響を与えた河内国の智識寺に集う人々の信仰心や豊後国の宇佐八幡神の存在があった。造立の知識としては、都周辺で民衆に仏教を広めていた行基たちの協力が必要であった。「国銅を尽くす」といわれた大仏用の銅の調達にあたっては、光明皇后だけでなく長門国司や長登銅山の経営や労働力を担った地方豪族や民衆の力の結集があった。大仏鋳造の技術には、百済からの渡来系技術が必要であり、陸奥国における産金にも百済渡来系技術が発揮されたのであった。こうして、アジアとの交流をふくめて、列島諸地域の地域間交流が展開する中で、大仏が完成したといえるだろう。その際、たとえば銅貢進のシステムとして中央集権的な官僚組織が必要であったいっぽう、逆に大仏造立事業を通してそうした官僚システムが実現していったともいえる。大規模な大仏や東大寺の造営は、国家・社会の安定を図ろうとする聖武天皇・光明皇后の意図のもと、天平期に至って律令国家が税制などの実質を整えて地方統治が確立したことにより完成をみたといえよう。

こうして大仏造立は、列島各地の地域との交流や東アジアとの国際関係などとネットワークを結びながら進められた。各地域との交流は、さまざまな形で大仏造立と関係しつつ、日本列島全体の古代史を構成していたといってよいのではないだろうか。

鑑真の渡海

遣唐使が日本から大陸に渡ったいっぽうで、鑑真《がんじん》のように、命を賭《か》けて新しい文化を日本に伝えた海外の人々もいた。鑑真は唐僧で、戒律《かいりつ》に詳しく、中国南部の「江淮《こうわい》の化主《けしゅ》」と称される高名な僧であった。五回も渡海に失敗して失明するという困難な航海の末にようやく渡日し、日本仏教に新たな戒律を伝えた。ここでは鑑真について、鑑真に同行して渡日した弟子である思託《したく》の資料にもとづいて淡海三船《おうみのみふね》が宝亀十年（七七九）に著した『唐大和上東征伝《とうだいわじょうとうせいでん》』によっていくつかみておきたい。

戒律を伝える師を招くために唐に渡った若い日本僧の栄叡《えいえい》・普照《ふしょう》たちが、七四二年にはじめて楊《よう》州《しゅう》で鑑真に渡日を懇請《こんせい》した時、鑑真は「中国の南岳《なんがく》の慧思《えし》禅師が日本に生まれ変わって仏教を興隆したという話、また日本国の長屋王《ながやおう》が中国の僧侶のために一千枚の袈裟《けさ》（僧衣）を寄進《きしん》し、その襟《えり》に『山川域を異にするも、風月天を同じくす。諸仏子に寄せ、共に来縁を結ばん』という名文が刺繡《ししゅう》されていたという話を聞いたことがある。これらの話からは、日本は仏縁のある国である。ぜひ日本に仏教を伝えようという者はいないか」と弟子たちに尋ねたところ、誰も答える者がいなかったので、自ら渡日する決意をしたという。そして、師の強い意志を受けて、逆に弟子たちも鑑真と行動を共にする決心をしたという。

鑑真が日本に渡る時には、仏像や経典だけでなく、香木《こうぼく》や薬品などさまざまな品や技術者まで船に載せている。薬については、日本に渡った後、失明していても、匂《にお》いによって色々な薬についての質問によく答えたという。古代の僧侶は、薬についての詳しい知識・技能を身につけた、医師でもあった。のち鑑真は、聖武天皇の看病にもあたっている。

鑑真一行が航海に失敗して東南方に流され今日の海南島《かいなんとう》に至った時には、地元の豪族たちに歓迎されながら、立ち寄った各地でも寺を建てたり授戒を行って仏教を広めている。そして、そうした東南地方の地方豪族たちが、東南アジアとの海上交易によって巨大な富を築いていた様子が、貴重な香木が高く積み上げられていることなど、唐僧の視点から綴られている。

鑑真たちは、六度目の渡航でようやく日本にたどり着けたが、この時も、帰国する遣唐大使藤原《ふじわらの》清河《きよかわ》の船に乗った際に、皇帝の許可を得ていない鑑真一行は大使の意向でいったん船から降ろされたが、副使の大伴古麻呂《おおとものこまろ》の船にかくまわれる形で日本に渡ったのであった。もしこの時大使藤原清河の船に乗っていたら、日本に渡ることはできなかった。大使の船は、波浪にあって中国に吹き戻され、その後も帰国できなかった藤原清河は、ついに唐で亡くなったのだった。

図48　唐招提寺金堂

鑑真がようやく九州に到着して後、ようやく畿内の河内国までやってきた時に、聖武天皇は勅使《ちょくし》として吉備真備を派遣して遠来の労をねぎらった。吉備真備は永く在唐して中国語が話せたから、失明した鑑真に直接天皇の意向を伝えることができたと思われる。

鑑真を平城京の東大寺に迎えた聖武太上天皇・光明皇太后・孝謙天皇は、東大寺の大仏殿前に戒壇を設けて、鑑真から授戒を受ける。鑑真は丁重にあつかわれ大僧都《だいそうず》に任じられたが、のち老年をもって僧官を解かれて「大和上《だいわじょう》」の称号を贈られた。そして僧界における公的活動を離れ、唐招提寺《とうしょうだいじ》を創って戒律の伝授や研究に打ちこむことになった。

唐招提寺は晩年の鑑真が創建した寺院で、平城京右京の地に当時の面影をよく伝えている。金堂は、「天平の甍《いらか》」として名高い鴟尾《しび》を載せた屋根や、ふくらみをもつ柱の列が美しい奈良時代建築である。また、講堂は、もと平城宮内に建っていた宮殿建築、すなわち出勤した官人が政務の前に威儀《いぎ》を正した朝集殿院《ちょうしゅうでんいん》にあった東朝集殿の建物で、天皇から施入《せにゅう》された建物である。なお、天平宝字七年（七六三）に七六歳で没する直前に弟子たちが造らせた唐招提寺に伝わる鑑真像は、高僧の慈悲《じひ》の表情や不屈の精神をよく表現している。

正倉院の宝物

奈良時代の宮廷文化の精華を今日に見せてくれるのが、正倉院に伝えられてきた宝物である。光明皇太后が東大寺に寄贈した、亡き夫聖武太上天皇の遺愛の品々などが伝えられている。唐や新羅を経由して遠くシルクロードの彼方の西アジアや南アジアの国際色豊かな工芸品が多く伝えられており、東の「シルクロードの終着点」ともいわれている。

正倉院宝庫は奈良時代後期の大規模な倉庫で、校倉造《あぜくらづくり》の構造が取り入れられている。もともと宝庫が建つ場所は東大寺の倉庫群が立ち並んでいた所で、正倉院もそうした東大寺の倉の一つであったが、今では正倉院宝庫の一棟が歴史の荒波をくぐり抜けてよく残っている。この正倉院は、天皇の許可なくしては開けられない「勅封《ちょくふう》」の倉とされてきた。こうして厳格に守られてきたことから、一三〇〇年前の古代の品々が、きわめて良好な状態のまま、保存されてきたのである。

国際色豊かな正倉院宝物をみよう。螺鈿紫檀五絃琵琶《らでんしたんのごげんびわ》は、南インド産の紫檀に南の熱帯のウミガメであるタイマイや螺鈿（光を反射する貝の薄片を漆面にはめこんだ装飾）を用いて豪華な装飾を加えた楽器であり、ラクダの背に乗って琵琶を弾く西方の人物や熱帯樹が描かれており、異国情緒豊かな工芸品である。

図 50　漆胡瓶

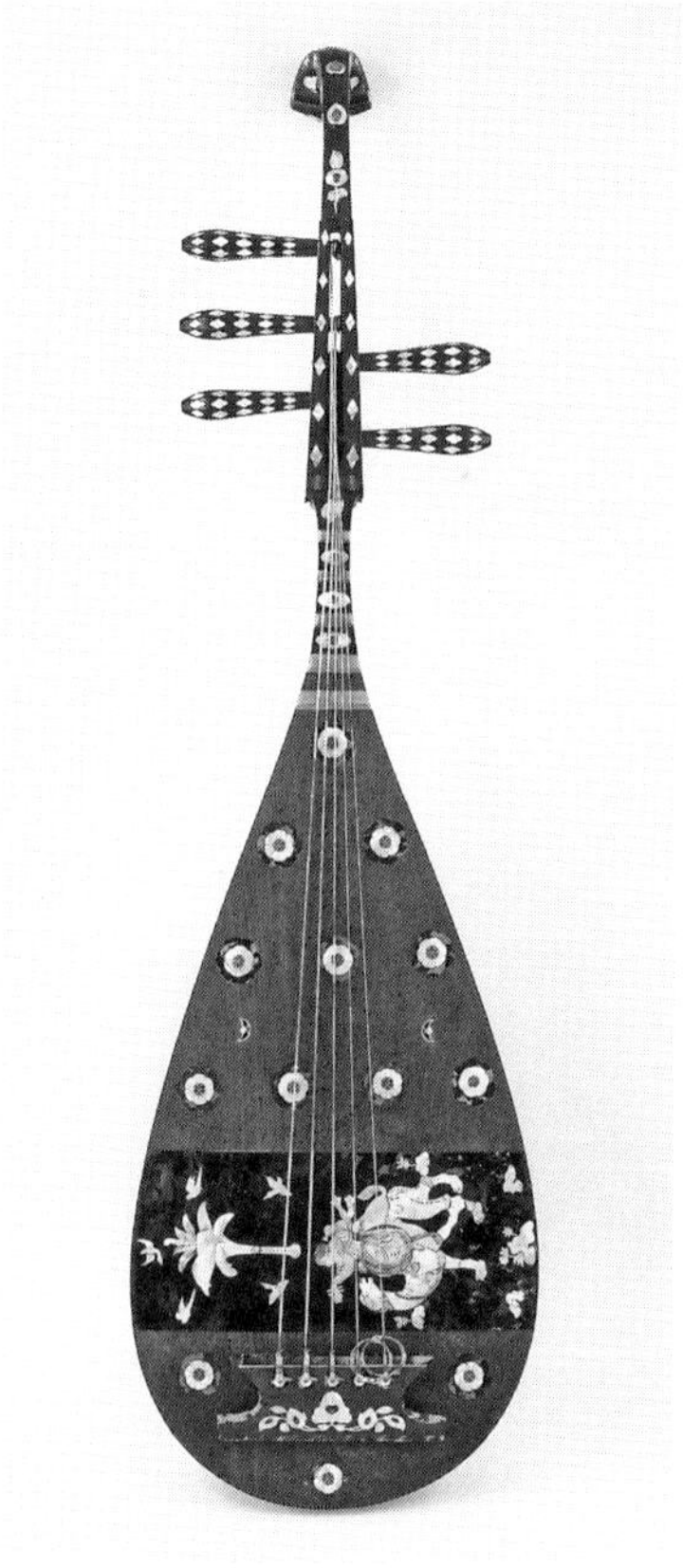

図 49　螺鈿紫檀五絃琵琶

図 51　犀角杯

漆胡《しっこ》瓶《へい》は、蓋《ふた》と注ぎ口の部分が鳥の頭の形をした黒漆塗りの水差しであり、「胡」すなわちペルシア風の工芸品である。

白瑠《はくる》璃碗《りのわん》は、外面に美しい切子《きりこ》装飾を施した口径一二センチのガラスの碗で、西アジア産のものがユーラシア大陸を移動して日本にもたらされたと考えられている。紺瑠《こんる》璃杯《りのつき》は、側面にいくつもの輪を飾った紺色のガラスの酒杯で、やはり西アジア産と考えられる美しい舶来品である。犀角杯《さいかくのつき》は、珍しい高価な薬でもあった南アジア産の「犀の角」を用いてリュトンと呼ばれる形の杯にしたもので、素材・形態とともに異国情緒に富むとともに、薬のもつ呪術的な効能が意識されたのかもしれない。

鳥毛立女屏風《とりげりゅうじょのびょうぶ》は、樹の下に唐風の衣装をつけた美しい女性を描いた六面からなる屏風で、髪や衣服などの表現に使われた山鳥《やまどり》の毛は剥落《はくらく》してしまっている。ふくよかな女性の顔の彩色表現は唐や中央

図52　鳥毛立女屏風（第4扇）

アジアの美人画と共通し、また「樹下美人図《じゅかびじんず》」と呼ばれる構図も、西アジアやインドと通じている。ただし、下貼《したば》りに日本の年号を記した古文書がみつかり、また鳥毛が日本産とみられることから、日本製とする説が有力となった。

こうした正倉院宝物にみられる多種多様の優秀な美術工芸品は、奈良時代の天皇や貴族が享受《きょうじゅ》した宮廷文化が国際色豊かなものであったことを示している。そして、素材の産地や意匠《いしょう》の国際性にみられるように、古代ユーラシアにおいて文化交流や交易が盛んであったことをそのまま物語ってくれている。そして、中には、ユーラシア各地の現地ではすでに失われて残っていない遺品が、日本の正倉院だけに伝えられているということもあり、世界の歴史文化上貴重な文化遺産として高く評価されている。

五　平安の王朝

1――平安王朝のはじまり

桓武天皇

宝亀元年（七七〇）、女性天皇である称徳《しょうとく》天皇は皇太子を定めないまま亡くなったので、皇位継承問題が群臣会議で諮《はか》られることになった。式家の藤原百川《ふじわらのももかわ》らの画策により、次の皇太子には、奈良時代に続いてきたこれまでの天武天皇系の皇統に替わって、天智天皇の孫である白壁王《しらかべおう》が立てられることになり、即位して光仁《こうにん》天皇となった。しかし、後継者決定に際しては、右大臣吉備真備《きびのまきび》たちのように天武天皇の孫にあたる皇族の即位を望む貴族の声も多かったから、新しい皇統の権威は必ずしも安定してはいなかった。白壁王は、妻に天武系の聖武天皇皇女の井上《いのえ》内親王（母は県犬養広刀自《あがたのいぬかいのひろとじ》）を迎え、子に他戸《おさべ》親王がいたから、そのまま順調にいけば天智・天武両系の血を受け継ぐ他戸親王が次に即位する見こみであった。実際、井上内親王は皇后、他戸親王は皇太子に立てられた。しかし、その後宝亀四年に井上内親王・他戸親王は呪詛《じゅそ》の疑いをかけられて廃后・廃太子され、かわって山部《やまべ》親王（のちの桓武《かんむ》天皇）が皇太子となる事件がおこった。光仁天皇と渡来系氏族出身の高野新笠《たかののにいがさ》との間に生まれた山部親王を立太子させたこの事件も、やはり藤原百川らの画策による

図53　奈良時代後期〜平安時代前期の天皇系図

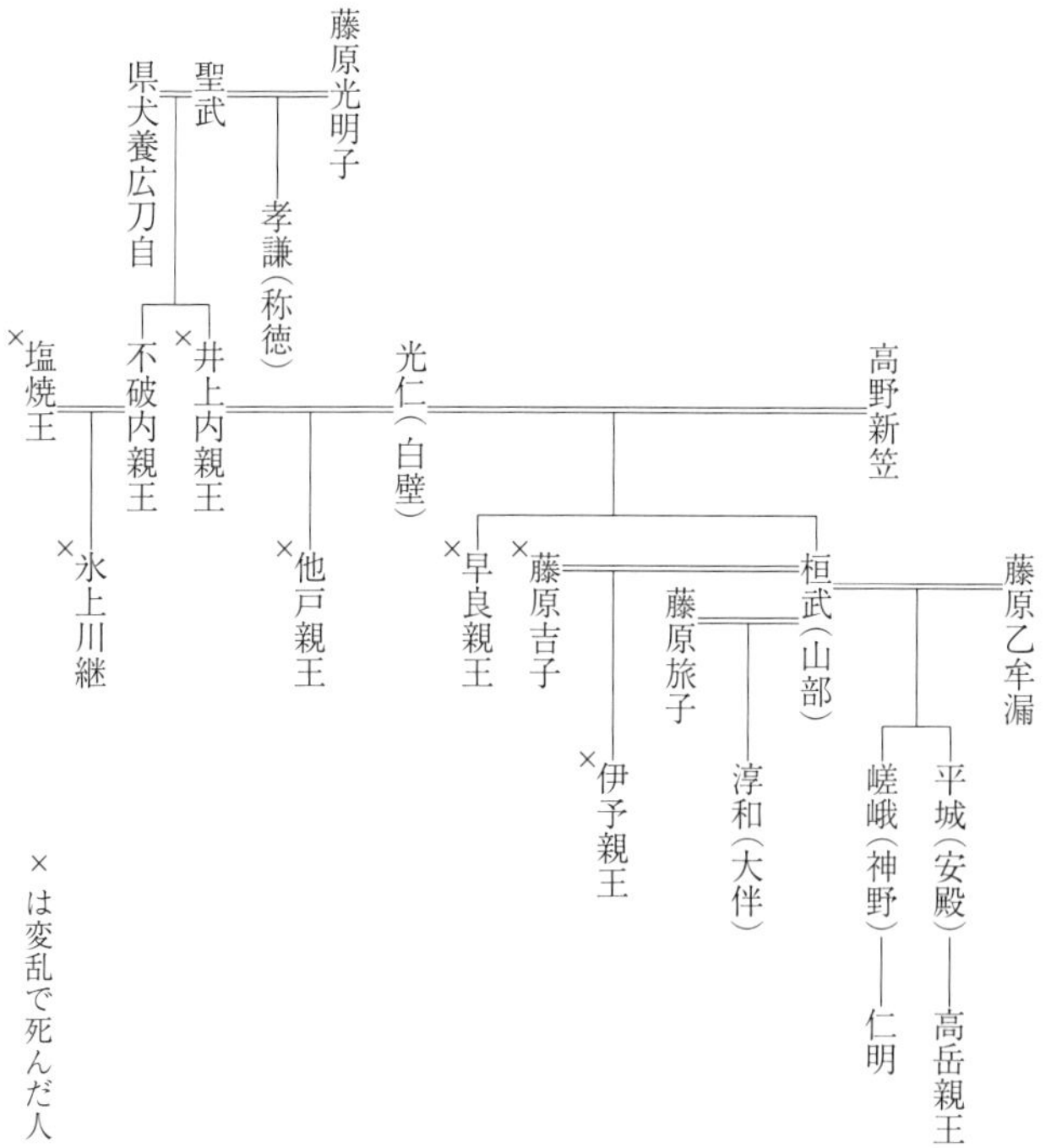

ものであった。井上内親王・他戸親王は、大和国宇智《うち》郡に幽閉《ゆうへい》されたのちにも、一部貴族からの支持を得てはいたが、宝亀六年に二人同時に不審な死を迎える。

天応《てんおう》元年（七八一）、病が重くなった光仁天皇は、皇位を皇太子山部親王に譲り、桓武天皇が即位する。すぐに桓武同母弟の早良《さわら》親王が皇太子となり、新しい体制が固められた。しかし、同年末に光仁太上天皇が亡くなると、翌年正月に氷上川継《ひかみのかわつぐ》謀反《へん》事件が起こるなど、政治的な不安定は続いていた。氷上川継は、聖武天皇皇女の不破《ふわ》内親王と天武天皇孫の塩焼王《しおやきおう》との間に産まれ、天武系の有力な皇位継承候補であり、藤原京家の浜成《はまなり》の娘を妻に迎えた人物であった。

新しい皇統のはじまりとなった光仁太上天皇が天応元年（七八一）十二月に亡くなると、即位早々の桓武天皇は、父のための服喪《ふくも》期間を三年にしたいと望んだ。しかし、群臣が皆長期の服喪に反対したので、結局六ヵ月の服喪とせざるを得なかった。その後、桓武天皇はふたたび服喪期間を一年に延長させたが、翌年には右大臣以下の奏上《そうじょう》を受けたため、結局短縮して八月初めに喪を解くこととした。この服喪期間をめぐる天皇と群臣との間のやりとりをみると、即位直後の桓武天皇の権威は、やはり貴族社会の中で確立していなかったといえよう。

こうした状況に対して、新王朝の確立をめざす桓武天皇がとった政策が、一つは東北における蝦夷《えみし》に対する戦争であり、一つは新しい都の造営であった。この「軍事」と「造作《ぞうさく》」の二大政策により、貴族層に対して、戦時における異論を封じ、天智系の新しい王朝の都への統合を図ったのである。そして四半世紀に及ぶ長い在位の中で、桓武天皇は新しい王朝の基盤を整えることに成功したのだった。いっぽうで、母方につながる渡来系氏族の重視や、近しい有力貴族の娘を後宮に迎える婚姻策なども、求心力の強化に役立ったといえよう。

長岡京遷都

延暦《えんりゃく》三年（七八四）、桓武天皇は、大和国（奈良県）の平城京《へいじょうきょう》（奈良市）から、淀《よど》川に面して水陸交通の便にめぐまれた山背国《やましろ》（京都府）の長岡京《ながおかきょう》（向日《むこう》市・長岡京市・京都市・大山崎町）へと都を遷《うつ》した。奈良時代後期に皇位継承をめぐってしばしば起きた政治的混乱を乗り越え、天武系から天智系に替わった新しい皇統の基盤を築くとともに、南都平城京で権勢を握るようになっ

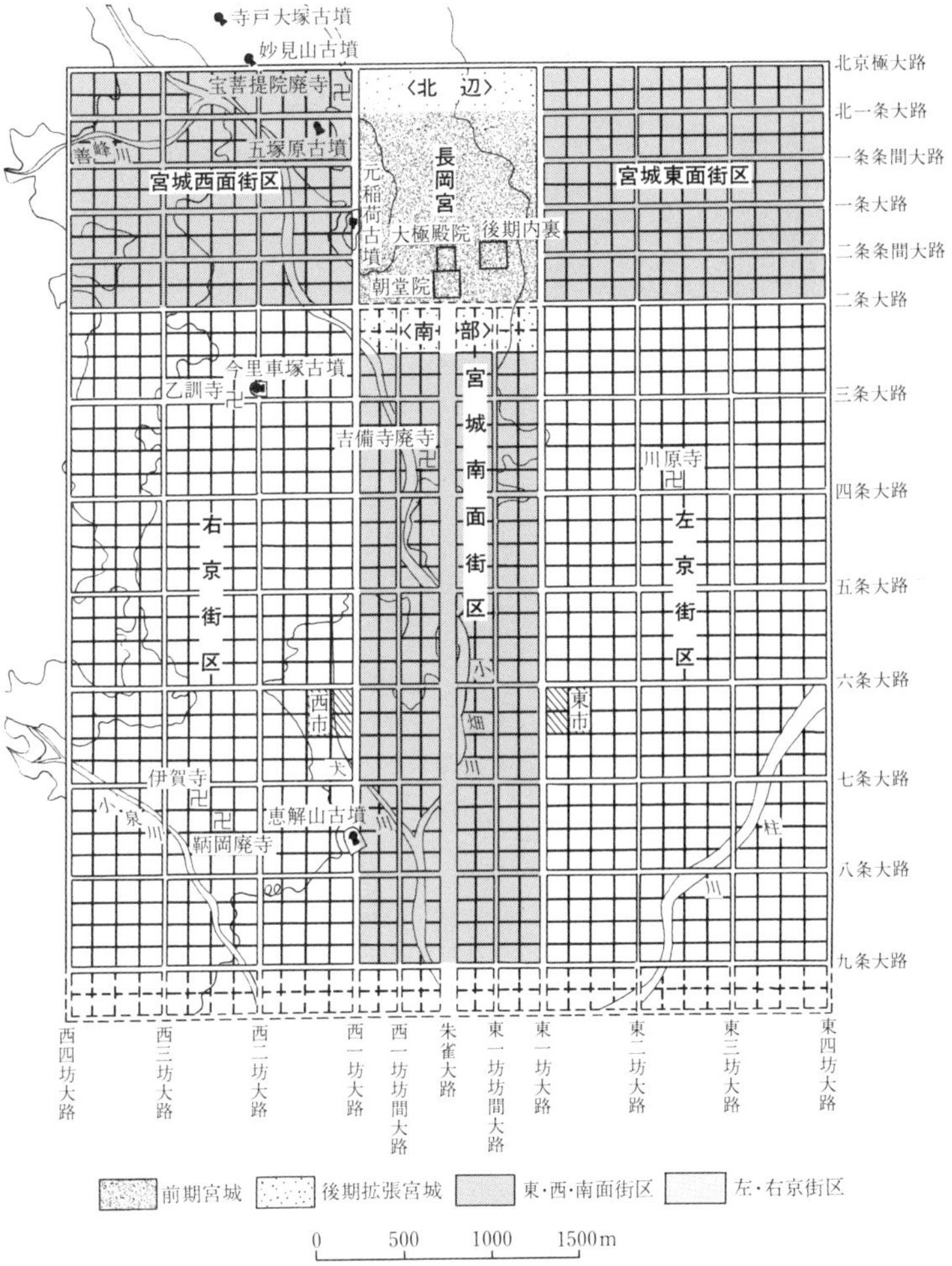

寺戸大塚古墳
妙見山古墳
宝菩提院廃寺
五塚原古墳
善峰川
宮城西面街区
元稲荷古墳
〈北　辺〉
長岡宮
大極殿院
後期内裏
朝堂院
宮城東面街区
〈南　部〉
宮城南面街区
今里車塚古墳
乙訓寺
吉備寺廃寺
川原寺
右京街区
左京街区
西市
東市
小畑川
伊賀寺
小泉川
恵解山古墳
鞆岡廃寺
犬川
桂川
北京極大路
北一条大路
一条条間大路
一条大路
二条条間大路
二条大路
三条大路
四条大路
五条大路
六条大路
七条大路
八条大路
九条大路
西四坊大路
西三坊大路
西二坊大路
西一坊大路
西一坊坊間大路
朱雀大路
東一坊坊間大路
東一坊大路
東二坊大路
東三坊大路
東四坊大路
前期宮城
後期拡張宮城
東・西・南面街区
左・右京街区
0
500
1000
1500m

図54　長岡京復元図

た大寺院の勢力を排除することが遷都の理由としてあげられる。また、奈良時代に首都平城京と副都難波《なにわ》京の二つの都を維持してきたこれまでの複都《ふくと》体制を縮小して一本化するという意味も認められる。

長岡京遷都《せんと》の契機としては、①新王朝創設（桓武即位）の辛酉《しんゆう》革命（七八一年）に続く甲子《かっし》革命（七八四年）を中国思想によって位置づける、②天武系皇統の都であった平城京における反桓武勢力を排除する、③平城京に根強い仏教勢力を排除する、④平城京と難波京の複都制を一本化して緊縮政策をとる、⑤水陸交通の便に恵まれた交通の要衝《ようしょう》の地を選択する、⑥山背国の秦《はた》氏など渡来系有力氏族の経済力と血縁関係に依存する、⑦光仁天皇の没（七八一年）による平城京の死穢《しえ》を忌避《きひ》する、などがあげられるが、やはりこれまでの天武系皇統の都としての平城京から移ることによって新王朝の基盤を確立しようとする桓武天皇の意志と、それを支えた式家の藤原種継《ふじわらのたねつぐ》ら貴族層の意向という政治的契機に注目するべきであろう。

長岡京は、延暦三年から同十三年（七九四）までのわずか一〇年の都であり、かつてはあまり実態のない「まぼろしの都」といわれたが、中山修一をはじめとした長岡京跡の発掘調査の成果によって、今日では、本格的に造営が進んでいた長岡京の実像が明らかになっている。

長岡宮の構造として特徴的なのは、はじめ内裏《だいり》が大極殿《だいごくでん》・朝堂院《ちょうどういん》のすぐ北に接する平城宮型の配置をとっていたのが、のちに内裏が大極殿・朝堂院の東方に分離する平安宮型の配置へと移行したという変化が起こったこと、また大極殿・朝堂院の宮殿建物群は、屋根に葺《ふ》かれた瓦とともに天平の聖武天皇時代の後期難波宮（大阪市）のそれがそのまま運ばれていたこと、である。

また長岡京の構造の特徴としては、平城京では道幅の異なる条坊《じょうぼう》道路の中心線を町割りの基準線としたために条坊の街区プランが多類型に分かれたのに対して、長岡京では、宮の正面・側面に面した街区とそうでない街区との二類型へと街区プランが均質化したことが挙げられる。のちの平安京では街区プランは四〇丈（約一二〇メートル）四方に均一化されており、平城京から平安京へという都市プランの展開の中間に長岡京が位置しているのである。出土した長岡京木簡も、奈良時代から平安時代へと変化する過程を反映する多くの知見をもたらしたほか、桓武天皇が平安遷都の際に一時長岡宮から移り住んだ「東院《とういん》」の遺跡も京内にみつかっている。

しかし、長岡遷都にあたっては、もとの平城京に鎮京使《ちんきょうし》を置く必要があったように、遷都に反対する勢力も存在した。

藤原種継暗殺と早良親王の怨霊

延暦四年（七八五）九月、桓武天皇が一時もとの平城京に赴いている留守中に、天皇の腹心で新都造営の現場を促進していた中納言で式家の藤原種継が暗殺される事件が起きた。そして犯人として春宮坊《とうぐうぼう》（皇太子付きの官司）の官人である大伴《おおとも》氏や佐伯《さえき》氏の人々が処断され、その謀反の疑いは桓武の同母弟で皇太子の早良親王にまで及ぶことになった。ついに早良親王は乙訓寺《おとくにでら》に幽閉され、自ら食事を絶って憤死《ふんし》するに至る。桓武は、その遺体まで淡路《あわじ》に送りつけ、早良親王にかえて桓武皇子の安殿《あて》親王（のちの平城《へいぜい》天皇）を立太子させる。

しかし、不幸な死を遂《と》げた早良親王は、やがて怨霊《おんりょう》となって桓武天皇を苦しめることになる。桓武天皇の周辺では、延暦七年（七八八）に夫人の藤原旅子《ふじわらのたびこ》（式家藤原百川の娘）が没し、翌年には母の皇太后高野新笠が没し、さらにその翌年には皇后の藤原乙牟漏《おとむろ》（式家藤原良継《よしつぐ》の娘）が没するといった不幸があいついだ。そして皇太子安殿親王も病気となり、延暦十一年には、皇太子の病の原因は故早良親王の祟《たた》りにあるという占いの公式結果が出た。こうした早良親王の祟りも、次の平安遷都への引き金となっていった。

平安京遷都

延暦十三年（七九四）、桓武天皇は、長岡京から同じ山背国の東北方葛野《かどの》の地の平安京（京都市）へと遷都した。新京は願いをこめて「平安京」と名付けられ、王城の地である「山背」の国名は「山城」へと改められた。この遷都と時を同じくして、東北から対蝦夷戦争で大きな勝利を挙げたとの上奏《じょうそう》が新都に届けられたのであった。

平安遷都の契機としては、①長岡京の造営が遅々として進まなかった、②故早良親王の怨霊を避ける、③延暦十一年六・八月の長岡京大洪水によって大きな被害を受けた、④長岡京の都市的機能が未整備であった、⑤皇太后（高野新笠）・皇后（藤原乙牟漏）らの死穢を忌避する、などがあげられている。律令制の再建を図る改革政策がとられるいっぽうで、財政や民衆にとって大きな負担となる再度の遷都を断行した背景としては、これらに加えて、やはり新王朝の基盤を確立して国家の安定を図ろうとする政治的意図が大きかったといえよう。平安京・平安宮の規模や構造が長岡京・長岡宮よりもさらに充実したものとなったことは、その意気ごみを示していよう。

平安京の遺跡は、その後「千年の都」となって永く続いたために、大部分が水田化した平城京とは異なり、今日の京都市の市街地の町並みの地下に埋もれている。平安京の南の正門である羅城門《らじょうもん》が築かれたのは、東寺と西寺にはさまれた地であり、門をくぐると京の中軸線であるメインストリートの朱雀大路《すざくおおじ》（幅八四メートル）がのびていた。朱雀大路は、今のＪＲ山陰《さんいん》本線（嵯峨野《さがの》線）が南北に走っているあたりに位置していた。今の京都の市街地の中心軸（京都駅から北にのびる南北道路の烏丸《からすま》大路）から比べると、古代平安京の中軸はかなり西に偏っていることに注意したい。今の京都御所は、南北朝時代以降の里内裏《さとだいり》の地であり、古代平安宮の内裏はずっと西に位置していたのである。平安宮の中心殿舎であった大極殿の跡も、今は市街地の下に埋もれており、わずかに明治時代の遷都千百年祭の時に建てられた「大極殿跡」の石碑のある小公園に姿をしのぶことができる。大極殿と、朝堂院《ちょうどういん》の南の門であった応天門《おうてんもん》の建物は、やはり遷都千百年を記念して八分の五の大きさで復原建築されており、その後平安神宮の拝殿・門となって平安時代の姿を今にうかがうことができる。

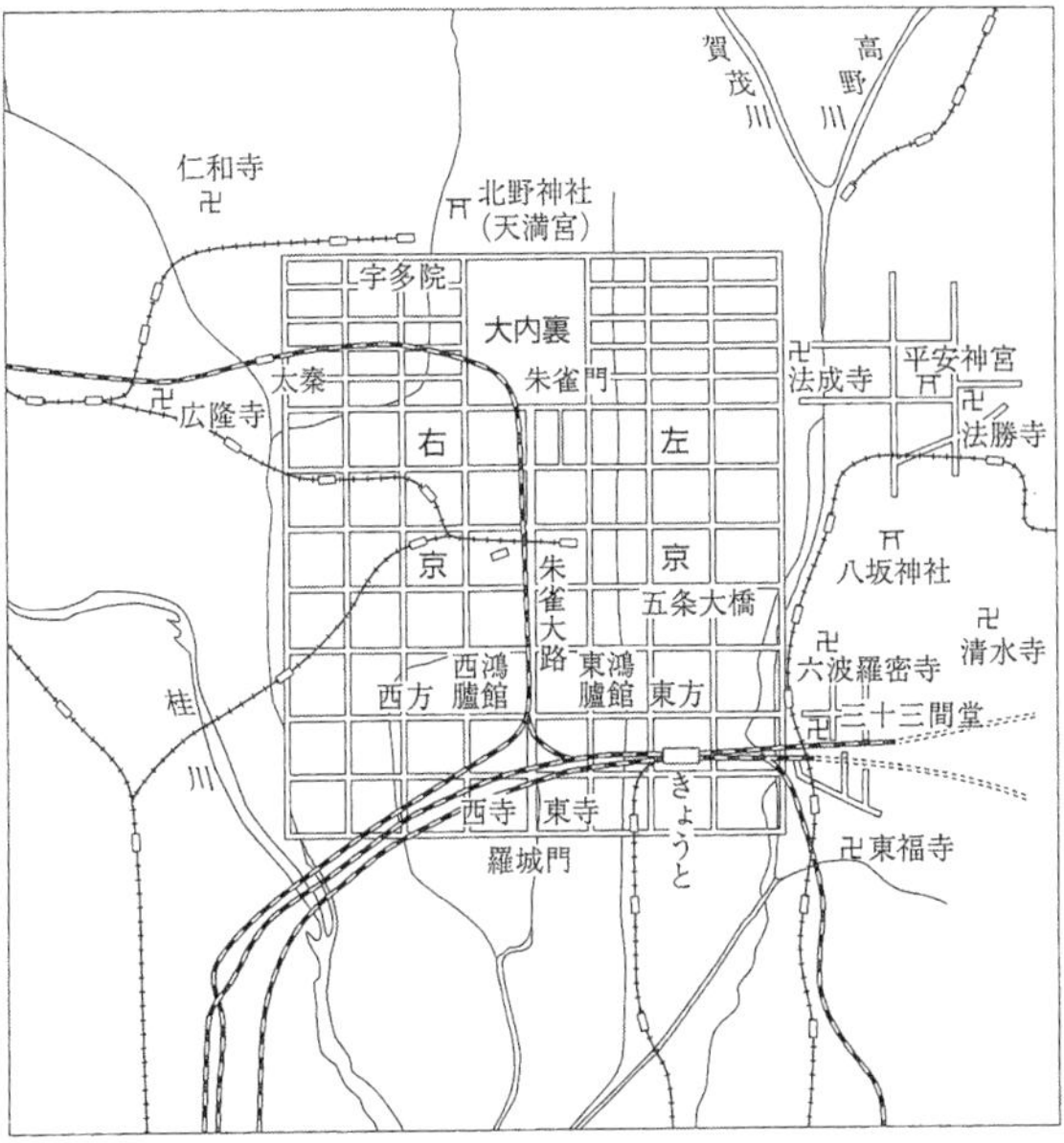

図55　平安京の立地

　しかし、大規模な平安京の造営は一時に

完成したわけではなく、たとえば儀式・饗宴《きょうえん》の場として平安宮で新たに営まれた豊楽院《ぶらくいん》の建物群は、延暦十八年（七九九）正月でもなお未完成であったことにみられるように、京・宮の造営事業は長期にわたって続けられたのだった。一世紀あまりのちの延喜《えんぎ》十四年（九一四）に、有名な文人貴族三善《みよし》清行《きよゆき》が醍醐《だいご》天皇に奏上した政策意見書の「意見十二箇条《いけんじゅうにかじょう》」には、

桓武天皇に至りて、都を長岡に遷《うつ》したまふに、製作すでに畢《おわ》りて、更《さら》に上都《じょうと》（平安京）を営む。再び大極殿を造り、新たに豊楽院を構ふ。またその宮殿・楼閣《ろうかく》、百官の曹庁《そうちょう》、親王・公主《こうしゅ》の第宅《ていたく》、后妃《こうひ》嬪御《ひんぎょ》の宮館《きゅうかん》、皆土木の巧を究《きわ》め、尽《ことごと》く調庸《ちょうよう》の用を賦《ふ》す。ここに天下の費《ついえ》、五分にして三。

と、新都造営による国力・国費の莫大な消耗を批判する記載があるように、平安京の造都は大事業であったのである。

対蝦夷戦争

桓武天皇の時代は、「造作」とよばれる長岡・平安京の造営政策とならんで、「軍事」とよばれる東北の蝦夷（中央政府が蝦夷と名付けた、東北地方北部に住む内民化していない人々）を服属させるための軍事的な征東政策が、積極的に進められた。

すでに光仁天皇の時代には、律令国家の勢力進出にともなって東北地方には不穏な状況があり軍勢が派遣されていた。とくに宝亀十一年（七八〇）の、伊治《これはり》郡司に任命されていた蝦夷の豪族伊治呰麻《これはりのあざま》呂《ろ》の反乱は、按察使《あぜち》鎮守《ちんじゅ》将軍紀広純《きのひろずみ》を殺した上、多賀《たが》城をおとして燃やすという大規模な反乱となった。こののち、蝦夷を軍事的に制圧するための大軍が断続的に送りこまれ、東北地方では「三十八年戦争」ともよばれる長期の戦争の時代が続くことになった。その対蝦夷戦争の過程では、律令国家側

は、坂上田村麻呂《さかのうえのたむらまろ》のような有能な武官に恵まれて、多賀城や大崎《おおさき》平野から北上して北上川《きたかみ》中流の胆沢《いさわ》の地に胆沢城（岩手県奥州市）を築き、さらに上流に志波《しわ》城（岩手県盛岡市）を築いていった。城柵《じょうさく》を設置して行政・軍事の拠点とし、内民を柵戸《きのへ》として送りこんで周辺の開拓を進めて北方進出を果たすことをめざしたのだった。

阿弖流為と坂上田村麻呂

延暦八年（七八九）、北上川中流域の広大な胆沢地方（岩手県奥州市付近）の蝦夷の制圧をめざして、征東将軍紀古佐美《きのこさみ》が率いる律令国家軍の大軍が北上川沿いに北進した。しかし、胆沢の蝦夷の族長阿弖流為《あてるい》の知略に富んだ作戦の前に、少数の蝦夷軍に大敗を喫してしまう。この敗戦を受けて、律令国家側は改めて体制を立て直して東国などの負担の上に周到な準備を行い、延暦十三年（七九四）には一〇万に及ぶ大軍を進める。今度は、征夷副使坂上田村麻呂の活躍もあり、征夷軍が軍事的勝利を収める。その後、坂上田村麻呂は延暦十六年に征夷大将軍となり、延暦二十一年（八〇二）には胆沢の地に立派な城柵胆沢城を築いた。これを受けて、ついに阿弖流為は蝦夷五百余人を率いて坂上田村麻呂に帰順した。同年田村麻呂に導かれて平安京に入った阿弖流為は、助命を嘆願する田村麻呂の申請を退けた公卿《くぎょう》たちの議によって、斬殺された。こうして胆沢地方の蝦夷を制圧し、軍事組織の鎮守府《ちんじゅふ》を国府多賀城から胆沢城へと北進させた坂上田村麻呂は、さらに北上川上流の地に志波城を築いて、律令国家側の前進拠点とした。

坂上田村麻呂は、この時代の傑出した武将として、没後も王城の地平安京を守るようにと、甲冑《かっちゅう》・武器を身につけて立ったまま東を向いて山科《やましな》の地（京都市）に葬られたと伝える。坂上田村麻呂が創建した京都の清水寺の起源を描いた中世の絵巻物『清水寺縁起《きよみずでらえんぎ》絵《え》巻《まき》』には、田村麻呂将軍の軍勢が蝦夷の人々を圧倒する戦いの場面が描かれているが、蝦夷の人たちを鬼のように描いているのは、中央政府側からの一方的な蝦夷観にもとづく表現といえよう。

徳政相論

桓武天皇は、晩年の延暦二十四年（八〇五）、平安宮内裏の殿上《てんじょう》において、参議《さんぎ》の藤原《ふじわら》緒嗣《のおつぐ》と菅野真《すがのま》道《みち》とに天下の徳政《とくせい》について相論《そうろん》させた。緒嗣は、桓武の立太子に尽力した故藤原百川の子で、若くして桓武によって取り立てられた新進の参議であり、いっぽう真道は、桓武の側近として長く仕えてきた渡来系氏族出身の文人貴族であった。この論争の様子は、『日本後《にほんこう》紀《き》』延暦二十四年十二月壬寅《じんいん》（七日）条に、次のように記されている。

> 是《こ》の日、中納言近衛大将従三位藤原朝臣内麻呂《うちまろ》、殿上に侍《じ》す。勅《ちょく》有りて、参議右衛士督《うえじのかみ》従四位下藤原朝臣緒嗣と参議左大弁《さだいべん》正四位下菅野朝臣真道とをして、天下の徳政を相論せしむ。時に緒嗣議して云《いわ》く、「方今《ほうこん》、天下の苦しむ所は、軍事と造作となり。此の両事を停《や》むれば、百姓《ひゃくせい》安んぜん」と。真道、異議《いぎ》を確執して、肯《がへ》んじて聴《ゆる》さず。帝（桓武天皇）、緒嗣の議を善《よ》しとし、即ち停廃に従う。有識《ゆうしき》、これを聞きて、感歎《かんたん》せざるものなし。

ここで若い緒嗣は、「ただ今天下が苦しんでいるのは、軍事と造作とです。この二つの事業を止めれば、人民は安らかとなりましょう」と述べ、「軍事」すなわち東北における対蝦夷戦争と、「造作」すなわち長岡京・平安京と続いた新都造営事業とを、ともに止めることを求めたのであった。これに対して老臣の真道は、固く異議を唱えて譲らなかった。征東と造都は、即位以来桓武天皇が追い求めてきた二大政策であったから、それを否定することになる意見に真道が反対したのも当然のことであった。しかし桓武天皇は、論争を裁定して緒嗣の意見を採用し、ここに「軍事」と「造作」は停止されることになったのであった。これを受けて、蝦夷制圧のための大規模な派兵はなくなり、これまで平安京・平安宮の造営を大規模に進めてきた官庁である造宮職《ぞうぐうしき》は廃止された。

『日本後紀』の記事では、この話に続けて「有識者のこれを聞いた者で、感歎しない者はいなかった」と記している。つまり、貴族たちの中にも、もう「軍事」と「造作」には疲れていた人々が少なくなかったのである。膨大な経費や犠牲が注がれたこの二大政策は、すでに国家財政への負担としても、動員対象となる民衆たちの負担としても、限界にまで行き着いていたのであろう。これ以上二大政策を続けることは新しい王朝の安定にむしろマイナスとなる状況が、徳政相論の背景にはあったといえよう。

長く拡大してきた戦争や国家的建設事業を途中で中止することは、前例主義をとる官僚システムにとっては困難なことであり、この時の桓武天皇の勇断は、貴族や民衆から喜びをもって迎えられたであろう。ただし、いっぽうで対蝦夷戦争も平安京の造営も、桓武天皇の長い治世のうちに、すでにかなりの成果をあげていたことも否めない。坂上田村麻呂による胆沢の蝦夷の制圧や、平安京の造営が着実に進んでいたように、犠牲をともないながらもかなりの成果をあげていたことを前提として、政策停止に踏み切ったとみることもできる。

徳政相論の当事者である藤原緒嗣が中心となって編纂した『日本後紀』の桓武天皇の伝記（大同《だいどう》元

年〈八〇六〉四月庚子《こうし》条〉には、天皇の事績を「内は興作《こうさく》を事とし、外は夷狄《いてき》を攘《はら》う」とまとめた上で、「当年の費《ついえ》たりといえども、後世の頼《たのみ》なり」と評している。その時には国家財政や民衆に過大な負担を強いたけれども、東北における支配地域の拡大や立派な平安京の造営は、後世の人々を益するものであったというのである。

このように、桓武天皇は、二大政策とともに新しい王朝の基礎を築くことに成功したのであった。その背景には、桓武天皇が二五年という長期間在位したこと、自分を擁立してくれた式家の藤原百川などの有力貴族が早い時期に没して貴族からの制約を逃れることができたこと、その結果延暦二年〈七八三〉からは長く左大臣を置かず、太政官《だじょうかん》の首班はずっと右大臣であったことにみられるように、貴族社会に対しても新王朝の権威を確立し、政治的安定がもたらされたことがあった。

2—平　安　京

平安京の確立

桓武天皇は、新しい王朝の確立をめざして、東北の蝦夷との戦争とともに平安京の造営に力を注いだ。この巨大事業による国家財政への圧迫や民衆の負担増などを受けて、晩年の延暦二十四年〈八〇五〉には、徳政相論を裁定して「軍事」「造作」の二大政策を停止した。ただし、二五年に及ぶ長期在位のうちに、桓武天皇は平安京の造営や東北での戦争にひととおりの達成を成し遂げており、新しい平安王権の基礎を確立することに成功したのであった。

けれども、平安京が確立して安定した「千年の都」となるまでには、まだ波乱を経なくてはならなかった。

大同元年（八〇六）に桓武天皇が亡くなると、平城天皇（安殿親王）が即日践祚《せんそ》し、同母弟の賀美能《かみの》（神野）親王（のちの嵯峨《さが》天皇）が皇太弟となる。そして、平城天皇の即位直後に、平安宮の存続をめぐって天皇と公卿《くぎょう》たちとの間に次のようなやりとりが展開したのであった。『日本後紀』大同元年七月甲辰《こうしん》条に、次のように記す。

（平城天皇）詔《みことのり》して曰《いわ》く、「比《このころ》公卿奏すらく、『日月云除《じつげつうんじょ》し、聖忌《せいき》（桓武天皇一周忌）周《あまね》くあらむとす。国家の恒例は、吉に就きての後、新宮に遷御《せんぎょ》す。請《こ》ふらくは、預《あらかじ》め営み構へられむことを』と。此の上都《じょうと》（平安京）は先帝（桓武天皇）の建つる所。水陸の湊《みなと》する所にして、道里《どうり》これ均《ひと》し。故に蹔労《ざんろう》を憚《はばか》らず、期するに永逸《えいいつ》を以てす。棟宇《とうう》相望み、規模度に合へり。後世の子孫をして加益する所無《な》くあらしめむと欲す。朕《ちん》（平城天皇）、忝《かたじけな》くも聖基《せいき》を承り、神器《しんき》を嗣守《ししゅ》す。更《さら》に興作《こうさく》を事とすれば、恐るらくは成規《せいき》に乖《そむ》かむ。…朕、民の父母として、煩労《はんろう》を欲せず。旧宮（平安宮）に拠《よ》らむと思ふ。礼もまた宜《よろ》し。卿等《けいら》、朕が此の意を知るべし」と。

「国家の恒例」として平安宮から新しい宮への遷都を勧めた公卿たちに対して、平城天皇は、父桓武天皇が大規模に造営した平安京のままでよいと返事したのであり、その判断を公卿たちも喜び迎え入れた。こうして、平安京は平城天皇即位時の遷都への危機を乗り越えたのである。

平城太上天皇の変

次に訪れた平安京の危機は、弘仁《こうにん》元年（八一〇）の平城太上天皇《へいぜいだじょうてんのう》の変（藤原薬子《ふじわらのくすこ》の変）であった。平城天皇は、桓武天皇の行財政改革の政策を引き継いだが、大同四年（八〇九）に、固辞する皇太弟賀美能《かみの》親王に譲位した。ただし平城皇子の高丘《たかおか》親王が皇太子となり、平城太上天皇の権威・権力は維持された。そして、平城太上天皇が寵愛《ちょうあい》する藤原薬子（式家藤原種継《ふじわらのたねつぐ》の娘）やその兄藤原仲成《なかなり》が権勢をふるうという政界の混乱が起こった。藤原薬子は、娘が皇太子時代の安殿親王（平城天皇）に嫁いだ機縁から、平城天皇の寵愛を受けるようになった女性である。父の桓武天皇によって皇太子安殿親王の後宮からいったん排除された薬子を、父を継いで即位した平城天皇は、再び後宮に迎えて寵愛したのだった。

変では、平城京に居た平城太上天皇と平安京に居た嵯峨天皇の両立による「二所朝廷《にしょちょうてい》」の状況から、平城太上天皇により平城遷都が計画され、ついで平城太上天皇は薬子らとともに東国に向かった。しかし、坂上田村麻呂ら嵯峨天皇側の迅速な作戦により、伊勢への道はさえぎられて、嵯峨天皇側が勝利を収めた。その過程で、藤原薬子を問責する嵯峨天皇の宣命《せんみょう》の中に、

…今、太上天皇の国を譲り給へる大き慈《みめぐみ》深き志を知らずして、己《おの》が威権を擅《ほしいまま》にせむとして、御《み》言《こと》には非ざる事を御言と云ひつつ、褒貶《ほうへん》すること心の任《まにま》にして、曽《かつ》て恐れ憚《はば》かる所なし。此《か》くの如《ごと》き悪事種種在るとも、太上天皇に親しく仕へ奉るに依《よ》りて思ひ忍びつつ御坐《いま》せり。然《しか》るに猶《な》ほ飽《あ》き足らずとして、二所朝廷をも言ひ隔《へだ》てて、遂《つい》には大乱を起こすべし。また先帝の万代宮《よろずよのみや》と定め賜《たま》へる平安京を、棄《す》て賜ひ停《や》め賜ひてし平城古京に遷《うつ》さむと奏《もう》し勧《すす》めて、天下を擾乱《じょうらん》し、百姓《ひゃくせい》

を亡弊《ぼうへい》す。…

（『日本後紀』弘仁元年九月丁未《ていび》・己酉《きゆう》条）

とあるように、平城古京への遷都が図られるという平安京の危機があった。

結局、伊勢への脱出に失敗した平城太上天皇は、平城宮に戻って剃髪《ていはつ》入道し、藤原薬子は毒を飲んで自殺した。変に勝利した嵯峨天皇は、天皇としての権威を確立した。そして、平城太上天皇を父とする皇太子高丘親王にかえて、自分の息子ではなく異母弟の大伴《おおとも》親王（父は桓武天皇、母は藤原百川の娘の旅子。のち淳和《じゅんな》天皇）を皇太子に立てた。変の処理では、嵯峨天皇は、責めを兄の平城太上天皇には及ぼさず、藤原薬子に責任を負わせる形で収束を図った。かつて、桓武天皇が弟の皇太子早良親王を死に追いこみ、その怨霊に悩まされたことをふまえて、兄弟争いの形を避けたと思われる。変に対する嵯峨天皇のこの処理方針に従い、『日本後紀』は藤原薬子を変の張本人とするが、平城太上天皇の主体性を認めない記述には無理があることから、「薬子の変」は「平城太上天皇の変」と評価されるようになってきた。

こうして、平城太上天皇の変に勝利した嵯峨天皇によって、平安京は「万代宮《よろずよのみや》」としての地位を認められ、のちに「千年の都」となったのである。

嵯峨天皇の時代

嵯峨天皇は、桓武天皇の第二子で、平城天皇の同母弟である。平城天皇の即位と同時に皇太子に立ち、大同四年（八〇九）に平城天皇から譲られて即位した。弘仁元年、兄の平城太上天皇との対立から「二所朝廷」という危機におちいった平城太上天皇の変では、平城旧京への遷都を図った平城太上天皇に対して、迅速な対応で勝利し、平安京を「万代宮」と位置

図 56　朝覲行幸（『年中行事絵巻』）
天皇が紫宸殿から出御の場面.

づけた。以後承和《じょうわ》九年（八四二）に没するまでの天皇・太上天皇の時代を通して、嵯峨天皇の権威のもとに政治的安定がもたらされた。蝦夷との戦いや造都事業も一段落したこの時期に、平安宮・京やさまざまな制度・諸儀が整備され、平安京を舞台とした文化が展開した。

平城太上天皇の変後の嵯峨天皇の時代は、権勢を握る貴族がいなかったことや、近臣の登用を進めたこと、そして橘嘉智子《たちばなのかちこ》を皇后に迎えて藤原氏の制約を受けなかったことなど、嵯峨天皇を中心とした政治的安定がもたらされた。嵯峨太上天皇が亡くなるまでの間、奈良時代以来あいついだ皇位継承をめぐる政争事件は起こらなかった。

弘仁十四年（八二三）、嵯峨天皇は三八歳で皇太弟（異母弟）の大伴親王（淳和天皇）に譲位し、太上天皇となる。はじめ平安京内の冷然院《れいぜんいん》（のち冷泉院）に住み、のちに子供の仁明《にんみょう》天皇が即位すると、平安京西郊の嵯峨院《さがいん》（現大覚寺《だいかくじ》）に移り、太皇太后橘嘉智子とともに住んだ。

淳和天皇は、嵯峨太上天皇と皇太后橘嘉智子を父母とする正子《まさこ》内親王を皇后とし、皇太子には同じく嵯峨と嘉智子を父母とする正良《まさら》親王（仁明天皇）を立てた。ついで淳和天皇の譲りを受けて仁明天皇が即位すると、今度は淳和と正子内親王を父母とする恒貞《つねさだ》親王が皇太子に立った。こうして、嵯峨太上天皇の家父長的な権威のもとで、儒教的な礼の秩序を重視した平和が宮廷にもたらされた。

この頃はじまった年中行事である「朝覲行幸《ちょうきんぎょうこう》」（天皇が行幸して上皇や皇太后に年始の挨拶をする儀式）に、嵯峨太上天皇を中心とした礼による天皇家の平和のあり方を見ることができる。承和元年（八三四）正月二日、仁明天皇は、淳和院《じゅんないん》に出向いて「後太上天皇」（淳和）に年頭の挨拶《あいさつ》を行った。淳和太上天皇は出迎えて中庭で拝舞《はいぶ》し、肩を並べて昇殿した。そして群臣に酒をふるまい、音楽や舞が奏された。淳和太上天皇は鷹・鶏などの贈り物を仁明天皇に献じた。天皇が平安宮に還る時には、淳和太上天皇は正殿《せいでん》から降り、南の屏《へい》の下まで見送りをした。

翌三日には、淳和太上天皇が冷泉院《れいぜいいん》に出向き、「先太上天皇」（嵯峨）に対して新年の年賀を行った。嵯峨太上天皇は、驚いて中庭に降りて出迎えた。

つづく四日には、仁明天皇が冷泉院に行幸して、父母である嵯峨太上天皇と太皇太后（橘嘉智子）に年賀を行った。そしてこの日のうちに、今度は嵯峨太上天皇が淳和院に出向いて、淳和太上天皇に答礼《とうれい》としての年賀を行ったのである（『日本紀略《にほんきりゃく》』）。

このように、麗しい礼の秩序を強調することによって、宮廷における皇位継承をめぐる紛争の芽を摘んだのであった。

平安初期の政治改革

嵯峨天皇による政治改革としては、蔵人所《くろうどどころ》や検非違使《けびいし》などの令外官《りょうげのかん》の設置が名高い。蔵人は、弘仁元年（八一〇）の平城太上天皇の変に際して、天皇の命が機密のうちに太政官組織に伝えられるように、天皇の秘書官として置かれた。蔵人頭《くろうどのとう》として巨勢野《こせのの》足《たり》・藤原冬嗣《ふじわらのふゆつぐ》ら、嵯峨天皇の側近が任じられた。のちに蔵人は朝廷の政治の中枢で大きな役割を果たすようになる。また検非違使は、平安京の警察機能を担う令外官で、これものちに警察・裁判など首都の運営に大きな役割を果たすようになる。さらに嵯峨天皇は、官僚として文人・新官人群の登用につとめている。地方政治を担う国司にも、善政に努める「良吏《りょうり》」が派遣されるようになった。

この時代には、格式《きゃくしき》の編纂が進められた。九〜一〇世紀には、嵯峨天皇時代の『弘仁格式《こうにんきゃくしき》』（弘仁十一年藤原冬嗣ら編）にはじまり、貞観《じょうがん》格式・延喜《えんぎ》格式の三代の格式が編纂される。弘仁・貞観・延喜の三代の格は『類聚三代格』に編纂されて今日に伝えられている。大宝律令制定から一世紀以上を経て、律令の規定の補足・改定や具体的な施行細則など、官司の実際の業務に合わせた制度整備が図られたといえよう。

平安時代初期の政治改革は、令外官の設置にとどまらない幅広いものであった。弘仁五年に、氏族秩序の整備を図るために畿内諸氏族の系譜『新撰姓氏録《しんせんしょうじろく》』が編まれたのも、新たな氏族編成をめざしたその一環とみることができる。政治的に重要な変化は、政治決定のしくみが、律令制本来の朝政《ちょうせい》（毎朝官人が出仕し、天皇は大極殿に出て大臣以下の評議を決裁する）から、九世紀後半には公卿たちの政務審議の場が内裏《だいり》に移るなど、しだいに天皇の居住空間である内裏が政治の場となっていったことである。内裏への昇殿制《しょうでんせい》が整えられるとともに、内裏に蔵人所・進物所《しんもつどころ》などの「所《ところ》」が置かれて官司の機能が内裏に集まり、あわせて内裏における勤務が勤務日数として公認されるようになっていった。平安宮では、平城宮までとは異なり、内裏の位置が大極殿・朝堂院からやや離れた配置となったことも、こうした変化と対応するものであった。

宮廷における儀礼も整備され、嵯峨天皇の時期に宮廷儀礼が唐風化するという大きな変化があり、作詩をともなう「内宴《ないえん》」の儀式もはじめられた。節会《せちえ》などの饗宴の場として平安宮に豊楽院《ぶらくいん》が整備され、弘仁九年（八一八）には、平安宮の諸殿舎の名や諸門の門号が唐風に改められた。たとえば、「大伴門」「佐伯門」は「応天門《おうてん》」「藻壁門《そうへき》」と名称が変わった。そして新しい宮廷儀礼は、『内裏式《だいりしき》』（弘仁十二年藤原冬嗣ら撰）などにまとめられ、やはり弘仁・貞観・延喜の三代の儀式が編まれている。

こうした政務や儀礼の変化は、巨視的には中央政治が地方政治への視野を狭めて形式化し矮小化《わいしょうか》したものともいえる。しかしいっぽうで、太政官の統治機構＝官僚制が確立したことによって、その上に乗る平安宮廷が整備されたということでもあった。奈良時代以前からの氏族制的な社会体制が後退し、貴族たちが在地との関係から離れて平安京を基盤とする都市貴族となっていったという体制変化とみることができる。こうして都市・平安京と宮廷の成熟という基盤の上に立って、やがて摂関《せっかん》時代の政治・文化が生まれるのであり、平安時代初期は「千年の都」平安京にとって重要な確立期であったといえる。

漢文学の隆盛

平安遷都から九世紀代にわたる文化は、年号をとって弘仁・貞観文化と呼ばれる。文芸を中心とした国家運営を図る「文章経国《もんじょうけいこく》」の考えが広まり、宮廷では儀礼などに唐風文化が重んぜられ、貴族の間に漢文学が広まった。仏教では、唐から新しい仏教の動向を伝えた最澄《さいちょう》・空海《くうかい》にはじまる天台宗《てんだいしゅう》・真言宗《しんごんしゅう》が広まり、密教《みっきょう》が盛んになった。

九世紀前半の嵯峨・淳和天皇の時代には、『凌雲集《りょううんしゅう》』（弘仁五年〈八一四〉小野岑守《おののみねもり》ら編）・『文華秀麗集《ぶんかしゅうれいしゅう》』（弘仁九年藤原冬嗣ら編）・『経国集《けいこくしゅう》』（天長四年〈八二七〉良岑安世《よしみねのやすよ》ら編）といった勅選漢詩文集が編まれ、漢文学が隆盛を迎えた。空海の『性霊集《しょうりょうしゅう》』『文鏡秘府論《ぶんきょうひふろん》』のような優れた作品・評論も出て、平安貴族たちは、漢詩文による表現に熟達していった。漢字文化受容の歴史は、ようやく漢字文化を借り物ではなく自らのものに消化した段階を迎えたといえる。書においても、この時代には、のちに「三筆《さんぴつ》」とたたえられた嵯峨天皇・空海・橘逸勢《たちばなのはやなり》らの書跡にみられる、唐風の書が重んぜられた。

こうした漢字文化の消化を前提として、はじめてかな文字の発達や和歌の隆盛が実現していったとみられる。平安時代初期の唐風文化や漢文学の隆盛が前提となって、その後寛平《かんぴょう》六年（八九四）の遣唐使の停止なども受けて、国風文化への道がひらけていったとみるべきであろう。同時に、都市としての平安京や宮廷の成熟の上に、つづく摂関時代の政治・文化が生まれるのであり、平安時代初期は日本の政治史・文化史の上で重要な時期ということができる。

かな文学のはじまりとして名高い紀貫之《きのつらゆき》の『土左日記《とさ》』は、土佐国（高知県）の国司であった紀貫之が、任期を終えて承平《じょうへい》四年（九三四）から翌年にかけて都の平安京に帰る旅路の出来事を、女性が

「かな」で日記につづったかのように書いた作品である。当時もその後も男性貴族は漢文で日記を書いていたが、漢字文化をふまえた上で、かなによって日本語を自然に表現する方向が見出されていったのであった。

文章経国

嵯峨天皇の時代の九世紀には、「文章経国」の考えに従って、文人貴族が多く登用されて政界で活躍した。彼らは、太政官符《だじようかんぷ》などの諸史料にしばしば「良吏《りようり》」と記されるように、国司などとして地方行政で清廉な善政を進めて律令政治の再建をめざして活躍した。研究者から「新官人」とも呼ばれる彼らによって改革政治がめざされ、一定の成果が得られることもあったが、調庸未進などの律令財政悪化の状況を根本的に改善することは難しかった。

いっぽう、大学の学問として文章道《もんじようどう》（紀伝道《きでんどう》）が重んぜられるようになり、文章博士《もんじようはかせ》が活躍するようになる。学問・学者が重視されると、学問を家業とする学問の家が生まれ、文章博士の家として菅《すが》原《わら》氏・大江《おおえ》氏・小野《おの》氏などが博士を輩出するようになった。

大学においては、一族子弟の教育を進めるために、貴族の各氏族が大学別曹《だいがくべつそう》を営んで子弟たちの学習環境を整えた。大学別曹としては、和気《わけ》氏の弘文院《こうぶんいん》（延暦十九年〈八〇〇〉頃）、藤原氏の勧学院《かんがくいん》（弘仁十二年〈八二一〉）、橘氏の学館院《がつかんいん》（承和十一年〈八四四〉）などが知られる。

最澄と空海

桓武天皇は、奈良時代末の仏教政治の動向に対応して、南都の大寺院の平安京への移転は行っていない。そしてあたらしい仏教への動きを支持し、こうして奈良時代の国家仏教とは異なる平安新仏教が展開していった。

図57　延暦寺根本中堂

最澄（七六七～八二二）は、近江に生まれて近江国分寺で学んで僧となり、比叡山《ひえいざん》で山林修行して、延暦七年（七八八）には比叡山に一乗止観院《いちじょうしかんいん》を建てた。延暦二十三年（八〇四）に遣唐使に従って入唐還学僧《にっとうげんがくそう》として入唐、唐で最新の天台仏教を学んで帰国し、比叡山に天台宗をひらいた。南都諸宗と対立しながら大乗《だいじょう》仏教独自の戒壇《かいだん》の設立をめざしたが弘仁十三年（八二二）に没し、その直後に比叡山延《えん》暦寺《りゃくじ》に戒壇が認められて、延暦寺が日本における仏教教学の中心となる基が築かれた。のち伝教大師《でんぎょうだいし》の号を贈られた。

空海（七七四～八三五）は、讃岐国に生まれ、大学で学んだのち仏教に投じて修行に励んだ。最澄と同じ延暦二十三年に留学僧として入唐、長安の青龍寺《せいりゅうじ》で恵果《けいか》に師事して短期間に最新の密教奥義の相承を受け、予定より早く大同元年（八〇六）に帰国した。のち嵯峨天皇から信任され、弘仁七年（八一六）には高野山《こうやさん》の地を賜り、のち金剛峰寺《こんごうぶじ》を建てて真言宗を開いた。また弘仁十四年には、平安京の東寺（教王護国寺《きょうおうごこくじ》）を賜っている。東寺講堂の諸仏像群は、空海による仏教世界の表現をそのまま今日に伝えている。なお、天長五年（八二八）には綜芸種智院《しゅげいしゅちいん》を設け、儒教・仏教の教育を庶民にも開放した。書はのちに三筆の一人に数えられ、また漢詩文などにも大きな足跡を残したが、承和二年（八三五）に亡くなり、のち弘法大師《こうぼうだいし》号が贈られた。

天台宗でも、円仁《えんにん》・円珍《えんちん》らが出て密教を本格的に取り入れ、密教が広く展開していく。そして、以前の伽藍《がらん》とは異なって山岳寺院が多く営まれるようになり、仏像彫刻などに密教芸術が開花した。

つづく摂関期の文人貴族慶滋保胤《よししげのやすたね》が書いた「池亭記《ちていき》」によれば、一〇世紀末までの間に平安京の右《う》京《きょう》は衰退して、左京《さきょう》の北部に貴族や京民が集住するという状況が出現している。九世紀の史料によれば、右京にあった国設市場の西市《にしいち》が衰退して左京の東市《ひがしいち》が一方的ににぎわうという事態が起こり、国家は法令によって西市の振興策を試みたが、流通経済を制御することはできなかった。平安京が都市として自律的な動きをはじめると、もともと朱雀大路を中軸とするシンメトリな構成をとった京のあり方は、右京の衰退という社会的趨勢を受けて、国家も統制できない展開となっていったのであった。こうして、平安京は都市として成熟していったといえる。

3——藤原北家の発展

藤原北家

承和九年（八四二）に嵯峨太上天皇が没すると、すぐに承和の変が起こり、ふたたび皇位継承をめぐる争いとともに藤原北家による他氏排斥事件があいつぐようになる。

承和の変につづけて、天安《てんあん》二年（八五八）の清和《せいわ》天皇即位による幼帝（九歳）の誕生、貞観八年（八六

表1 九〜一〇世紀の政治事件年表

年(西暦)	事件
承和九年(八四二)	承和の変……恒貞親王廃太子、道康親王(母良房妹順子)立太子。伴建岑・橘逸勢、藤原愛発(北家、女が恒貞親王妃)・藤原吉野(式家)ら排斥。
天安二年(八五八)	清和天皇(母良房女明子)即位(九歳)。藤原良房、実質摂政。
貞観八年(八六六)	応天門の変……伴善男・紀豊城・紀夏井流罪。藤原良相(良房弟)排斥。藤原良房、摂政に。
元慶八年(八八四)	陽成天皇退位。光孝天皇(五五歳)即位。藤原基経、関白に。
仁和三年(八八七)	光孝天皇没。宇多天皇即位。藤原基経、関白に。
仁和四年(八八八)	阿衡事件……橘広相排斥。
延喜元年(九〇一)	菅原道真左遷事件……藤原時平、右大臣道真を大宰権帥に。
	平将門の乱
安和二年(九六九)	安和の変……左大臣源高明排斥。

六)の応天門《おうてんもん》の変、元慶《がんぎょう》八年(八八四)の陽成《ようぜい》天皇退位事件、宇多《うだ》天皇即位にともなう仁和《にんな》四年(八八八)の阿《あ》衡事《こうじ》件《けん》(阿衡《あこう》の紛議《ふんぎ》)、そして延喜元年(九〇一)の菅原道真《すがわらのみちざね》左遷《させん》事件などがそれである。こうしためまぐるしい諸事件の政治過程を通して、天皇の外戚としての地位を獲得しつつ他氏族を排斥し、藤原北家が政治権力を掌握していったのだった。嵯峨天皇に重用された北家の藤原冬嗣に続く藤原良《ふじわらのよし》房《ふさ》・基経《もとつね》たちによって、摂関政治への道が開かれていった。

九世紀の藤原北家台頭への道は、藤原冬嗣が最初の蔵人頭の一人に任じられるなど嵯峨天皇の側近として活躍したことにはじまる。冬嗣は、嵯峨天皇の信任が厚く、『弘仁格式』『内裏式《だいりしき》』『日本後紀』などの編纂にあたるなどし、やがて左大臣にまで昇った。そして、その後を受けて藤原北家には藤原良房・基経といった有能な政治家が相次いで輩出し、天皇の外戚としての立場を梃子《てこ》として摂政《せっしょう》や関白《かんぱく》となって政治の実権を握り、藤原北家が政界で絶対的に優利な地位を築くことに成功し、摂関政治への道を開いていったのである。

藤原良房と藤原基経

藤原良房（八〇四～八七二）は、嵯峨天皇に信任された北家藤原冬嗣の第二子で、若くして嵯峨天皇の皇女源潔姫《みなもとのきよひめ》を妻に迎えたことで、天皇家との関係を深めた。同母妹の順子《じゅんし》が仁明天皇の女御《にょうご》となり、のち順子の産んだ道康《みちやす》親王（文徳《もんとく》天皇）を承和九年（八四二）の承和の変によって皇太子に立てることに成功し、外戚となっていく。嘉祥三年（八五〇）に文徳天皇が即位すると、文徳天皇が期待する第一皇子の惟喬《これたか》親王ではなく、良房娘の明子《あきらけいこ》（母は源潔姫）が産んだ第四皇子の惟仁《これひと》親王を皇太子として立てた。天安元年（八五七）には太政大臣に進み、翌年文徳天皇が三三歳で亡くなると、娘の明子が産んだ皇太子惟仁親王を九歳という幼年で即位させ（清和天皇）、外戚としての地位を確立して実質的に摂政となった。貞観八年（八六六）の応天門の変では、大納言伴善男《とものよしお》を失脚させ、同母弟で人望のあった右大臣藤原良相《ふじわらのよしみ》をもしりぞけ、摂政となった。貞観十四年没し、忠仁公《ちゅうじんこう》と贈《おく》り名《な》された。

藤原基経（八三六～八九一。昭宣公《しょうせんこう》）は、良房の兄長良《ながら》の三男で、良房の養嗣《ようし》子《し》となった。貞観八年の応天門の変では、伴善男を失脚させるのに活躍して昇進し、良房が亡くなる貞観十四年には右大臣に昇っており、良房の後を継いだ。貞観十八年に清和天皇が譲位し、基経の妹高子《たかいこ》が産んだ陽成天皇（貞明《さだあきら》親王）が九歳で即位すると、幼帝の外戚として摂政になる。元慶四年（八八〇）太政大臣となる

図58　天皇家・藤原氏関係系図

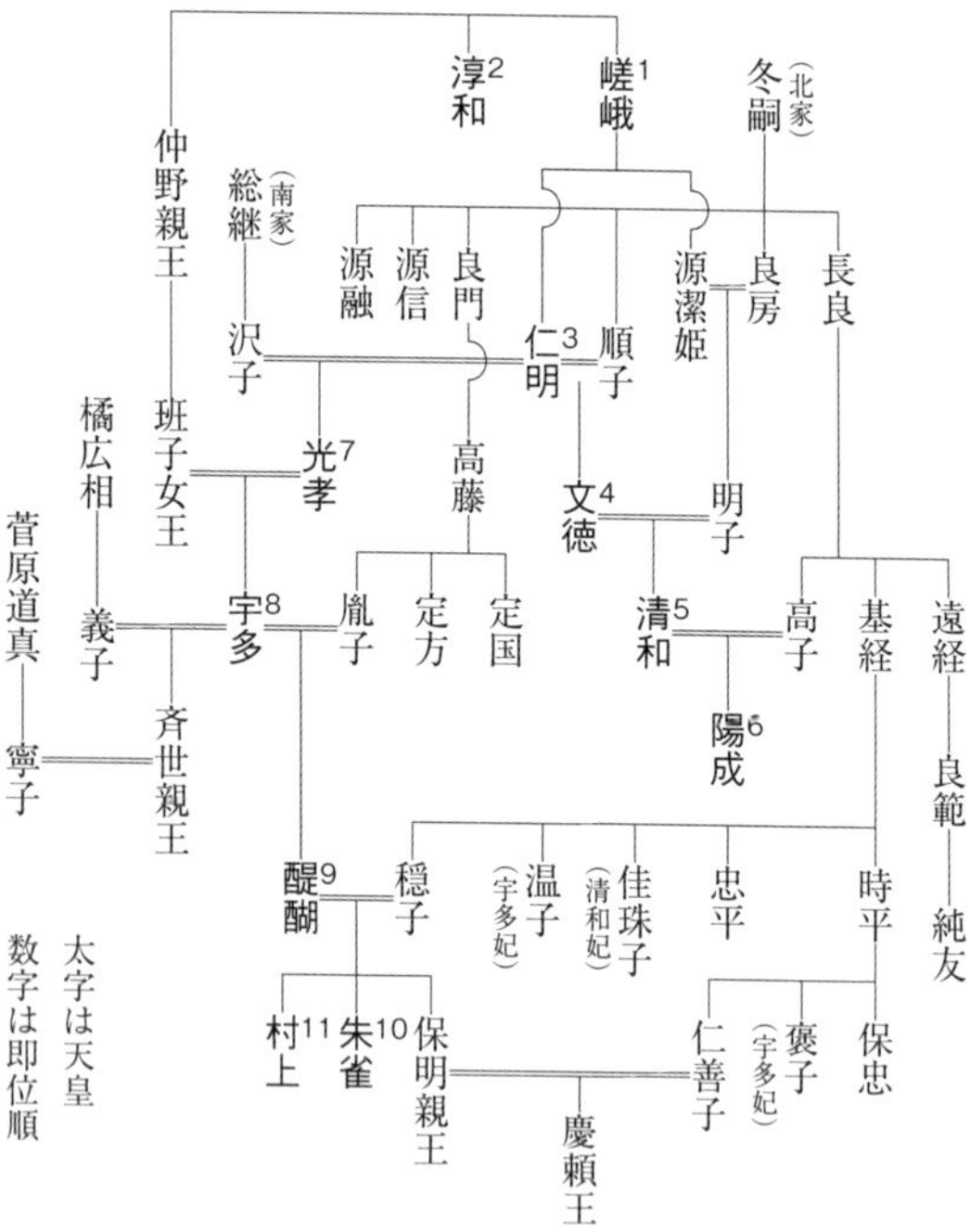

が、乱行の多い陽成天皇に対して基経は政務を執《と》らず、元慶八年には天皇を退位に追いこんだ。ついで五五歳の光孝《こうこう》天皇(仁明天皇皇子。時康《ときやす》親王)を即位させ、基経は実質的に関白の地位を得た。仁和三年(八八七)、亡くなる直前の光孝天皇の依頼を受けて、基経は、光孝第七子の源《みなもと》定省《のさだみ》(宇多天皇)の即位を実現するが、その宇多天皇から関白に任じられる時に起きたのが、阿衡事件《あこうじけん》(阿衡の紛議《ふんぎ》)であった。宇多天皇の信任を受けた中納言橘広相《たちばなのひろみ》が起草した関白任命文中の「阿衡」の職名を虚職として抗議した基経は、ついに宇多天皇に詔を撤回させて、関白の権限をより強固なものとした。

　こうして良房・基経の時代に、藤原北家は他氏族を排斥し、また藤原氏の他家を圧倒して、外戚の地位を確立して名実ともに摂政、関白に任じられるようになった(かつて「前期摂関政治」とも呼ばれた)。天皇幼年時の摂政、天皇成人後の関白が常置されるようになるのは、一〇世紀後半の藤原実頼《ふじわらのさねより》の時代を待たなくてはならなかったが、良房・基経たちが摂関政治への道を開いていったのであった。

承和の変

承和九年（八四二）、嵯峨太上天皇の死とともに承和の変が起こると、皇位継承をめぐって、藤原氏による外戚化や他氏排斥にかかわる政治的争乱がふたたびあいつぐようになる。承和の変は、春宮坊帯刀《とうぐうぼうたちわき》の伴健岑《とものこわみね》（大伴氏は淳和天皇の諱《いみな》大伴を避けて伴《とも》氏と改姓していた）や橘逸勢《たちばなのはやなり》らを謀反のかどで流罪とし、皇太子の恒貞親王（仁明の皇子。母は嵯峨皇女の正子内親王）を廃した事件で、かわって藤原良房の妹順子を母とする道康親王（仁明の皇子。のちの文徳天皇）が皇太子となった。そして、良房の叔父で娘を皇太子恒貞親王妃としていた大納言の藤原愛発《ふじわらのあらち》（北家）と、皇太子に近かった中納言藤原吉野《よしの》（式家）とが追い落とされ、かわって大納言となった藤原良房が政界を主導するようになった。この変は、外戚化と政治権力の獲得をめざした北家藤原良房による策謀と考えられる。この後良房は嘉祥《かしょう》元年（八四八）に右大臣となり、文徳天皇即位後の天安元年（八五七）には太政大臣に昇った。

惟喬親王の東宮争いと清和天皇

天安二年には、文徳天皇が三二歳で亡くなると、藤原良房の娘明子を母とする文徳第四皇子の皇太子惟仁親王が九歳の若さで即位して清和天皇となる。良房は、幼帝の外戚（外祖父）として実質的な摂政となった。

それ以前、文徳天皇は第一皇子の惟喬《これたか》親王（母は紀名虎《きのなとら》の娘）を愛していたが、藤原良房を外祖父とする第四皇子の惟仁親王が、生まれてすぐに皇太子に立てられていた。文徳天皇は、一時だけでも惟喬親王に皇位を伝えたいと願ったが、結局藤原良房の権勢の前に思いを果たせなかったと伝えられる。

『大鏡《おおかがみ》』裏書《うらがき》によれば、文徳天皇は惟喬親王を一時立てることをついに左大臣源信《みなもとのまこと》に命じたが、源信は、罪がない皇太子惟仁親王を廃することはできない、とその命を拒否したという。

皇位継承に、政治的権勢をもつ藤原北家の外戚による「後見」が大きな影響を及ぼすようになっていたのである。こうして清和天皇は、九歳で即位してはじめての幼帝となり、藤原良房が幼帝の外戚として実質的摂政となったのだった。

応天門の変

貞観八年（八六六）に起きた応天門の変は、『伴大納言絵巻《ばんだいなごんえまき》』でよく知られる平安宮の八省院《はっしょういん》（朝堂院）正門の応天門の焼失をきっかけとして、大納言の伴善男ら伴氏・紀氏が政界から排除された事件である。左大臣源信の失脚をねらって伴善男が放火させたとされて、藤原良房や基経らの主導のもとに、結局伴善男や紀豊城《きのとよき》・紀夏井《なつい》らが流された。この事件では、同時に藤原良房の弟で右大臣として人望のあった藤原良相《よしみ》も、伴善男派とされて力を失うこととなり、良房はさらに権力を集中して清和天皇から正式な摂政（「摂二行天下之政一」）の詔を得たのだった。また、良房の養子基経が中納言に進んだ。

応天門は、古くは「大伴門《おおともん》」とよばれた宮城門《きゅうじょうもん》であって、大伴氏が門号氏族として守衛してきた氏族的伝統をもつ門であったから、伴善男が放火を否認したことも理解できるが、良房はそれを逆手にとって、倭王権以来の伝統を誇る大伴氏の政治的基盤にとどめを刺したといえる。

陽成天皇の退位

貞観十四年（八七二）に良房が亡くなると、右大臣の藤原基経が良房の政治的地盤を引き継いだ。貞観十八年に清和天皇が譲位し、妹の高子が産んだ陽成天皇

（貞明親王）が九歳の若さで即位すると、基経は、幼帝の外戚として摂政となる。元慶四年（八八〇）には太政大臣となるが、乱行の多い陽成天皇に対して、元慶七年には基経が政務を見なくなり、その圧力に押されて元慶八年に陽成天皇はついに退位に追い込まれた。かわって五五歳の光孝天皇（仁明天皇皇子。時康親王）を即位させ、太政大臣基経は、光孝天皇から実質的に関白の地位を得たのだった。

阿衡事件

宇多天皇は、光孝天皇の第七子である（母は仲野《なかの》親王の娘の班子《はんし》女王）。光孝天皇は、元慶八年（八八四）に思いがけず即位すると、皇位継承への野望がないことを示すため子供たちに源氏の賜姓を行った。この時、定省《さだみ》親王（王）も臣籍に下り源定省となった。しかし仁和三年（八八七）、亡くなる直前の光孝天皇は、藤原基経に頼んで、源定省を親王として皇太子に立てた。そして光孝天皇が亡くなると、定省親王が即位して宇多天皇となった。光孝天皇と同様、基経を外戚としない宇多天皇は、さっそく基経に政務を委任して「関白」とするが、その際に起きたのが、仁和四年（八八八）にかけての阿衡事件（阿衡《あこう》の紛議《ふんぎ》）である。

宇多天皇側近の参議左大弁で文章博士の橘広相が起草した二度目の関白任命勅書の文中にあった「よろしく阿衡の任をもって卿《けい》の任となせ」の「阿衡」の職名を職務のない虚職とした基経は、政務を見ないで抗議し、ついに宇多天皇に勅書の撤回を認めさせ、橘広相の排除に成功する。そして基経の娘温子《おんし》が宇多天皇の後宮に入内《じゅだい》し、関白の政治的権限はより強固なものとなった。この事件の背景には、宇多天皇の信任厚い橘広相の娘義子《よしこ》が、女御として宇多天皇の皇子を二人もうけており、橘氏が外戚化する可能性があったことへの牽制があった。また、光孝天皇時代に文章博士で参議・左大弁を兼ねた学者の橘広相と、基経の家司《けいし》でやはり学者の文章博士藤原佐世《ふじわらのすけよ》との競争関係も背景にはあった。

宇多天皇と菅原道真

寛平三年（八九一）に藤原基経が没すると、後継者の藤原時平《ふじわらのときひら》がまだ若かったこともあり、宇多天皇は関白の制約を受けることなく政治に取り組むようになる。そして菅原道真（八四五〜九〇三）・藤原保則《やすのり》らの文人貴族を登用し、やがて藤原時平と菅原道真との二頭立てにもとづく政治体制を実現していく。

宇多天皇は、三一歳の寛平九年に、一三歳の醍醐《だいご》天皇（敦仁《あつひと》親王。母は藤原高藤《たかふじ》の娘胤子《いんし》。養母は基経の娘温子《おんし》）に譲位する。その際、若い醍醐天皇に伝えた訓戒《くんかい》が『寛平御遺誡《かんぴょうのごゆいかい》』である。この中には、

左大将藤原朝臣（時平）は、功臣の後なり。その年若しといへども、すでに政理《まつりごと》に熟《くわ》し。…朕《ちん》（宇多天皇）去ぬる春より激励を加へて、公事《くじ》を勤めしめつ。またすでに第一の臣たり。能《よ》く顧問に備へて、その輔道《ほどう》に従へ。新君（醍醐天皇）慎《つつし》め。

右大将菅原朝臣（道真）は、これ鴻儒《こうじゅ》なり。また深く政事《まつりごと》を知れり。朕選びて博士と為し、多く諫正《かんせい》を受けたり。よて不次《ふじ》に登用し、もてその功に答へつ。しかのみならず朕前の年東宮《とうぐう》（敦仁親王。のち醍醐天皇）に立てし日、ただ菅原朝臣一人とこの事を論じ定めき。…その時共に相議する者一人もなかりき。…惣《すべ》てこれを言へば、菅原朝臣は朕が忠臣のみに非ず、新君の功臣ならむや。人の功は忘るべからず。新君慎めと云々。

とあるように、藤原時平と菅原道真とのバランスを重視している。醍醐天皇の昌泰《しょうたい》二年（八九九）に

は、ついに左大臣藤原時平・右大臣菅原道真という体制が実現している。

菅原道真の左遷

藤原時平（八七一〜九〇九）は、基経の第一子で、父基経が没した寛平三年（八九一）にはまだ参議であったが、父の後を継いで宇多天皇時代にも順調に昇進し、醍醐天皇時代になると政界の首班（大納言のち左大臣）となった。

延喜元年（九〇一）、右大臣菅原道真は、突然醍醐天皇によって大宰権帥《だざいのごんのそち》として左遷される。左大臣藤原時平が背後にあって、道真が娘婿の斉世《ときよ》親王の即位を図ったとして排斥されたものと考えられる。右大臣道真は、宇多天皇の信任を得て学者としては異例の昇進を遂げていたから、その出世を快く思わない貴族や学者も多く、宇多太上天皇の存在を除くと貴族社会における基盤は強くはなかった。宇多太上天皇は、すぐに平安宮に駆けつけて醍醐天皇を諫《いさ》めようとしたが、門を閉ざされてしまい、その門で夜を明かしたものの、結局道真を救うことはできなかった（『日本紀略』延喜元年正月条）。

九世紀に、「文章経国」思想にもとづいて文人貴族が政界に登用されてきた平安初期の伝統も、学者菅原道真の失脚によって、終わりを迎えるようになり、藤原北家の良房・基経と続いた摂政・関白の政治的権能確立への動きがさらに前進した。

その後、藤原時平は政府首班として醍醐天皇を支えて延喜の政治改革を主導したが、延喜九年に三九歳の若さで没し、のちその子孫も多く若死したので、菅原道真の怨霊の仕業とする説話が生まれた。

歴史物語の『大鏡』（左大臣時平）は、この事件の際に道真が詠んだ歌を次のように紹介している。

…ともに世の政《まつりごと》をせしめたまひしあひだ、右大臣（道真）は才《ざえ》世に勝《すぐ》れ、めでたくおはしまし、

図59　太宰府天満宮本殿

御心《みこころ》おきても、ことのほかにかしこくおはしまし、左大臣（時平）は御年もわかく、才もことのほかに劣りたまへるによりて、右大臣の御おぼえことのほかにおはしましたるに、左大臣安からず思《おぼ》したる程に、さるべきにやおはしけむ、右大臣の御ためによからぬ事出できて、昌泰四年（九〇一）正月廿五日大宰権帥《だざいのごんのそち》になし奉りて、流されたまふ。…みかど（醍醐天皇）の御おきて、極めてあやにくにおはしませば、この御子《みこ》どもを、同じ方に遣はさざりけり。かたがたにいと悲しく思し召して、御前の梅の花を御覧じて、

こち吹かばにほひおこせよ梅の花あるじなしとて春をわするな

また、亭子《ていじ》の帝（宇多）に聞えさせたまふ、

流れゆくわれはみくづとなりはてぬ君しがらみになりてとどめよ

こうして大宰府に赴いた菅原道真は、失意のうちに延喜三年に没した。のち、菅原道真は怨霊として畏怖《いふ》され祭られて、京都の北野天満宮や太宰府天満宮などの祭神となり、学問の神として多くの人々から信仰されるようになった。

九世紀の対外関係

九世紀の東アジアにおける国際関係の展開について、唐や新羅《しらぎ》・渤海《ぼっかい》との国家的な対外関係や、商人による国際交易の進展、それと表裏する海賊の横行などについて、見てみよう。

まず遣唐使としては、延暦二十年（八〇二）に、藤原葛野麻呂《ふじわらのかどのまろ》を大使とする平安時代初の遣唐使が任じられている。この時の遣唐使は、暴風による渡航失敗を経て三年後に再出発したが、また波浪によって第一船・第二船のみが唐にたどり着いた。翌年帰国したこの時の留学僧には最澄・空海がいて、彼らは新しい唐の仏教を日本にもたらし、奈良時代の南都仏教に大きな影響を与えることになった。この時の遣唐使は、徳宗《とくそう》皇帝の死去にであって、唐の各地で節度使《せつどし》の反乱が起きる国内情勢の不安定を伝えている。承和元年（八三四）に任命された次の遣唐使は、葛野麻呂の子の藤原常嗣《ふじわらのつねつぐ》を大使とし、文人貴族の小野篁《おののたかむら》を副使としていた。この遣唐使も、暴風による二度の渡航失敗ののち、承和五年の三度目でようやく渡航を果たすが、その際副使小野篁は、乗船の不安から入唐を拒否して隠岐《おき》に流されるという事件が起きている。無事に唐での任務を果たして帰国の途《と》につくが、この時大使藤原常嗣は新羅船を雇って帰国し、第二船は南方の「賊地」に漂着ののち承和七年にようやく帰国している。

その次の遣唐使は、間があいた寛平六年（八九四）になって、大使に菅原道真、副使に紀長谷雄《きのはせお》という著名な文人を任じている。この時菅原道真は、在唐僧中瓘《ちゅうかん》からの唐の国情が疲弊《ひへい》しているという知らせをもとに、遣唐使派遣の再検討を宇多天皇に上奏した。これを受けて、この時の遣唐使の派遣は行われず、遣唐使の歴史は幕を閉じることになった。

図60　鴻臚館跡出土の越州窯青磁花文碗

遣唐使停止の背景としては、唐王朝の政治的混乱や、延暦・承和の遣唐使にみられるような航海の危険があるのはもちろん、同時に、新羅や唐の民間商船による東アジア間の往来が盛んになったことにより、文物入手の経路が遣唐使のような国家的外交関係のみではなくなったことがあった。日本側の天皇・貴族をはじめとした「唐物《からもの》」に対する希求は大きかったにもかかわらず、五〇〇人に及ぶような大規模な国家使節派遣による政治的外交から、交易に重点を置く民間の経済的・文化的交流へと移行していったとみられる。

新羅との関係では、九世紀には新羅からの国家的使節の来航はみられなくなったが、日本側から新羅への使者は、遣唐使船への配慮を依頼するためなど、時々に派遣される関係が続いた。新羅では、国家的支配の弛緩《しかん》もあって九世紀に海賊が活躍する時代となり、日本と新羅との国家間で緊張関係が拡大し、新羅海賊の襲来に対する警衛策が盛んに採られている。新羅の海辺では、半島南西部の清海鎮《せいかいちん》（全羅南道完島）を本拠とする張宝高《ちょうほうこう》（保皐）という豪族海商が、唐・新羅・日本にわたる三角交易で軍事力を背景に経済的に巨富を築き、政府における地位も獲得して政治的にも活躍するなど、時に海賊ともなる海の商人たちが対外交易に盛んに活動する時代を迎えていた。

九世紀の新羅商人たちの来航では、交易の場は博多湾《はかた》に面して置かれた大宰府の出先迎賓館《げいひんかん》である鴻臚館《こうろかん》において行われた。鴻臚館には、この時期立派な礎石建ち瓦葺き建物で構成される北館・南館の迎賓施設が整えられ、発掘調査で出土した遺物には、唐や新羅からの一流の陶磁器のほか、イスラム陶器やガラス容器などの西アジアの産品が大量にみられ、この地でも盛んな交易が行われたことが知られている。

渤海と日本との外交関係では、渤海が安史《あんし》の乱以降唐から充実した国力を認められるようになると、唐に対抗するための政治的な国家間交渉よりも、経済的な交易に重点が置かれるようになった。九世紀初めに多くの渤海使が来航すると、低姿勢な渤海の外交態度は受けいれながらも、外交使節の接遇・迎賓に多くの出費がかさむことも受けて、弘仁十四年（八二三）には、日本側は今後渤海使の来航を一二年に一度とするよう求める。次の渤海使がこの要求を無視して天長二年（八二五）に来航したときは、右大臣の藤原緒嗣は、渤海使を「商旅に異ならず」と評しているほどである。「小中華帝国」を自称・自認するために渤海使の来航は歓迎してきたものの、東アジアの国際情勢の政治的緊張が薄れるとともに、交易を中心とした経済的・文化的な国際関係が重視されるようになっていった。

摂関政治への道

藤原時平の後を継いだ弟の藤原忠平《ふじわらのただひら》（八八〇〜九四九）は、政治にすぐれた手腕を発揮し、延長《えんちょう》二年（九二四）には醍醐天皇の摂政、承平六年（九三六）には太政大臣となり、天慶《てんぎょう》四年（九四一）には朱雀《すざく》天皇の関白になった。一〇世紀前半の醍醐天皇・村上《むらかみ》天皇の時代は、律令政治を立て直す努力が行われた時代といえるが、それは同時に藤原忠平やその子実頼の摂政・関白への道と重なっている。

のち、藤原実頼の代の安和《あんな》二年（九六九）に起きた安和の変は、左大臣源高明《みなもとのたかあきら》（醍醐天皇皇子）が大宰権帥に左遷された事件であり、藤原北家による他氏排斥事件の最後となる。守平《もりひら》親王（円融《えんゆう》天皇。村上天皇皇子。母は藤原師輔《もろすけ》の娘安子）を皇太子として立てていた藤原氏が、対抗馬となる源高明の娘婿となっていた為平《ためひら》親王（村上天皇皇子）を排除するために、為平親王擁立の嫌疑で源高明を左遷に追いこんだのである。

こうして外戚化を進める藤原北家に対抗できる氏族はいなくなり、藤原北家＝摂関家を中心とした貴族の家格が形成され、平安貴族社会が成熟していった。康保《こうほ》四年（九六七）に冷泉《れいぜい》天皇が即位して藤原実頼が関白に就いてからは、恒常的に摂政・関白が置かれるようになり、本格的な摂関政治が実現し、北家藤原忠平の子孫が摂関家となっていった。

六　摂関政治

1――律令制の変質

地方社会の変質

地方諸国では、公民が「富豪之輩《ふごうのともがら》」すなわち富豪層と貧窮農民とに分解して、下層公民は、逃亡して中央の院宮王臣家《いんぐうおうしんけ》や寺院の荘園における労働力として従属したり、富豪層のもとで使われるようになっていった。地方における国府財政の財源である租税収入についてみると、口分田《くぶんでん》に対する荘園の拡大や、田租《でんそ》・正税出挙《しょうぜいすいこ》を負担する一般公民の解体が国府財政に支障をもたらすようになった。正税の公出挙《くすいこ》では、災害・疫病《えきびょう》などによる民衆の疲弊や社会的な階層分解などから、しだいに出挙の本稲《ほんとう》・利稲《りとう》を完全に徴収することが困難となっていった。公出挙の本稲・利稲の徴収を追求すると、富豪層による貧窮農民の負債代納を契機として、公民の階層分解がいっそう進んでいくという悪循環になった。

田租や正税出挙の本稲・利稲からなる国府財政の「官物《かんもつ》」については、当年「未納」が増加するとともに、郡家《ぐうけ》の正倉院《しょうそういん》の正倉倉庫群に長年にわたって貯積されてきた官物にも、災害など理由のある減損や人為的な損失が生じて、「欠負《かんぷ》」が広がっていった。

こうした官物の欠負・未納に対しては、正税とは別に天平十七年（七四五）に国府財政の中に置かれた公廨稲《くがいとう》の出挙利稲から補塡《ほてん》する原則があったが、公廨稲が国司の得分《とくぶん》となっていく中で、なかなか補塡も進まなくなった。累積してふくらんだ旧年の官物欠負未納に対しては、承和十三年（八四六）にはじめて未進《みしん》数の一〇分の一を毎年別途徴収すればよいという率分制《りつぶんせい》が採用される。

いっぽう、中央に貢進《こうしん》されて中央財政の財源となる調庸物《ちょうようもつ》についても、八世紀後期には、諸国から都に貢進される調庸物の麁悪《そあく》、違期《いき》そして未進が進行していき、常態化していった。調庸を負担する一般公民の社会的実態が失われたことが背景となり、富豪層による未進調庸物の負債代納を契機として、さらに公民の階層分解が進んだ。そして調庸未進もしだいに累積し、九世紀には、官物と同様に累積した未進数に対してはその一〇分の一のみを別途徴収する制度が採用された。

八世紀後期から九世紀にかけて、律令政府は地方行財政の改革をめざし、国司監察制度の厳格化によって地方社会の動揺に対処しようとした。勘解由使《かげゆし》を置き、国司が交替する際のチェックを厳密にして、国司の統制を図った。国司交替の際の解由《げゆ》制は、新任国司が前任国司の国務の行財政完遂を確認して発行する「解由状《げゆじょう》」を中央の勘解由使が監査し、前任国司の時代に未納・未進や国有財産の欠損がないことを確認した上で、前任国司の次の職務への移動を承認する、という制度である。また九世紀には、国司など地方官に「良吏《りょうり》」を任ずるという「文章経国《もんじょうけいこく》」思想にもとづく地方官任命が進められた。ただし、「解由状」が発行されることは早くからなくなり、国司交替が滞るので、前任国司に責任ある国務の欠損がある場合も、新任国司が「解由状」にかわって問題点を記載した「不与解由《ふよげゆ》状《じょう》」を発行することによって、国司交替を進めるようになった。

九世紀には、郡司の伝統的な支配権に依存して行ってきた戸籍・計帳《けいちょう》の作成や、班田収授《はんでんしゅうじゅ》、そして調庸の収取などの制度が行きづまっていった。それに対して、国司は公営田《くえいでん》制度（弘仁十四年〈八二三〉に大宰府で施行された公営田制は、口分田などからなる公営田を、調庸を免除し食料・功賃を支給した徭丁《ようてい》に耕作させ、運営を有力農民の正長《しょうちょう》に任せて収入を国府のものとし、そこから調庸物を調達する制度）などのように、また出挙も土地に対する利稲の割り当て化して、人ではなく土地を単位とする負担として賦課《ふか》していくようになった。

律令政府は、任国に対する直接的把握を進めた国司に、定額の租税の貢進を条件として国内統治権を委任していく。また九世紀後期には、それまでの守《かみ》（長官）・介《すけ》（次官）・掾《じょう》（判官）・目《さかん》（主典）の国司の四等官による国内共同統治のあり方が、長官（「官長《かんちょう》」）のみに統治権力が集中して、介・掾・目など任用国司《にんようこくし》に対してはトップダウンで命令する体制へと変質していった。国内統治権を国司長官に委任したあり方は国司請負制ともいうことができ、こうして一〇世紀には、受領《ずりょう》が地方支配を担う受領制が展開したのである。

中央財政の変質と院宮王臣家

都まで運ばなくてはならない調庸物の貢進も、八世紀後期からは、諸国の貢調使《こうちょうし》が中央に納める調庸物の品質が劣悪となる「麁悪《そあく》」や、貢進期限を守らない「違《い》期《き》」が広がり、さらに調庸物の規定量が欠けてしまう「未進《みしん》」の状況が進んだ。九世紀には、調庸未進が中央財政に大きな負の影響を与えていった。

中央に米を輸貢する制度にも、未進が広まっている。『日本後紀』の弘仁二年（八一一）五月辛丑《しんちゆう》条では、中央の倉庫に保管された米に余裕があって「今、官庫の貯《ちよ》、頗《すこぶ》る盈余《えいよ》有り」と記されていたが、寛平六年（八九四）八月四日の太政官符《だじようかんぷ》（『類聚符宣抄《るいじゆふせんしよう》』）によれば、「日ごろは、大炊《おおい》（宮内省大炊寮）・廩院《りんいん》（民部省廩院）数たび《たび》庫《こ》に無きを申す」とされており、中央の米倉に米の蓄えがなくなるほど、未進が進展したのであった。

こうした中央に貢進される調庸物や雑米《ぞうまい》は、中央の財源となり、中央の貴族・官人たちの給与・食料や宮都造営・官衙《かんが》の労働力を確保する原資となるものであった。したがって、その未進が進行するということは、国家が一元的に地方から収取した租税物を各官司《かんし》や貴族・官人に分与するという中央財政の機能が停滞してしまうことを示す。

こうして地方諸国からの調庸や雑米の未進が進展すると、中央財政の不足を補うために、地方財政の正税や不動倉《ふどうそう》に蓄積されてきた不動穀《ふどうこく》に手が付けられるようになる。諸国で「遠年《えんねん》の貯《ちよ》」として地方正倉院の不動倉に集積されてきた田租の穀について、九世紀初めから、中央財政の不足を補うために不動倉を開いて穀を利用してしまう「不動開用《ふどうかいよう》」が始まり、九世紀半ばにはそれが一般化していった。元慶五年（八八一）十一月二十五日官符では、「諸国頻《しき》りに正税不足を称して、屢々《しばしば》不動用尽《ようじん》を申す」とあるように、長期にわたり不動倉に蓄えられてきた諸国の不動穀が、ついに用い尽くされる状況にまでなったのである。

元慶三年十二月四日には、元慶官田《がんぎようかんでん》が設置された（『日本三代実録』『類聚三代格《るいじゆさんだいきやく》』）。口分田となる田から畿内五ヵ国に四〇〇〇町割《さ》いて、公の営佃《えいでん》または地子《じし》経営によって、収穫稲または地子を、中央貴族・官人のための公用—位禄《いろく》・王禄《おうろく》・時服《じふく》・月料《げつりよう》・要劇料《ようげきりよう》・番上料《ばんじようりよう》など—に宛て、国家財政の危機を救おうとする制度であった。この制度により、これまで地方諸国の正税や不動穀に依存してきた中央財政が、その財政基盤を畿内の官田に限定・縮小することになったといえる。この元慶官田は、のちに諸司《しょし》田《でん》となって、中央の各官司は独自の財政基盤となる田を畿内にもつようになる。

いっぽうで、諸国が貢進する中央の院宮王臣家《いんぐうおうしんけ》や官大寺など宛ての封戸《ふこ》からの貢進物などが滞るようになると、九世紀後期には、院宮王臣家が「済物使《さいもつし》」を派遣するなどして地方からの貢進物の一部を直接自らの物として差し押さえてしまう事態も出現した。こうして、地方からの貢進を国家が一括徴収してそれを官人や官司に配分するという律令財政の基本的な枠組みは、大きく変質していった。

意見十二箇条

平安時代の文人貴族として名高い三善清行《みよしきよゆき》は、延喜十四年（九一四）に醍醐《だいご》天皇に提出した政策建言である『意見十二箇条《いけんじゆうにかじよう》』の中で、かつて備中介として勤務した経験も活かして、次のように述べている。

かの国（備中国）の下道郡《しもつみちぐん》に、迩磨郷《にまごう》あり。ここにかの国の風土記《ふどき》を見るに、皇極天皇の六年に、大唐《だいとう》の将軍蘇定方《そていほう》、新羅《しらぎ》の軍を率《ひき》い百済《くだら》を伐《う》つ。百済使を遣《つかわ》して救わむことを乞《こ》ふ。天皇筑紫《つくし》に行幸したまひて、将《まさ》に救《すくい》の兵を出さんとす。時に天智《てんじ》天皇太子《たいし》と為《な》り政《まつりごと》を摂《せつ》す。従ひ行きて路《みち》に下道郡に宿したまふ。一郷を見るに戸邑《こゆう》甚《はなは》だ盛《さかり》なり。天皇 詔《みことのり》を下し、試《こころ》みにこの郷の軍士を徴《め》したまう。即《すなわ》ち勝兵二万人を得たり。天皇大に悦《よろこ》びて、この邑《むら》を名《なづ》けて二万郷《にまごう》と曰《い》う。後に改めて迩磨郷《にまごう》と曰う。…しかるを天平神護《てんぴょうじんご》年中に、右大臣吉備朝臣《きびあそん》、大臣というをもて本郡の大領《だいりょう》を兼ねたり。試《こころ》みにこの郷の戸口《こぐち》を計《かぞ》えしに、纔《わずか》に課丁《かてい》千九百余人ありき。貞観《じょうがん》の初めに、故民部卿藤原保則《みんぶきょうふじわらのやすのり》朝臣、かの国の介《すけ》たりし時に、旧記を見るにこの郷に二万の兵士の文あり。大帳《だいちょう》を計《かぞ》うるの次《ついで》に、その課丁《かてい》を閲《よみ》せしに、七十余人ありしのみ。清行任《にん》に到りて、またこの郷の戸口を閲せしに、老丁《ろうてい》二人・正丁《せいてい》四人・中男《ちゅうなん》三人ありしのみ。去《い》にし延喜十一年に、かの国の介藤原公利《ふじわらのきみとし》、任満ちて都に帰りたりき。清行問わく、「迩磨郷の戸口当今幾何《とうこんいくばく》ぞ」といいき。公利答えて云《い》わく、「一人もあることなし」といえり。謹《つつし》みて年紀を計うるに、皇極天皇六年庚申《こうしん》より、延喜十一年辛未《しんび》に至るまで、わずかに二百五十二年、衰弊《すいへい》の速《すみや》かなること、またすでにかくのごとし。一郷をもてこれを推《お》すに、天下の虚耗《きょこう》、掌《たなごころ》を指して知るべし。

清行がいうには、斉明六年（六六〇）には二万人の軍士が動員できた備中国下道郡迩磨郷が、天平神護年間（七六五〜七六七）には戸口が千九百余人、貞観（八五九〜八七七）初年には七十余人となり、さらに寛平五年（八九三）頃にはわずか老丁二人・正丁四人・中男三人のみとなり、延喜十一年（九一一）頃にはついに戸口がゼロになってしまったという。律令制が基本とした戸籍・計帳による公民の把握にもとづく地方支配の実態は、このように危機的な状況にたち至っていたのであった。

なお、長元《ちょうげん》三年（一〇三〇）の『上野国交替実録帳《こうずけのくにこうたいじつろくちょう》』（不与解由状案《ふよげゆじょうあん》。『平安遺文』四六〇九号）によれば、上野国の国司交替の際のチェックにより、国司が維持すべき官庁・国分寺の建物など国有財産の施設の多くが、「無実《むじつ》」としてすでに実在しなくなっており、この時代の諸国が衰退した状況をみることができる。

受領制の成立

古代の国司は、中央から諸国に派遣されて国内の支配を統括する地方官であり、律令国家が中央集権体制を維持する上で重要な位置を占めていた。天平十七年（七四五）に公廨稲制ができるなどして、奈良時代半ば頃から国司の収入が格別に保証されると、国司はいわば経済的特権をもつ「実入りの良い」官職ポストとして貴族・官人からみられるようになっていった。九世紀には、律令政治の改革をめざす清新な政策動向に応じて、「良吏」と呼ばれる国司たちが登場するが、この良吏たちも次第に姿を消し、国司と在地社会との間の軋轢《あつれき》が表面化していく。九世紀後半頃からは、国司苛《か》政上訴《せいじようそ》や国司襲撃事件が諸国で起きてくるようになる。

それと同時期に、国司の長官（守・介・掾・目の四等官トップの守。都の親王が守となる親王任国《しんのうにんごく》の場合は、介が受領となる）に権限が集中していき、一〇世紀になると、一国内の行政権が長官一人に任されるようになる。中央政府は一定額の租税の納入を国司長官に請け負わせて、一定の制度のもとで具体的な国内統治を委ねるようになった。任国に赴任して国府で統治を行う国司のトップは、新任国司が前任国司から事務の引き継ぎを受ける（受領する）意から、受領《ずりよう》と呼ばれた。諸国それぞれの社会情勢に応じて、全国一律の律令法を修正して慣習的に国ごとの「国例《こくれい》」という法令が認められるようになるのも九世紀終わり頃からで、これも国司の受領化と対応した動きといえる。

こうして、受領請負制ともいわれる行財政の仕組みができていった。一〇世紀後半には、諸国からの租税を一元的に集約・分配する律令制的な財政システムは崩れ、中央でのさまざまな事業に際して、その財源を某国（その国司）に負担させるという方式が普及する。これを「国宛《くにあて》」という。また、収入の良い国の国司の官職は利権化していき、私費を朝廷に献上して国家の造営や儀式を経済的に支える代わりに、その功によって国司などの官職に任じられるという売官のしくみ「成功《じょうごう》」が一般化し、やがて国家財政に重要な位置を占めるようになっていった。実入りのよい受領の官職は、上級貴族を除く多くの貴族たちが競って望む対象となった。受領を統制する制度として、公卿《くぎょう》たちによる受領の治績を評定する「受領功過定《ずりょうこうかさだめ》」の会議がチェック機能を果たした。任期四年間（前任国司の任終年と当任国司の三年間が評価対象となった）に、中央への貢進物や国府財源などに欠損がないかをチェックし、その判定結果によっては次の国司任命に影響することとなった。これにより、受領たちは、受領功過定に発言力をもつ摂関や大臣たちへの奉仕にも力を尽くすようになった。

摂関期には、貴族社会の中にも、摂政・関白になり得る「摂関家」の階層、公卿になり得る上級貴族から、ある程度の官職までしか出世できない中下級貴族まで、階層的な秩序ができあがっていた。中下級貴族の中には、太政官の特定業務に代々練達して、その官職を家業としていく氏族もあった。弁官局《べんかんきょく》の左大史《さだいし》に代々任じて「官務家《かんむけ》」と呼ばれるようになった小槻《おづき》氏や、少納言局《しょうなごんきょく》を取り仕切るようになった「局務《きょくむ》」の清原《きよはら》氏・中原《なかはら》氏などが知られる。そうした中で、地方官である受領となるクラスは、中下級貴族であり、中央の貴族社会の中ではそう高い地位ではなかった。しかし、収入の良い官職として、中下級貴族の中では受領に任じてもらうために激しい競争が行われた。そして摂関期には、摂政・関白が受領任命の実権を握っていたから、受領たちは自らの私富蓄積とともに、摂関家への奉仕にいっそう励んだのだった。

受領は、一族子弟・郎党《ろうとう》・侍《さむらい》らを率いて任国に赴き、国府を拠点に国内を統治した。中央への一定の租税貢進以外では、かなりの裁量で国内を支配し税を賦課することができたので、私富蓄積に走る受領も多く出現した。受領が私富蓄積に様々な手を尽くし、時に在地社会との間に大きな摩擦《まさつ》を生じたことは、国司苛政上訴や国司襲撃事件の続発によって知ることができる。受領は、国府に勤める在《ざい》庁官人《ちょうかんじん》や、郡司・有力農民たちとしばしば衝突することとなった。

受領への任官競望

中下級貴族が、実入りが良く統治しやすい大国《たいこく》の受領への任官を望んだ様子は、清少《せいしょう》納言《なごん》の『枕草子《まくらのそうし》』（一七二段）に、「受領は、伊予《いよ》の守《かみ》。紀伊《きい》の守。和泉《いずみ》の守。大和《やまと》の守。」とあることにうかがえる。

また『枕草子』（三段）では、受領への任官を求めて宮中でいわば就職活動をする人々について、清少納言は次のように描いている。

> 正月…除目《じもく》（県召除目《あがためしのじもく》）の頃など、内裏《だいり》わたりいとをかし。雪降り、いみじうこほりたるに、申《もうし》文《ぶみ》もてありく。四位・五位、わかやかに心地よげなるはいとたのもしげなり。老いてかしらしろきなどが人に案内《あない》いひ、女房の局《つぼね》などによりて、おのが身のかしこきよしなど、心ひとつをやりて説ききかするを、わかき人々はまねをしわらへど、いかでか知らん。「よきに奏《そう》し給へ。啓《けい》し給へ」などいひても、得《え》たるはいとよし、得ずなりぬるこそいとあはれなれ。

同じ受領クラスの父をもつ清少納言は、老いてなお必死に受領への任官活動をする中級貴族への思いやりを表現したといえる。

中文とは、これまでの業績などをまとめて官職への任命を求める自薦状の文書のことで、そうした中文の実例としては、例えば『本朝文粋《ほんちょうもんずい》』に、小野道風《おののみちかぜ》が天徳《てんとく》二年（九五八）に近江権守《おうみのごんのかみ》兼任を求めた中文が伝えられている。小野道風といえば藤原佐理《ふじわらのすけまさ》・藤原行成《ふじわらのこうぜい》とともに三蹟《さんせき》に数えられる書の達人であるが、この時従四位《じゅしいげ》下木工頭《もくのかみ》であり、類似した任官の先例や自分のこれまでの朝廷奉仕の実績をつづり、歳老いた自分への恩恵を切望する心情を漢文で訴えたものである。この中文は「作者菅三品」とあり、かの菅原道真《すがわらのみちざね》が作文したものであった。中文の実物は、道真の作った文章を道風自らが執筆した、この時代の芸術文化の粋というべき作品であったと考えられる。その背景には、やはり受領への任官を求める競争の厳しさがあった。

中文については、受領ではない民部大輔《みんぶたいふ》の官職を望んだ文章博士橘直幹《もんじようはかせたちばなのなおもと》の中文の話が有名であり、説話集（『十訓抄《じっきんしょう》』『古今著聞集《ここんちょもんじゅう》』）や絵巻（『直幹申文絵詞《なおもともうしぶみえことば》』）として伝わっている。これは、漢学者の橘直幹が自ら草案を書き、能書家の小野道風に清書してもらった中文で、時の村上天皇はその文面の行き過ぎに不愉快を表明したものの、後の天徳四年（九六〇）に平安宮内裏が焼失した折には、避難先で天皇自ら「直幹が中文は取り出でたりや」と尋ねたという話である。中文には、中下級貴族たちの必死の思いが込められていたといえよう。

受領と摂関

『古事談《こじだん》』には、摂関期のこととして、受領への任官をめぐる次のような説話が載せられている。

一条院の御宇《ぎょう》、源国盛《みなもとのくにもり》を越前守《えちぜんのかみ》に任ず。その時、藤原為時《ふじわらのためとき》、女房に付して書を献ず。その状に云《い》わく、「苦学寒夜、紅涙袖《こうるいそで》を霑《うるお》す。除目《じもく》の春朝、蒼天《そうてん》眼に在り。」と云々。（一条）天皇これを覧じて敢《あ》えて御膳を羞《しゅう》せず。夜の御帳《みちょう》に入りて、涕泣《ているい》して臥《ふ》し給う。左相府《さしょうふ》（左大臣藤原道長）参入し、その此《か》くの如《ごと》きを知りて、忽《たちま》ち国盛を召し、辞書（辞任状）を進めしむ。為時を以《も》ちて越前守に任ぜしむ。国盛の家中上下、涕泣す。国盛此《これ》より病を受け、秋に及びて播磨守《はりまのかみ》に任ずると雖《いえど》も、猶此《なおこ》の病に依《よ》りて遂《つい》に以ちて逝去《せいきょ》すと云々。

一条天皇（在位九八六～一〇一一年）の時代に、源国盛を越前守に任じたが、藤原為時の切々たる中文の文章に胸打たれた若い天皇は床に臥せてしまい、それを知った左大臣藤原道長は、すぐに源国盛に辞表を提出させ、かわって藤原為時を越前守に任じた。今度は、源国盛家の人々が悲涙を流すこととなり、国盛は病気になって、秋の任官で播磨守に任じられたけれども、ついに没してしまった、というのである。ここでは、中級貴族にとって受領になれるかなれないかということがいかに大きかったかという重みと、摂関が受領の任命に大きな力を握っている様子がうかがえる。

受領は、任期の継続やより豊かな国の受領への転任を望んで摂関家に取り入り、摂関家への付け届けに励むことになる。藤原道長の時代のこと、藤原実資《ふじわらのさねすけ》（「小野宮《おののみや》右大臣」と呼ばれた）の『小右記《しょうゆうき》』の寛仁《かんにん》二年（一〇一八）六月四日条には、「この年の日照りの天災を受けて、諸国の国司（受領）たちが道長のもとに、『今年は、(諸国が負担すべき)公私の事を奉仕することはできず、自分の命を保つだけで精一杯です。但し、大殿《おおとの》(道長)と摂政殿《せっしょうどの》(頼通《よりみち》)の一家のことばかりは、できる限りの奉仕を致しましょう。その他の公卿(貴族)たちの事については、一切承ることはできません。』といってきており、公卿(貴族)たちの生活の財源がなくなり困ることについて道長が深く嘆いていた」というくだりがある。ここでは、受領たちがその国内統治権と経済力を、国家のために提供するのではなく、自らと摂関家のために用いるという姿があるのである。

長和《ちょうわ》五年(一〇一六)に藤原道長の邸宅上東門第《じょうとうもんだい》が京の大火で焼失した時、公卿以下、諸国の国司たちがつぎつぎと見舞いにかけつけ、その再建にあたっては、「国々の守《かみ》、屋《おく》一つづつ当たりて、夜を昼に急ぎののしる」(『栄華《えいが》物語』玉《たま》の村菊《むらぎく》)と諸国受領が分担して復興造営を競った。寛仁二年(一〇一八)に新第が完成するが、道長の家司《けいし》的存在でもあった伊予守の源頼光《みなもとのよりみつ》(大江《おおえ》山《やま》の鬼退治で有名な源氏の頼光)は、「伊予守頼光ぞ、すべて殿《との》の内の事さながら仕うまつりたる」(『栄華物語』浅緑《あさみどり》)・「伊予守頼光、家中の雑具、皆悉《ことごと》くこれを献ず」(『小右記』寛仁二年六月二十日条)と、受領の財力をもって道長に懸命に奉仕している。そして、それらの調度の品々は人々が目を見張る立派なものばかりで、つぎつぎと運びこまれる調度を見ようとする見物人が垣をなしたと記されているのである。『小右記』で藤原実資は、このことを、私の邸宅の造営に公職にある国司が尽力することに対してやや批判的に記している。

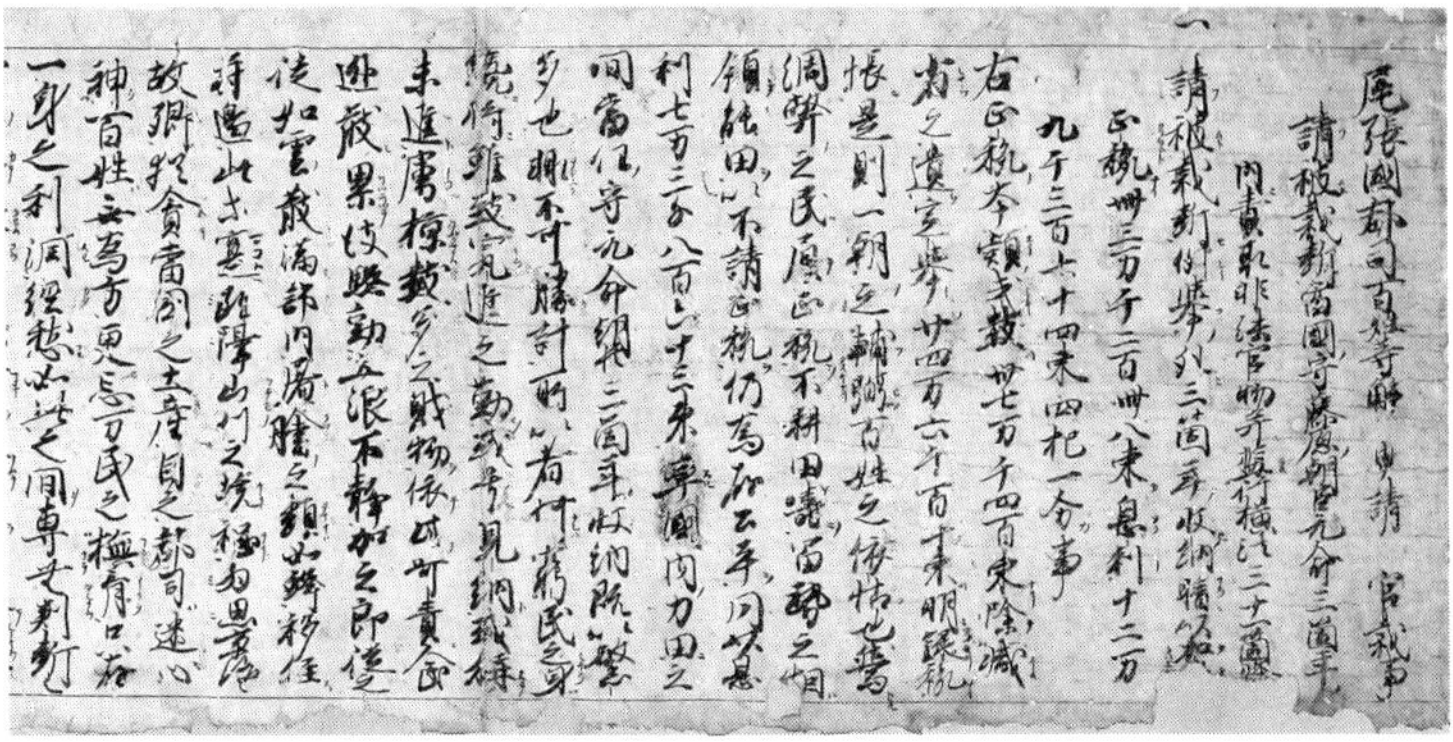

図 61　尾張国郡司百姓等解文

受領の私富蓄積

こうして任じられた受領たちの私富蓄積の強欲さを示す説話として大変よく知られるのが、有名な『今昔《こんじやく》物語集』巻二八・信濃守藤原陳忠《しなののかみふじわらののぶただ》落入御坂語第三八にみられる信濃守藤原陳忠の「受領ハ倒ル所ニ土ヲツカメトコソ云ヘ」という話である。

私富蓄積をもっぱら図る受領は、任国に引き連れていった郎党たちとともに、在地の国府の官人や郡司などの在地豪族そして負担を身に受ける民衆たちとの間に、さまざまな軋轢《あつれき》を生みだすことになる。永延《えいえん》二年（九八八）に尾張国の郡司百姓等が受領である尾張守藤原元命《おわりのかみふじわらのもとなが》の非法を訴えた「尾張国郡司百姓等《おわりのくにぐんじひやくせいらの》解文《げぶみ》」には、三一ヵ条にわたって詳しく藤原元命の横法が書き立てられている。その中の一つをみると（第二六条）、

一つ、裁定せられんことを請う、守《かみ》元命朝臣、庁の努め無きに依《よ》りて、郡司百姓の愁《うれ》いに通じ難き事。

右、国宰《こくさい》の吏《り》は、是《こ》れ既《すで》に分憂《ぶんゆう》の職、屢《しば》しば部内（国内）を巡検《じゆんけん》して常に須《すべから》く風俗《ふうぞく》を問うべし。然《しか》れども守元命朝臣、専《もは》ら京洛《きようらく》（平安京）の世途《せいと》を営んで黎元《れいげん》（民衆）の愁苦《しゆうく》を優《ゆう》

することなし。忝《かたじけ》なくも国宰の階のみ有りて、なお夷狄《いてき》・讎敵《しゅうてき》に異ならず。政《まつりごと》を為すの日は庁（国庁）の頭に首さえを挺《てい》さず。愁いを致すの朝には、館《たち》（国司館）の後になお身を秘《ひ》せり。参集の人は、暗《ひそか》に音を聞きて罷《まか》り還《かえ》り、郎従《ろうじゅう》の者は、眼を合わせて恪勤《かくごん》す。窓の内に形を蔵して常に在京と称し、門の外に札を立てて頻《しき》りに物忌《ものいみ》と号す。これに因《よ》りて郡司百姓朝には簡《ふみた》をささげて来たり、夕べには愁いを懐《いだ》きて還る。（略）

ここでは、律令国家が期待した国司像や九世紀の良吏像とはおよそかけ離れて、在地の人々の方を向かない受領の姿が認められるのである。

受領の任国往復

ところで、受領の任国赴任は、当時の中央貴族にとっては数少ない長距離の旅の経験であったから、その旅をめぐっては、感慨をとどめた文学作品が残されている。

紀貫之《きのつらゆき》の『土左《とさ》日記』は、土佐守の任を終えて承平四年（九三四）の暮れに任国の土佐（高知県）から平安京まで帰ってくる過程を仮名で描いた文学作品であり、送別の儀礼を様々に受けながら、土佐国府を発して海路海賊におびえながら帰京の旅をたどった様子が詳しく描かれている。また、康平《こうへい》二年（一〇五九）以降に成立した菅原孝標女《すがわらのたかすえのむすめ》の『更級《さらしな》日記』は、寛仁四年（一〇二〇）に上総守《かずさのかみ》の父が任国上総国（千葉県）から東海道を京へと上る行程をともにした少女時代から筆を起こしている。

院政期には、平時範《たいらのときのり》という貴族が、承徳《じょうとく》三年（一〇九九）に、因幡守《いなばのかみ》として因幡国（鳥取県）に赴きあわただしく国内統治の儀礼をこなし、早々に帰京の道についた過程を記録した日記『時範記《ときのりき》』が残

図 62　国司橘行平の下向（『因幡堂薬師縁起絵巻』）

っている。これをみると、平安京を出るまでは正装の束《そく》帯《たい》に身をつつんで行列し、都を出るところで狩衣《かりぎぬ》に着替えたことや、途中路次の国々で国司たちから接待を受けながら下ったこと、平時範自身は都の情報に敏感でしばしば都からの便りを日記に記していること、美作《みまさか》国（岡山県）からいよいよ任国の因幡に入国する時に、国境で因幡国の在庁官人《ざいちょうかんじん》らが出迎えて「境迎《さかむか》え」の儀式が行われたこと、国府に入ってからはまず一宮《いちのみや》・総社《そうじゃ》など地元の神々への拝礼を行ったこと、農業を振興させる命令を下すなどの形式的な政務儀礼を在庁官人ら国府の役人と行ったことなどが書かれている。そして、一ヵ月もたたずに在庁官人や在地豪族たちの送別を受けながら帰京していったのである。この時代の任国往復の実態がわかる貴重な史料であるが、同時に任国における受領の政務自身は形式化して、在地に置かれた目代《もくだい》や在庁官人たちによって実際の国内経営が行われていた様子が知られる。

『因幡《いなば》堂薬師《どうやくし》縁起《えんぎ》絵《え》巻《まき》』には、藤原道長の時代の寛弘《かんこう》二年（一〇〇五）に因幡守橘行平《たちばなのゆきひら》が任国へ下向《げこう》した時の様子や、その前の天徳三年（九五九）頃に同じ橘行平が因幡一宮を公式に参拝したときの様子が具体的に描かれており、この時代の国司の任国往復の様子を示してくれる。

『朝野群載《ちょうやぐんさい》』巻二二には、こうした受領の任国赴任時のマニュアルが「国務条事」四二ヵ条として伝えられている。そこでは、陰陽師《おんみょうじ》によって吉日・吉時を選んでそれぞれの儀式を行うべきこと、「境迎え」の時には在地官人たちは新任受領の賢愚を推量するものだから国ごとの慣例（国風《こくふう》）や礼に従って余計な発言は慎むべきこと、能書の人や堪能の武者を連れて行くべきこと、などが記されている。

地方政治の乱れ

一〇世紀には古代国家の地方政治が大きく変質する中で、受領と土着国司・地方豪族たちとの間に対立が起こり、治安が悪化して武士たちの活躍がはじまる。九三〇年代末の天慶年間（九三八～九四七）に東国で起きた平将門《たいらのまさかど》の乱と瀬戸内で起きた藤原純友《ふじわらのすみとも》の乱は、ともに武士の成長過程で起きた乱といえる。乱は同類の武士たちによって制圧されたが、二つの乱を通して、中央貴族は武士の実力を認めざるをえなくなっていった。

中央集権的な律令国家のもとで、中央から地方に派遣されて地方支配にあたった国司は、国家を代表して地方豪族や民衆と相対する重要な役割を担っていた。一〇世紀頃になると、国司の中でも長官に権限が集まり、現地に赴任する長官は受領とよばれて諸国の政治を一人でもっぱら請負うようになった。律令制度のもとでは国内統治は国司の四等官（守・介・掾・目）によって担われてきたが、一〇世紀になると国司は、権限をもつ受領と、その下で国の行政実務にあたる在地豪族などからなる在庁官人とに分裂してしまう。

受領に期待されるのは、中央に送るべき一定量の租税など貢進物の確保であり、一定の制度下で国内支配は受領に任されるようになる。受領となったのは、しだいに貴族社会が固定化してそれぞれの家の家格が定まってきた平安貴族の世界の中で、中央の政界では上級の大臣や公卿まで出世が望めない中級貴族たちであった。こうなると受領は自分の在任中に巨大な富を集積しようと図るようになる。そして官職の任命権を握る摂政・関白に贈物をして、さらに実入りの良い国の受領となることを望むようになる。

国司の中には、遥任《ようにん》といって任国に赴かず、現地の留守所《るすどころ》にかわりに目代《もくだい》を派遣して在庁官人《ざいちょうかんじん》たちの統括をゆだねる人も多かったが、受領の中には、自ら任国に赴いて国を支配し、巨大な富をきずき、その経済力をもとに政治的な進出を図った人もいた。朝廷に私財を献上して官職を得る成功《じょうごう》や、同じく私財を献上して引き続き受領の任にとどまる重任《ちょうにん》といった、いわば官職売買も行われるようになった。

いっぽう地方社会においても、中央政界では出世が望めない中級貴族である国司の中には、そのまま諸国に土着して在地勢力とも結びついて勢力をたくわえる人たちも増えた。また、郡司などの地方豪族や有力農民たちも、貧窮化した農民を自らの経営の下にかかえて多くの土地や動産を集積するようになる。

こうして、私富の蓄積をはかる受領と部下の在庁官人・郡司・百姓たちとの間には、しばしば対立が生じた。郡司は、一〇世紀になると、律令制の職務からはなれて、国司のもとで在庁官人として編成され、徴税などの国務を代行する立場となっていった。いっぽう在地の地方豪族・有力農民の中には、受領からの追及をのがれるため、開発・集積した田地を中央の有力貴族・大寺社などに寄進し、自らは荘官《しょうかん》となって受領の介入に対する保護を得るなど、荘園化への道も進展する。いわゆる寄進地《きしんち》系荘園《けいしょうえん》といわれる荘園がこれにあたる。寄進が公認されると、公領とはちがう荘園として、受領は介入しにくくなり、寄進して荘官（下司職《げししき》など）となった地方豪族の支配権は安定化し、強化された。寄進された貴族の方も、さらに上級の権威である院・皇族・貴族・大寺社に寄進しなおして、国府・受領からの荘園への介入に対抗しようとした。前者の最初に寄進をうけた貴族を領家《りょうけ》、再寄進された先の院などを本所《ほんじょ》という。

受領と地方豪族たちとの対立は、尾張国の地方豪族たちが受領である尾張守藤原元命の不当な収奪を三一ヵ条にわたって中央の太政官に訴えた永延二年（九八八）の「尾張国郡司百姓等解文」などに知られる。この時代には、こうした国司苛政上訴事件や、さらには地方豪族たちが直接受領を襲って時には殺害してしまうといった国司襲撃事件へと展開していく。こうした対立や、地方豪族どうしの所領をめぐる対立などによって、地方の治安は大いに乱れ、それに応じて、武芸をきたえた武士たちの活躍の場が広がっていった。

平将門の乱

東国は、八世紀後期から東北の蝦夷との戦いの後方基地として多くの兵士を送り出し、また兵糧・武器など多くの負担を担ったので、疲弊や社会的混乱が進んで治安も悪化した。桓武天皇の曾孫で、上総（千葉県）の国司として赴任し土着した高望王《たかもちおう》の子平良持《たいらのよしもち》（良将《よしまさ》）の子が、平将門である。都で摂関家の藤原忠平《ふじわらのただひら》に仕えた経験もあるが、父の遺領を受けついで、下総《しもうさ》国（千葉県・茨城県）の猿島《さしま》郡・豊田《とよた》郡・相馬《そうま》郡などを根拠として勢力をふるう「つわもの」の一人であった。この平将門が起こした反乱が平将門の乱である。乱の様子は、軍記物語『将門記《しょうもんき》』に伝えられている。

平将門は、承平元年（九三一）、上総国にいた伯父の平良兼《たいらのよしかね》と対立するようになり、承平五年には、常陸《ひたち》国にいた伯父平国香《たいらのくにか》や常陸国の前国司（前大掾《さきのだいじょう》）として勢力のあった源護《みなもとのまもる》の子の扶《たすく》を戦いで殺してしまうまでに争いが発展する。翌年には、平良兼、下総国にいた伯父平良正《たいらのよしまさ》、国香《くにか》の子の従兄弟平貞盛《たいらのさだもり》らとの戦いに勝利するものの、源護から朝廷に訴えられたことを受けて、率先して上京し、承平七年に恩赦《おんしゃ》を得て帰郷した。この年は一族内の争いが激化したが、結局将門にとって有利に推移した。

ここまでは平氏の一族内の争いであったのだが、東国の地方豪族の中に将門の武名を頼ってくる者があらわれ、将門はそうした豪族と国司との間の対立を仲介するようになる。天慶元年（九三八）には、武蔵国司と足立《あだち》郡司の武蔵武芝《むさしのたけしば》との対立に介入したが、翌天慶二年になると常陸国の豪族藤原《ふじわらの》玄明《はるあき》の側に立ってついに常陸国府（茨城県石岡市）を攻め落とし、国司の支配権の象徴である印鑰《いんやく》（国

図63　平将門関係系図

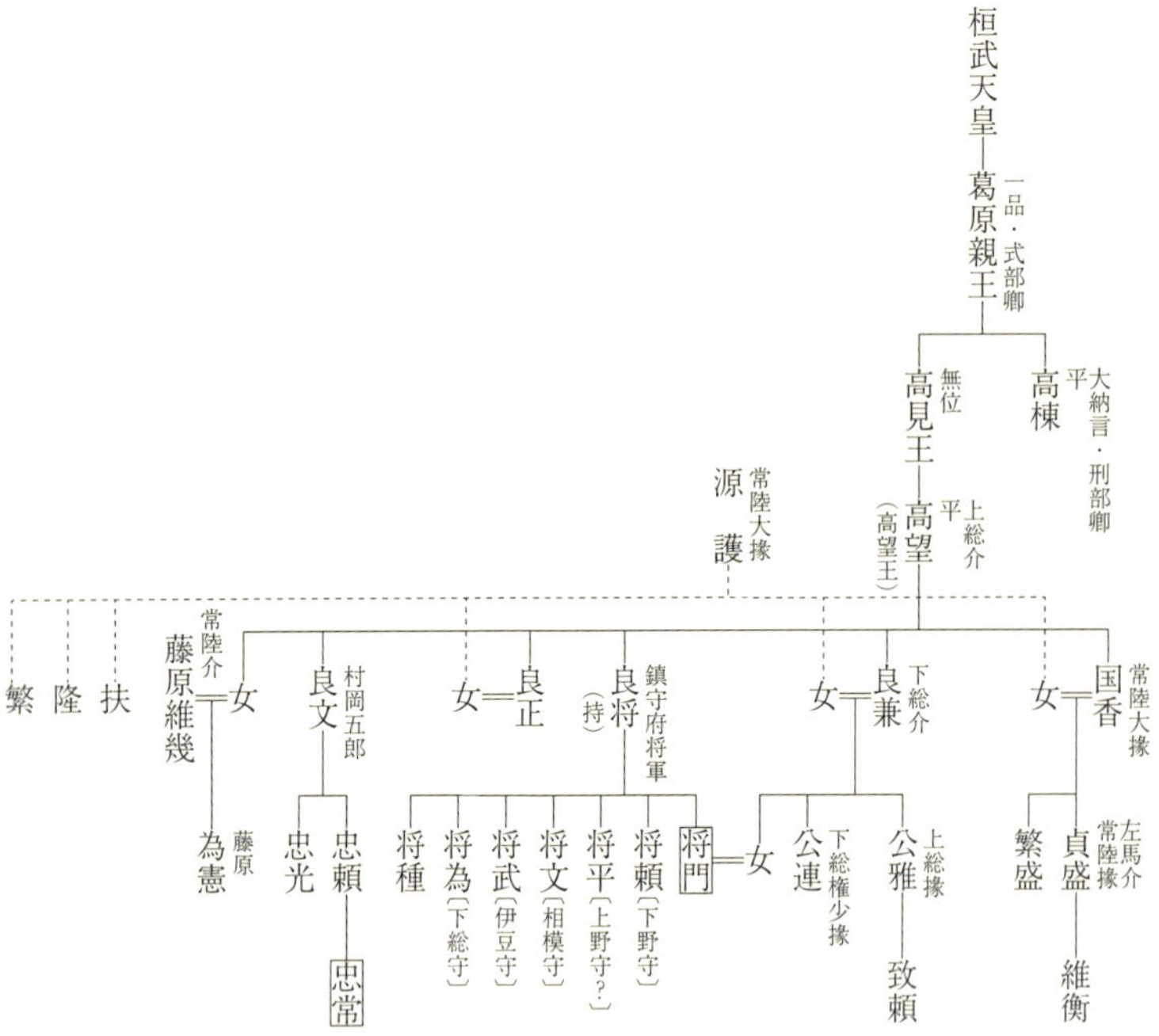

印と正倉のカギ）を奪ってしまう。こうなると、一族内の私的な争いの範囲を超えて、国司すなわち国家に対する反乱ということになってしまう。かつては、平将門の乱と藤原純友の乱を合わせて、「承平天慶の乱」と呼ばれることもあったが、将門の戦いが国家に対する反乱と位置づけられるのは天慶年間からであることから、最近はその呼称は使われなくなっている。

東国各地の地方豪族と結んで、将門はついに常陸ばかりでなく、下野《しもつけ》・上野《こうずけ》・武蔵・相模《さがみ》の国府を相次いで攻め落とし、国司を追い返して印鑰を奪って郷里の下総に帰った。こうして関東地方をほぼ勢力下におさめた将門は、『将門記』によると、上野国府において自ら「新皇《しんのう》」と称し、都となる王城を根拠地である下総国に定めるとともに、坂東《ばんどう》諸国の国司たちを任命して左右大臣を置くことなどを決めたという。こうして日本史上めずらしい東国政権が築かれる大規模な反乱へと発展した。

翌天慶三年、朝廷は東海道・東山道《とうざんどう》に追捕使《ついぶし》を任じ、藤原忠文《ふじわらのただぶみ》を征東大将軍《せいとうだいしょうぐん》に任ずるいっぽう、恩賞を約束して東海道・東山道の地方豪族たちに将門打倒を求めた。もとは追捕される対象でもあった地方豪族の暴れ者で、下野国押領使《おうりょうし》となった藤原秀郷《ふじわらのひでさと》は、平貞盛と連合して、征東軍が来る前にと将門を急襲する。将門側は、いったん解散した軍勢が急には集まらない状況のもと、二月十四日に下総国猿島郡で激戦がくり広げられた。そして、将門はついに矢に当たって戦死し、敗れる。その後各地の残党も討たれて、乱は結局鎮圧された。将門の首は藤原秀郷によって京にもたらされ、さらされることになった。

図64　平将門像

『将門記』には、将門の最期の様子を、

時に新皇《しんのう》、本陣に帰るの間、吹下に立つ。貞盛・秀郷等、身命《しんめい》をすてて力の限り合い戦う。ここに新皇は、甲冑《かっちゅう》を着て、駿馬《しゅんめ》を疾《はや》くして、みづから相戦う。時に現《うつつ》に天罰ありて、馬は風のごとく飛ぶ歩みを忘れ、人は梨老《りろう》が術を失えり。新皇は暗に神鏑《しんてき》に中《あた》りて、終《つい》に託鹿《たくろく》の野に戦いて、独り蚩尤《しゆう》の地に滅びぬ。天下にいまだ将軍の自ら戦い自ら死ぬることはあらず。誰か図らん、少過を糺《ただ》さずして大害に及ぶとは。私に勢を施して将《まさ》に公《おおやけ》の徳を奪わんとすとは。

と述べている。そして、

凡《およ》そ新皇名を失い身を滅ぼすこと、允《まこと》にこれ武蔵権守興世王《むさしのごんのかみおきよおう》・常陸介藤原玄茂《ひたちのすけふじわらのはるしげ》等が謀《はかりごと》の為《な》すところなり。哀《かな》しいかな、新皇の敗徳の悲、滅身《めっしん》の歎《なげき》は、たとえば開かんと欲する嘉禾《かか》の早く萎《しぼ》み、耀《かがや》かんとする桂月《けいげつ》の兼ねて隠るるがごとし。

と、反乱者将門の立場にたって彼の敗死を惜しんでいる。

将門の軍勢は、一定数の従属的な従類《じゅうるい》と、多数の同盟者的な伴類《ばんるい》とから構成されていたが、最後の戦いでは、いったん帰郷した同盟者の伴類たちが将門のもとにすぐには集まらなかったことが敗因となったといえる。実は、鎮圧した側の軍勢も、将門軍と同様の性格をもっていた。その後、将門追討の功績で賞を受けた藤原秀郷の武名は俵藤太《たわらとうた》秀郷として広く知れ渡った。また同じく平貞盛は、中央でその武力を認められて活躍し、のちの伊勢平氏へとつづいていき、子孫の中から平清盛が出てくることになる。

将門の乱には、新しい社会に向けての展望がなかったともいわれるが、反乱者とはいえ東国の自立をめざした武将として、やがて将門は多くの人々から祀られる対象となっていく。彼の東国国家への試みは、のち鎌倉幕府という形へと進んでいったとみることができる。将門の怨霊は、恐れられる対象であるいっぽう、祀られる対象ともなり、関東の各地には首塚《くびづか》など共感をもって将門を迎える将門伝説が数多く伝えられており、将門は死後も東国の人々の心の中に生き残ったといえる。

藤原純友の乱

瀬戸内海は、畿内と西国を結ぶ物資流通の重要な交通路であった。ところが、九世紀後半になると、その盛んな海上輸送を対象として国家的規制をかいくぐって海賊たちの活動が活発になっていく。海賊の実態は、地方豪族のもとに租税負担をのがれる浮浪人や海で暮らす人々などが集まって、航行する船を襲い物資を奪ったものと思われる。海域を制する有勢者が航行の安全と引き替えに通航料を課すことは、強奪と実態はあまり変わらないから、流通にかかわる輸送業者や海で生活する人々と海賊との違いは、紙一重でもあったといえる。

図65　藤原純友関係系図

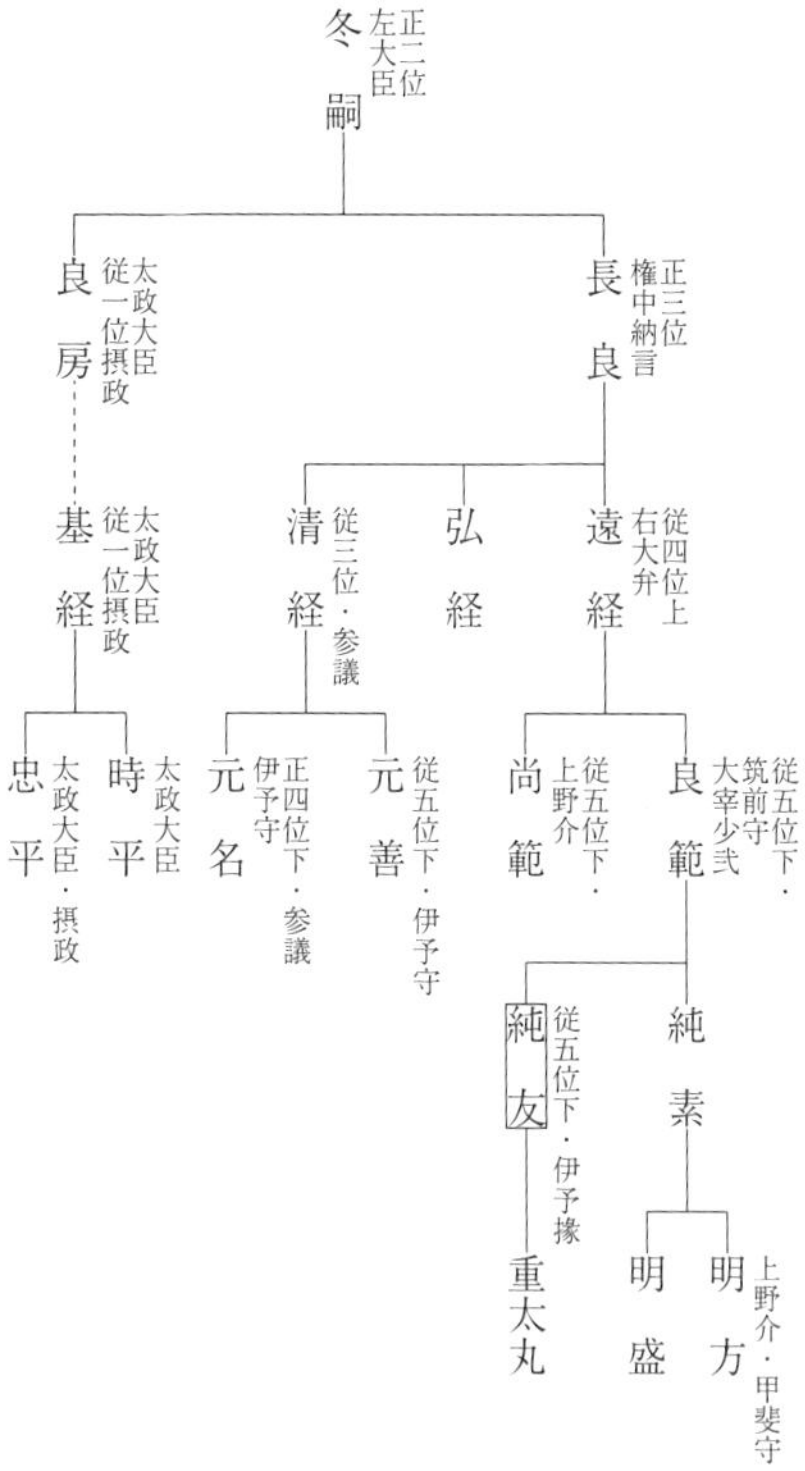

承平六年（九三六）には、南海道で海賊が大規模に暴れたが、藤原純友が、伊予（愛媛県）の日振《ひぶり》島を拠点にして千余艘《そう》の船を集めた海賊集団の首領であったともいわれる。藤原純友は、藤原北家の長良《ながら》の孫良範《よしのり》の子で、もと伊予《いよ》掾《じょう》（国司の三等官）であったが、その後伊予に土着した豪族であった。この時は、伊予守の紀淑人《きのよしひと》が海賊

に対して土地を耕す道を与え、寛容な政策をとって海賊の動きはいったん収束した。実は、この時は藤原純友は海賊を取締まる追捕者側であったという説も有力だが、将門の乱での藤原秀郷のように追捕使・押領使の側が国家の権威を利用して追捕・押領される側の豪族たちを自らの下に組織していくという構図があり、いずれにせよ純友は交易・輸送にかかわる海賊的地方豪族を大規模に組織していたといえる。

天慶二年（九三九）、東国で将門が暴れまわった頃から、ふたたび瀬戸内の海賊の動きが活発になる。平将門と藤原純友がたがいに相談して反乱を起こしたということ（『大鏡』など）はないが、東国の将門の乱で朝廷が混乱している状況を見抜いて、瀬戸内で純友の乱が起こったということはあり得るであろう。この年には、海賊集団の首領として、藤原純友の姿が明らかに認められる。まず摂津《せっつ》国で備《び》前《ぜん》国司（介）の藤原子高《ふじわらのこだか》を襲って傷つける。京に部下を送って放火させ人心の動揺をはかって京都に侵攻しようとする純友の計画を中央に報告しようとしたからとも伝えられる。東西で同時に起きた兵乱を受けて、朝廷は大いに脅威を感じることになった。

天慶三年（九四〇）、朝廷は小野好古《おののよしふる》を山陽道追捕使とするが、そのいっぽう純友に従五位下を授けて懐柔しようとする。しかし、純友勢はついに淡路そして讃岐国府を襲って各地で軍事行動を起こした。伊予・備前・備後・阿波・備中《びっちゅう》・紀伊・大宰府・周防・土佐の諸国があいついで襲われた。その範囲の広さはやはり海賊の行動力によるものだが、襲った地方を長期的に掌握して維持するというほどではなかった。また、天慶三年二月に平将門が敗死して東国の反乱が収束したことも、小野好古を追捕山陽南海両道凶賊使《きょうぞくし》とする朝廷の勢力を瀬戸内に集中することを可能にした。

藤原純友の軍は、純友独自の軍ばかりでなく、次将《じしょう》などとよばれる豪族を中心とした海賊集団の集合であったが、次将の一人が裏切って神出鬼没だった純友軍の行動の手の内を明かしたことも、純友にとっては打撃となった。天慶四年(九四一)二月には純友の本拠地が襲われ、純友は海に逃れる。そして五月には大宰府を攻め落として放火する。大宰府史跡の発掘調査では、この時に建物の焼けた痕跡が確認されている。朝廷は大宰府が落とされたことに驚き、藤原忠文を征西《せいせい》大将軍に任じるが、その軍が現地に至る前に、博多における追捕使小野好古軍との決戦で純友は敗れ、伊予まで逃れるものの、結局六月に警固使《けごし》橘遠保《たちばなのとおやす》によって討たれて鎮定された。九月から十月にかけて、純友配下の海賊の残党が各地で捕まえられたり殺されたりしている。中には、日本海側に逃れて東国をめざして途中で討たれた者もいた。こうしてついに東西の反乱は収束した。

『日本紀略』の天慶四年十一月条には、「今月以後、天下安寧《あんねい》、海内清平《せいへい》なり」と誇らしげに記されている。純友追討に活躍した人々は手厚い処遇を受けるが、その中で、将門の乱の時には武蔵介として京に逃れ上った人物で、純友の乱では追捕使次官となって活躍した源経基《みなもとのつねもと》は、のちの清和源氏の祖になった。

将門・純友の乱の意義

東の将門の乱と西の純友の乱は、時の年号からかつて「承平天慶の乱」とも呼ばれたが、反乱としては天慶年間の出来事であった。将門と純友が二人で相応じて反乱を企てたという説話も伝えられており、比叡山の山頂には京都を眺めながら二人が誓いあったという伝説の岩があるが、実際には二人が連絡をとりあっていたとは考えられない。

ところで、将門・純友の乱に際して、政府は、まず神仏に乱の鎮定を祈ることにはじまり、ついで押領使などに任じたり恩賞でつのったりして地方豪族たちによる制圧をはかった。そしてその後に、中央から将軍が率いる大軍の軍勢を派遣した。はじめは東国の将門の乱の鎮定に力をそそぎ、その鎮定後に、今度は瀬戸内の純友の乱の鎮定へと勢力を移して、東西の乱を収束することに上手に成功したのであった。

しかし、二つの乱を通して、地方・中央では武士の力が頼られる状況になった。そして武士の中央進出への道が開かれ、朝廷では地位の低かった武士がやがて軍事貴族となっていく道が開かれていったのである。こうして武士の時代への歩みが進んだといえる。

荘園の発達と武士の発生

一〇世紀には、中央への貢進物の調達を請け負う形で受領制が展開するいっぽう、在地社会では、受領の一族の中で任期終了後も在地に留まって勢力を張った者や、地方豪族や有力農民たちの中で、開発した所領を中央の院宮王臣家《いんぐうおうしんけ》や権門《けんもん》寺社に荘園として寄進してその管理者となる者がいるなど、荘園・公領が入り交じる国内の統治は、容易ではなくなっていった。時に国司襲撃事件が起きるなど、国内の治安も悪化し、国内統治に武力も必要となっていった。

平将門の乱の際には、諸国で武勇に優れた押領使が制圧のために任じられ、やがて坂東諸国をはじめとして押領使が常置されるようになる。受領国司が押領使を兼帯することも多かった。また地方の争乱に際して、中央の検非違使《けびいし》などの武芸に秀でた官人たちが、追討使・追捕使などとして派遣される場合もあった。こうして、東国の国内統治において、武力の存在は必須となっていった。

平将門の乱を契機として、乱の鎮圧にあたって軍功のあった武人、とくに平貞盛や源経基たちの系譜につらなる家（イエ）の子孫たちは、中央において武力として採用されたり、摂関家の家司として仕えるようになり、それが家としての武士の成立に結びついていった。こうして平安京や東国・辺境の治安維持のための「つわもの」が必要な存在として力をもつようになっていった。

その後東国では、長元元年（一〇二八）に平忠常《たいらのただつね》の乱が起きて、六月五日に追討宣旨《せんじ》が下された。平忠常は、下総・上総に勢力を張っていたが、安房《あわ》国に進入して安房守を追放して、乱となった。忠常は、『今昔物語集』（巻二五源頼信朝臣責平忠恒語第九）に「下総国ニ平忠恒《たいらのただつね》（忠常）ト云兵《いうつわもの》有ケリ、私ノ勢力極テ大キクシテ、上総・下総ヲ皆我マヽニ進退シテ、公事《くじ》ヲモ事ニモ不為《なさざ》リレリ」とみえ、「源頼信告文《みなもとのよりのぶこうもん》」（石清水《いわしみず》文書）には「坂東の受領を凌《しの》ぎ、猛威を張り、貢賦《こうふ》の徭丁《ようちょう》を冤《ま》ぐ。梟悪《きゅうあく》の野心を挟《はさ》み、朝廷の規模に逆らい、官物《かんもつ》を牢籠《ろうろう》し、調庸を虜掠《りょりゃく》」していたとする。いっぽうで平忠常は、中央の関白藤原頼通の弟教通《のりみち》を私君とする立場でもあった。坂東に勢力を張った平氏子孫などの有力な「つわもの」たちは、家人《けにん》などとなって中央の権門貴族とも通じており、時には国司に任じられるなど、普段から在地に大きな勢力を誇る存在であった。平忠常の乱の背景には、平将門の乱を追討して東国に勢力を張った平貞盛の子孫である平貞盛流と、平将門の叔父平良文《よしぶみ》流との間の確執があったと考えられている。大きな勢力をもつ忠常の制圧はなかなか進まなかったが、乱の制圧にあたってもっとも活躍したのは、長元三年（一〇三〇）に平直方《たいらのなおかた》にかわって追討使に任じられた、甲斐守《かいのかみ》源頼信である。源頼信は、かつて常陸介（上総・常陸・上野の三国は親王任国であったので常陸介は受領）であった時に、隣国の平忠常に名簿《みょうぶ》を奉らせて主従関係を築いていたのであった。翌長元四年に平忠常は投降し、乱は収束した。こののち、追討使として武功を挙げた源頼信が、東国武士を編成し郎党化して武門源氏が坂東に勢力を確立していった。そして源頼信の子・孫である頼義《よりよし》・義家《よしいえ》と続く河内源氏が、東国に大きな基盤を築いていくことになる。いっぽう、荒廃した安房・上総・下総は「亡国《ぼうこく》」となり、新たな開発領主による復興へと進んでいった。

2――摂関政治の展開

安和の変

村上天皇と、藤原忠平の子である右大臣藤原師輔《ふじわらのもろすけ》（九〇八～九六〇）の娘安子《あんし》との間に産まれた皇太子憲平《のりひら》親王は、村上天皇が康保四年（九六七）に亡くなると、即位した（冷泉《れいぜい》天皇）。皇太弟には、安子の子の中で次弟の為平《ためひら》親王ではなく、三弟の守平《もりひら》親王が立てられた。すでに没していた師輔の兄であり、左大臣から関白太政大臣に任じられた藤原実頼《さねより》（九〇〇～九七〇）による差配であろう。師輔の子の伊尹《これまさ》・兼通《かねみち》・兼家《かねいえ》の兄弟はまだ若く、伊尹がこの年ようやく権中納言そして権大納言に昇った程度であったから、実頼は外戚たる伯父として活躍することとなった。弟である守平親王の立太子の背景には、兄の為平親王には左大臣 源 高 明《みなもとのたかあきら》（父は醍醐《だいご》天皇）の娘が嫁いでいたことがあった。

安和元年（九六八）に、冷泉天皇の女御《にょうご》となった伊尹の娘懐子《かいし》が師貞《もろさだ》親王（のち花山《かざん》天皇）を産んだが、こうした中の安和二年三月、皇太子守平親王を廃して為平親王を立てようとする謀反が、源満仲《みなもとのみつなか》らによって密告され、その結果源高明は大宰権帥《だざいのごんのそち》に左遷された。これが安和の変である。醍醐天皇の親王という高貴な血筋をもち、左大臣で儀式書『西宮記《さいきゆうき》』を記したことでも知られる源高明が、外戚として対抗する可能性があるということから、藤原氏によって政界から排除された事件であった。この事件は、藤原北家による他氏族排斥の最後となる事件であり、藤原氏に対抗し得る存在であった皇族出身の源氏を対象とした事件であった。こうして政治的には失脚した醍醐源氏源高明の娘明子《めいし》を、宇多源氏の左大臣源雅信《みなもとのまさのぶ》の娘で嫡妻の倫子《りんし》とともに、藤原道長は妻に迎えて、のちに摂関政治体制を完成することになった。

藤原摂関家

藤原忠平の子の実頼・師輔・師尹《もろただ》は、それぞれ小野宮流・九条流・小一条流の祖となり、とくに村上天皇に娘の安子を嫁がせて冷泉天皇の外戚となった九条流の師輔の子孫が相次いで摂政・関白となり、藤原氏の氏長者《うじのちょうじゃ》の地位を継いでいった。師輔の子の伊尹《これただ》・兼通・兼家の兄弟、そして兼家の子の道隆《みちたか》・道兼《みちかね》・道長《みちなが》の兄弟へと摂関家の氏長者は引き継がれていき、さらに道長の子孫へとつながっていった。

摂政・関白の地位は、天皇の母方の祖父（伯父・叔父の場合もある）として外戚となって密接な血縁関係のもとで天皇を後見することによって、より強固なものとなった。政界では摂政・関白・太政大臣

図66　平安時代中・後期の藤原氏・天皇家系図

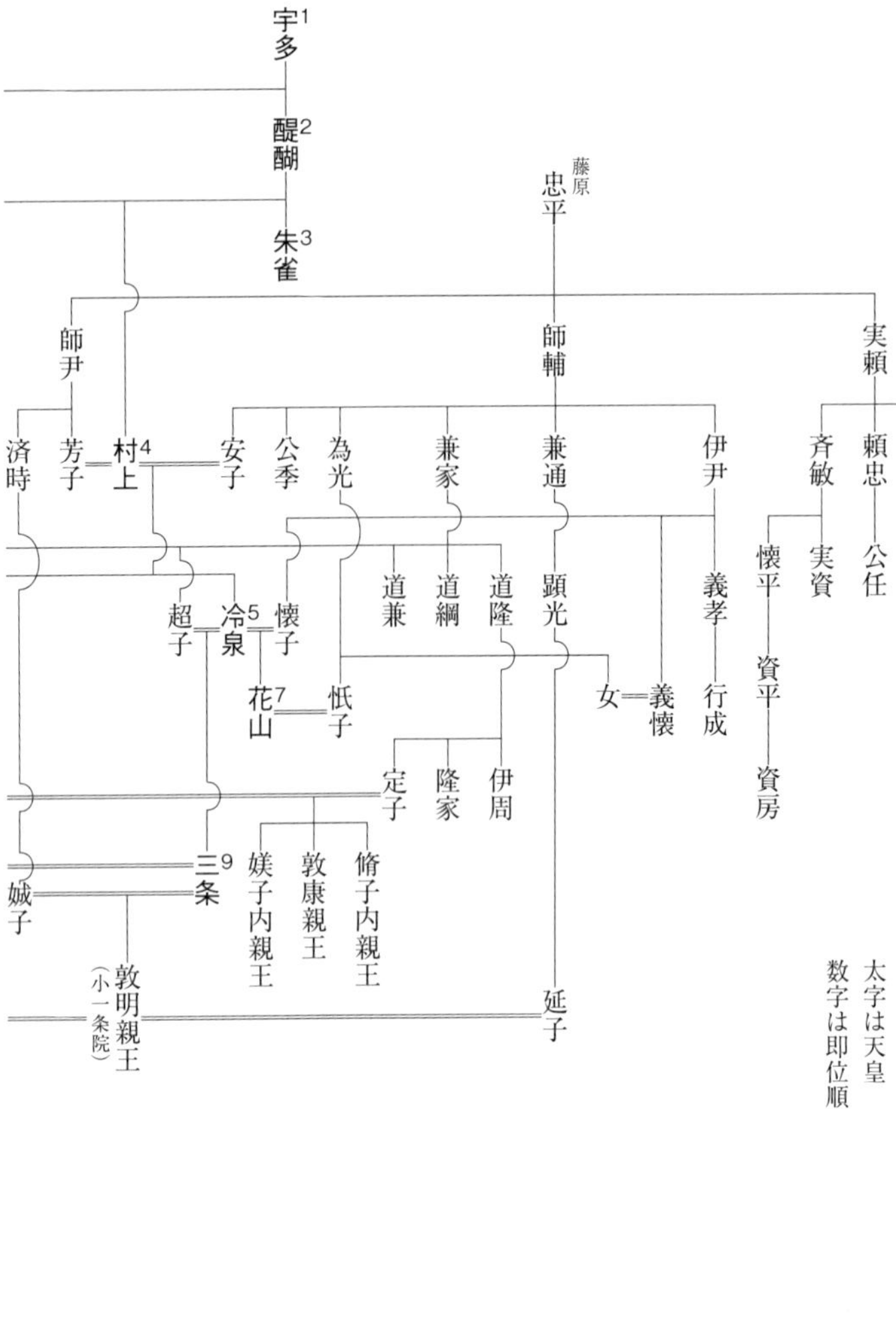

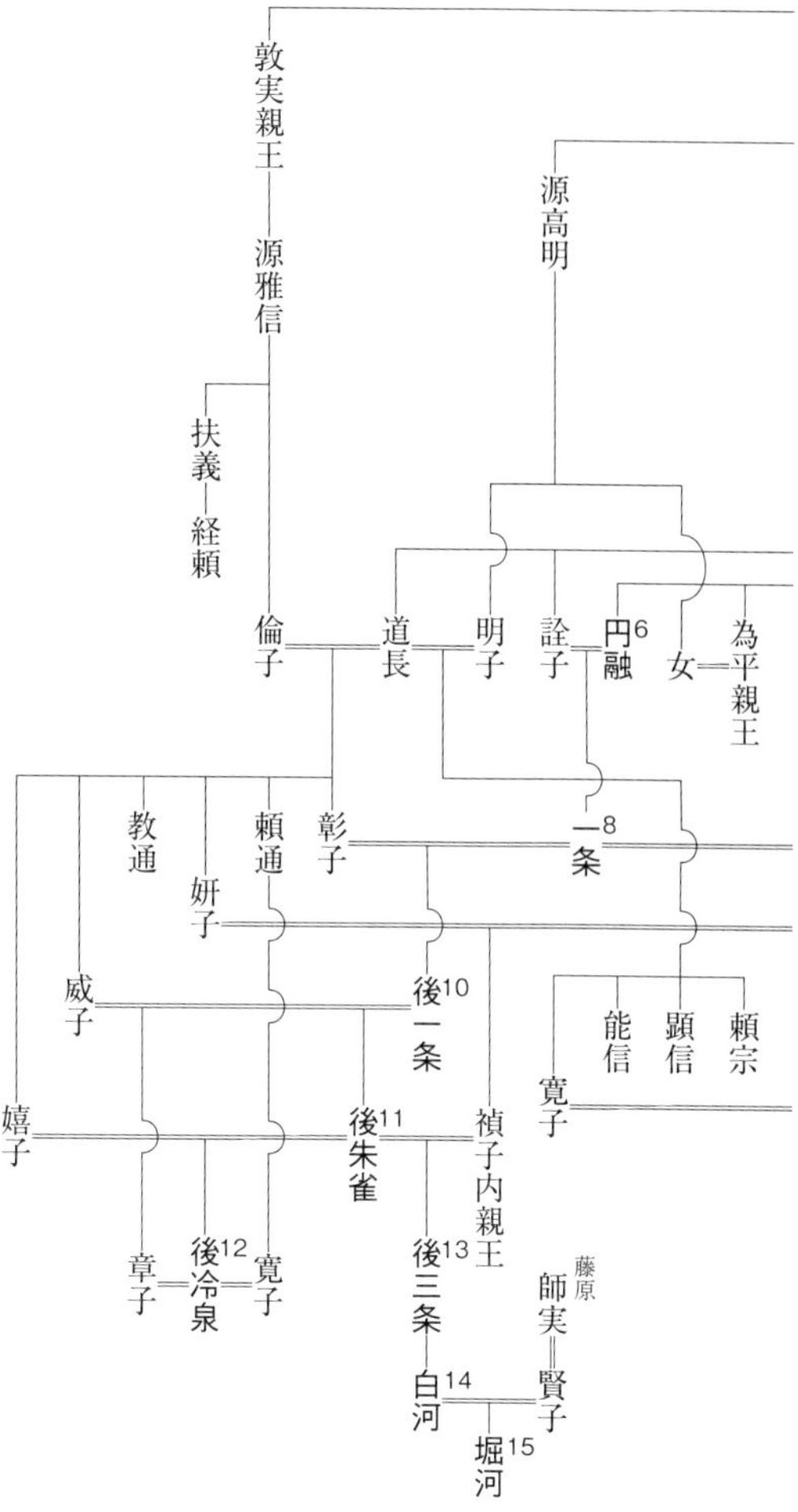

となるとともに、また藤原氏を代表する氏長者となって権力を掌握することになった。この時代に摂関の地位を争う貴族にとっては、天皇・皇太子に嫁がせるための「后《きさき》がね」としての娘に恵まれることとともに、その娘が天皇・皇太子に嫁いだのちは、今度は皇位をめざす男の子を産んでくれることが望まれた。そして天皇の生母は「国母《こくも》」として尊重され、時に大きな発言力をもつことがあった。

藤原師輔は、娘安子を村上天皇に嫁がせて冷泉天皇の外祖父となったが、早く亡くなった。師輔の子には伊尹・兼通・兼家らの兄弟がいた。伊尹は娘懐子《かいし》を冷泉天皇に嫁がせて花山天皇の外戚となった。兼家は娘超子《ちょうし》を冷泉天皇に嫁がせて三条天皇の外祖父となり、また娘詮子《せんし》を円融《えんゆう》天皇に嫁がせて一条天皇の外祖父となった。娘を天皇に嫁がせてその親王の即位とともに新天皇の外戚となって、摂関や氏長者の地位を確立することになった。その後、兼家の子の道隆・道兼・道長のうちの長子である道隆は、娘の定子《ていし》を一条天皇に嫁がせて敦康《あつやす》親王が産まれた。そのままであれば、道隆の子孫の中関白家《なかのかんぱくけ》の流れに摂関が受け継がれるはずであったが、道隆没後に道隆の子の伊周《これちか》・隆家《たかいえ》との間で政争（長徳《ちょうとく》の変）に勝利した道隆の弟道長が、外戚の地位を確立して、その後摂関時代の全盛期をもたらした。そして道長の子孫（御堂《みどう》流）が、摂関や氏長者を継いでいくことになった。

藤原道長

藤原道長は、兼家の子として道隆・道兼らの兄に次ぐ弟であったが、宇多源氏の源雅信の娘倫子や醍醐源氏の源高明の娘明子を妻に迎えて自らの家格を高めた。また円融皇后で東三条女院《ひがしさんじょうにょいん》となった姉詮子の支持のもとで、兄の道隆・道兼との争いそして兄道隆の嫡子伊周との政争に勝利して氏長者への道を開いた。長徳二年（九九六）の長徳の変で、甥の伊周を退けて藤原氏内部の抗争に勝利するとともに、「后がね」の娘たちを天皇・皇太子につぎつぎと嫁がせて、外戚としての地位を確立していった。妻の倫子との間にもうけた娘彰子《しょうし》を一条天皇に嫁がせて後一条天皇の外祖父となり、同じく娘妍子《けんし》を三条天皇に嫁がせ、また娘威子《いし》を後一条天皇に嫁がせて後朱雀《ごすざく》天皇の外祖父となり、娘嬉子《きし》をその後朱雀天皇に嫁がせて後冷泉《ごれいぜい》天皇の外祖父となったのだった。こうして四人の娘が代々の天皇の妻となり、彰子・威子・嬉子がのちに天皇となる親王を産んだことによって外戚としての権力を確立し、政界に絶大な権威・権力を築いたのであった。なお、道長自身は長く摂政・関白や太政大臣とならず、左大臣にとどまることによって、太政官の首座の立場として公卿会議を取り仕切る「一上《いちのかみ》」として、政治権力を掌握・発揮したのであった。

その過程では、長徳の変後に、伊周の妹（道隆の娘）の定子が一条天皇の皇子敦康親王を産む日にあわせて、道長の娘彰子を一条天皇女御として入内《じゅだい》させるような出来事もあった。長保《ちょうほ》二年（一〇〇〇）には、一条天皇の中宮《ちゅうぐう》であった定子が皇后とされ、女御の彰子が中宮となって、一天皇に二人の后が並び立つことになった。

また、藤原師尹の子済時《なりとき》の娘娍子《じょうし》を妻に迎えて敦明《あつあきら》親王をもうけて愛していた三条天皇との間では、道長娘の妍子との間に親王が産まれず、確執が展開した。眼病に悩まされて道長から退位を迫られた三条天皇は、長和五年（一〇一六）、一条天皇と道長娘彰子の間に産まれた後一条天皇に譲位するとともに、敦明親王の立太子を実現した。しかし、翌年三条院が亡くなると、敦明親王は皇太子を辞退して小一条院《こいちじょういん》とされ、即位することはできなかった。三条天皇が退位の際に詠んだという和歌が、「心にもあらで此世《このよ》にながらへば　こひしかるべきよはの月かな」（『後拾遺和歌集《ごしゅういわかしゅう》』八六一）の歌であった。

寛仁二年（一〇一八）に道長の娘威子が後一条天皇の中宮に立てられた時には、故一条天皇后の太皇太后彰子、故三条天皇后の皇太后妍子とともに、一家で三人の后がそろうという、前代未聞の出来事となった。道長の絶頂期といえる。この時、土御門《つちみかど》邸での祝宴において、道長は「即製」の「誇りたる」和歌を披露し、それを藤原実資の提唱で参加する全員で唱和したという。藤原実頼の養子となり小野宮家を継ぎ、左大臣道長のもとで右大臣として勤めた藤原実資の日記『小右記』に、その時の和歌が記録されている。

此《こ》の世をば我世《わがよ》とぞ思ふ望月《もちづき》の　欠けたることもなしと思へば

藤原頼通

藤原頼通（九九二～一〇七四）は、道長を父とし、母は左大臣源雅信娘の倫子であった。道長が娘たちを天皇家に嫁がせて外戚の地位を確立した摂関家の権勢を引き継いで、後一条天皇（在位一〇一六～一〇三六年）・後朱雀天皇（在位一〇三六～一〇四五年）・後冷泉天皇（在位一〇四五～一〇六八年）の三代の外伯父として関白となり、政界を主導した。

ただし頼通は、自らの娘を天皇に嫁がせてそこに産まれた外孫を即位させるという外戚化には失敗し、頼通が入内させた娘は、後朱雀天皇中宮となった養女嫄子《げんし》も、後冷泉天皇皇后となった娘寛子《かんし》も、親王を産まなかった。後朱雀天皇には、頼通の弟の藤原教通が娘生子《しょうし》を、また同じく弟の藤原頼宗《ふじわらのよりむね》が娘延子《えんし》を入内させたが、やはり親王は産まれなかった。後朱雀天皇には、藤原道長の娘嬉子《きし》との間に親仁《ちかひと》親王（のち後冷泉天皇）、そして三条天皇と道長の娘妍子《けんし》の間の娘禎子《ていし》内親王との間に尊仁《たかひと》親王（のち後三条天皇）が産まれていた。また、後冷泉天皇には、教通が娘歓子《かんし》を、頼通が娘寛子を入内させたが、親王は死産だったり産まれなかった。

治暦《ちりゃく》四年（一〇六八）四月、後冷泉天皇が没し皇太子尊仁親王が三五歳で即位する（後三条天皇）。後三条天皇は、母が禎子内親王であり、藤原氏を外戚としない存在であった。こうして、関白の藤原頼

表2　藤原頼通の年譜

年(西暦)	事　項
正暦三年(九九二)	誕生。
長保五年(一〇〇三)	元服。
寛弘三年(一〇〇六)	従三位。
寛仁元年(一〇一七)	内大臣。父藤原道長の譲りで後一条天皇の摂政に。
寛仁三年(一〇一九)	道長出家。頼通、関白に。
治安元年(一〇二一)	従一位。左大臣。
万寿四年(一〇二七)	藤原道長没。
長元元年(一〇二八)	前上総介平忠常の乱。
長元九年(一〇三六)	後朱雀天皇即位。関白。
寛徳二年(一〇四五)	後冷泉天皇即位。関白。
永承六年(一〇五一)	奥州安倍氏追討を源頼義に命じる(前九年合戦)。
永承七年(一〇五二)	道長から伝えられた宇治の別業を平等院に。
天喜元年(一〇五三)	平等院の阿弥陀堂(鳳凰堂)完成。
康平三年(一〇六〇)	左大臣を辞し、嫡子師実を内大臣に。
康平四年(一〇六一)	太政大臣。
康平五年(一〇六二)	太政大臣を辞す。
治暦三年(一〇六七)	准三后。
治暦四年(一〇六八)	同母弟教通に関白を譲る。教通娘歓子立后(後冷泉天皇)。 後三条天皇即位(母は三条天皇皇女禎子内親王)。
延久四年(一〇七二)	出家。白河天皇即位。教通関白に。
承保元年(一〇七四)	没。八三歳。

通や藤原教通を外戚としなかった後三条天皇は、摂関家との緊張関係のもと、新たな政治改革を進めていく。

藤原頼通は、治暦三年十一月に関白を辞して諮詢《しじゅん》に任じられていたが、翌治暦四年四月に後冷泉天皇が亡くなる直前に、それを辞して弟の教通が関白となった。そして、同じ月に後三条天皇が即位すると、藤原教通が改めて関白に就任する。頼通は、即位した後三条天皇の皇子貞仁《さだひと》親王（のち白河《しらかわ》天皇）に、嫡子藤原師実《ふじわらのもろざね》の養女賢子《けんし》（源顕房《みなもとのあきふさ》の娘）を嫁がせて、のちの外戚化への手がかりとした。

頼通の晩年に、頼通から関白を譲られた弟教通は、頼通嫡子の師実に関白を譲り戻さなかった。ただし、教通が後朱雀・後冷泉後宮に入内させた娘も親王を産まず、承保《じょうほ》二年（一〇七五）の教通没後に、頼通嫡子の師実が、上記の手がかりを契機として、白河天皇の関白になっていった。

摂関政治像

「摂政・関白が天皇をおさえて専権を行った」としたり、摂政・関白が自邸において政策を決定して家政機関の政所《まんどころ》を中心に政治が左右された「政所政治」であったというかつての摂関政治像は、すでに訂正されている。摂関時代においても、公卿会議による国政審議が宮中で行われ、会議に出席しない摂政・関白や会議を主催する上卿《しょうけい》（会議を主宰する最上席の公卿）が審議を実質リードしたとしても、重要案件については議題提案・最終決定は天皇が判定したのであった。天皇による決済は大事にされており、摂関の邸宅ではなく宮中の左近衛府《さこのえふ》の陣《じん》が置かれていた陣座《じんのざ》において、公卿たちが政務を合議する「陣定《じんのさだめ》」（公卿会議）がしっかり開かれていた。天皇と摂関との関係は対立的なものではなく、関白・内覧《ないらん》などの藤原氏の氏長者がミウチとして成人天皇を協調的に補佐することが行われ、先例重視のもとに公卿会議で国政審議が行われたのであった。

太政官の会議で判断する政務においても、天皇への奏上が必要とされる場合は「官奏《かんそう》」によって天皇の勅裁を仰ぐことになっており、それ以外の場合のみ、「一上《いちのかみ》」の大臣、または大納言・中納言に上申して、上卿が判断して太政官符や官宣旨《かんせんじ》を発行し施行することが行われた。

一〇世紀後半には、さまざまな朝廷行事の執行にあたり、それまでの二官八省の律令官僚制とは違って、その執行を担当する「行事所《ぎょうじしょ》」がそれぞれ置かれる官司体制が組まれるようになった。行事所は、参議が任じられる執行担当の上卿、太政官の実務事務にあたる弁官《べんかん》（左大弁《さだいべん》～右少弁《うしょうべん》）そして史《し》（左大史～右少史《うしょうし》）によって構成された。そして、摂関の指示を受けつつ、時に蔵人《くろうど》や殿上弁《てんじょうのべん》（内裏に昇殿する殿上人《てんじょうびと》となった太政官弁官の左大弁など）を介して天皇に上奏し勅裁を仰ぎながら、行事を実現した。その過程では、「諸国召物《めしもの》」といって諸国から必要物資の調達をも行った。律令官司自体にも、一〇世紀になると、諸司業務を統括する別当《べっとう》として殿上人が任じられたり、諸司を担当する太政官の弁官・史を任じるなど、律令官僚制は大きく変容していった。のち、一一世紀後半～一二世紀中期には、さらに官司《かんし》請負制《うけおいせい》の展開へと変わっていくことになる。

ただし、摂政・関白が天皇の外戚・後見として発言力をもつことはあったし、また受領ほかの官職任命権を掌握して、受領層や中下級貴族をしばしば家司《けいし》として配下に組みこむこともあった。摂関となる九条流の中の御堂流《みどうりゅう》をトップとして、それぞれの氏族・家が貴族の家格の体系の中に組み込まれ、公卿昇進が可能な公達《きんだち》層や、受領層の諸大夫《しょだいぶ》、彼らに従属する「侍《さむらい》」などといった階層秩序を構成していった。そして、特定の氏族が家柄として専門的知識・能力を活かして継続して特定官職に就く、「家業《かぎょう》」が形成されていった。太政官の史《し》（左大史など）の小槻氏、外記《げき》の中原氏などがそれにあたる。

地方支配は、受領請負制によって受領に請け負わせて貢進物を確保する体制となったが、受領の任命や、受領が交替する際の勤務評定にあたる「受領功過定《ずりょうこうかさだめ》」などの際に摂関の意向が反映されることから、受領が摂関への奉仕を尽くしたり、その家司となって活動することも広まった。こうして、律令官僚制のあり方は、大きく変わっていった。

3――国風文化

国風文化

九世紀前半の文化としては、嵯峨《さが》天皇・嵯峨太上天皇時代を中心とした、漢文学の全盛がその特徴といえる。これは、「文章経国《もんじょうけいこく》」（中国魏《ぎ》の文帝曹丕《ぶんていそうひ》の『典論《てんろん》』の中の文「文章は経国の大業《たいぎょう》、不朽《ふきゅう》の盛事なり」による）が国是とされ、文人・学者の良吏《りょうり》が高官に取りたてられて改革政治を担い、また唐（中国）風の儀式が取り入れられた時代と対応する文化の展開であった。勅撰《ちょくせん》漢詩文集として、嵯峨天皇の命で弘仁五年（八一四）に撰上された小野岑守《おののみねもり》・菅原清公《すがわらのきよきみ》ら編の『凌雲《りょううん》集《しゅう》』、同じく嵯峨天皇の命で弘仁九年に撰上された藤原冬嗣《ふじわらのふゆつぐ》・菅原清公・滋野貞主《しげののさだぬし》ら編の『文華秀麗《ぶんかしゅうれい》集《しゅう》』、そして淳和《じゅんな》天皇の天長四年（八二七）に撰上された良岑安世《よしみねのやすよ》・南淵弘貞《みなぶちのひろさだ》・菅原清公ら編の『経国《けいこく》集《しゅう》』が編まれている。また書では、のちに「三筆《さんぴつ》」と称される空海《くうかい》・嵯峨天皇・橘逸勢《たちばなのはやなり》らの唐風の書が代表的とされる。楷書《かいしょ》だけでなく、行書《ぎょうしょ》・草書《そうしょ》もよく用いられている。こうして日本貴族が漢文学・漢字文化を消化して身につけた時代を経たことを受けて、はじめてその次のかなの発明へと進んだのであった。かつて、国風を善とする一方的見地からこの時代を「国風暗黒時代」として否定的にとらえる考えもあったが、この時代がなければ、次の国風文化はもたらされなかったといえる。

九世紀には、万葉仮名にかわって平仮名・片仮名が広まっていった。男性貴族の間では漢字文化が正式であったが、貴族女性の世界などで平仮名・片仮名が使われるようになっていった。かな風の表記をもつ文書のほか、九世紀の平安京の貴族邸宅跡や地方の国府遺跡などからは、草仮名《そうかな》風や連綿体《れんめんたい》で記されたかな書きの墨書土器が出土している。

図 67　仮名文字が記された墨書土器（平安京右京藤原良相西三条第跡出土）

紀貫之《きのつらゆき》が女性に仮託して、任国の土佐から平安京に帰る旅路についてかなで記した『土佐《とさ》日記』は、承平五年（九三五）頃成立とされるはじめてのかな文学である。男性貴族は漢字文化が常識で日記も漢文で記していたが、和歌や貴族世界の女性からかな文化が広まり、繊細で日本的な情緒・心情を語るやまと言葉が、直接的に表現されるようになっていった。

和歌も、万葉仮名にかわってやまと言葉をかなで表記するようになり、醍醐天皇の勅を受けて紀貫之・紀友《きのとも》則《のり》・凡河内躬恒《おおしこうちのみつね》・壬生忠岑《みぶのただみね》ら編の『古今和歌《こきんわか》集《しゅう》』が延喜五年（九〇五）に編まれた。勅撰集として、かなにより表記される和歌も、宮廷文化の中で漢文と同様に位置づけられたのである。これに続き、一〇世紀から摂関期にかけて『後《ご》撰《せん》和歌集』『拾遺《しゅうい》和歌集』へと勅撰和歌集の編纂が続いていった。さらにその後、後鳥羽院《ごとばいん》の命による鎌倉時代初期の『新古今和歌集』にいたるまでの八つの勅撰和歌集が、「八代集《はちだいしゅう》」と総称されている。

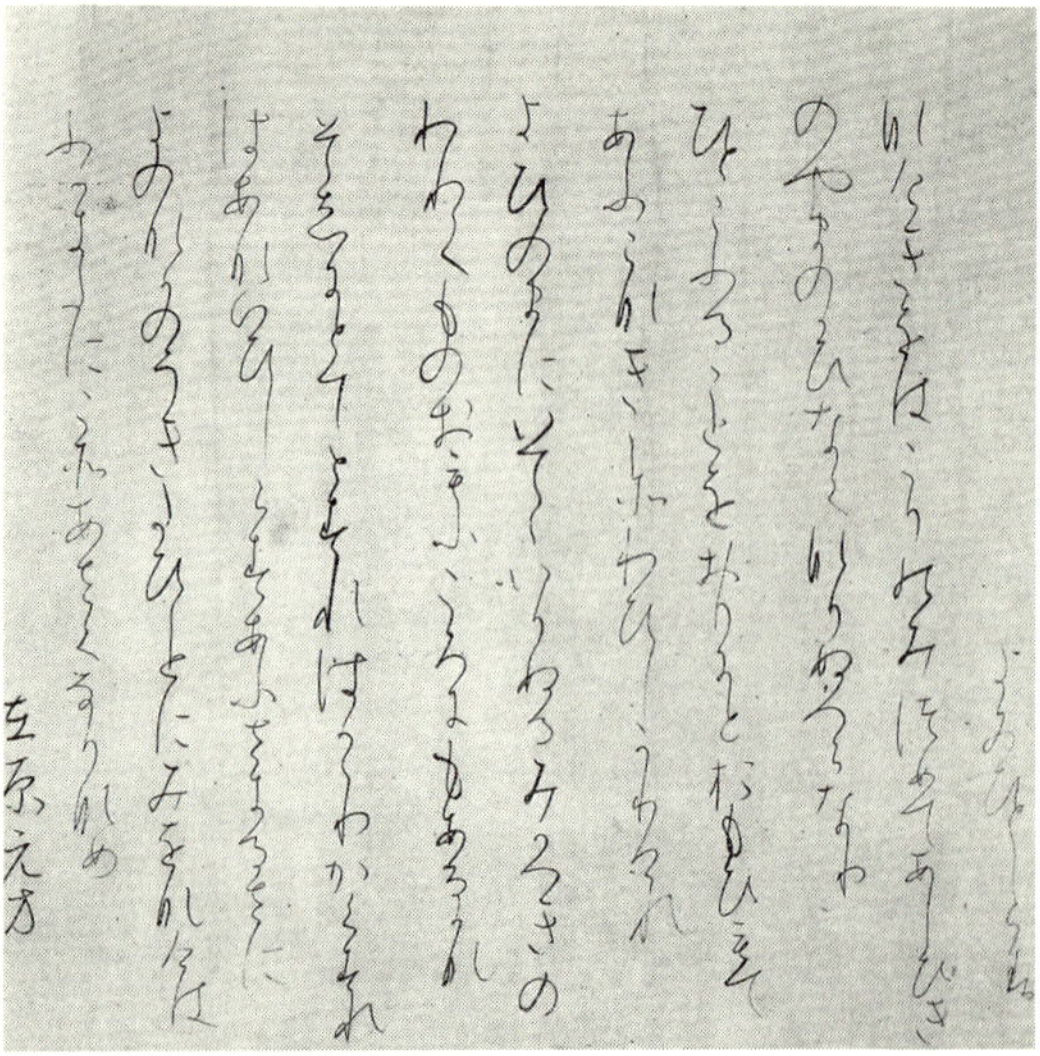

図68 『古今和歌集』（巻19断簡〈高野切〉、伝紀貫之筆）

　こうした摂関時代の文化としては、宮廷や後宮において、和風化してきわめて洗練された貴族文化が展開した。紫式部《むらさきしきぶ》の『源氏物語』『紫式部日記』や清少納言の『枕草子』などは、この時代を代表する女流かな文学である。摂関などの有力貴族は、天皇の外戚となるために皇后候補（「后がね」）として女子を養育し、その娘が天皇・皇太子に嫁いだのちは、皇位継承候補となる外孫の男子を出産することを期待したのだった。天皇・皇太子に嫁ぎながら男子を産まない娘は、時に「素腹《すばら》の后」と批判されることもあった。そうした皇后候補にふさわしい教養に富む娘に教育し荘厳するために、有力貴族たちは、教養に富み和歌・文学の素養を備えた優秀な後宮女房たちを配侍させた。こうした女房には、しばしば受領層の娘が選ばれた。藤原道隆を父とする一条天皇皇后定子には清少納言がそば仕えし、同じ時期に対抗した道隆弟の藤原道長を父とする一条天皇中宮彰子には、紫式部がそば仕えしたのであった。

摂関時代の文化は国風文化と呼ばれる。寛平六年（八九四）に菅原道真の建議により遣唐使の派遣が停止され、こののち遣唐使の派遣がなくなったことを受けた文化展開と見られることもある。しかし、実際にはこの時代、新羅・唐・宋の商人たちは頻繁に博多に来航してきており、大外交団を派遣する国家間外交は停止したものの、大陸・半島の文物・文化の渡来は、むしろ盛んになっていった。実際、天皇・摂関家や貴族たちは、舶来の品物である「唐物《からもの》」を熱望していたのである。

貴族の生活

平安京は、朱雀大路を中心軸とする条坊制をもつ左右対称な都市プランで形成されていたが、次第に低湿な右京が衰退して、左京に貴族邸宅や人々の住居が集まるようになっていった。左京の東市《ひがしのいち》が賑わう一方で右京の西市《にしのいち》が閑散としていくのに対して、国家は半々で対等に市を使うよう命令するが、都市民の自律的な交易・消費活動を統制することはできず、次第に西市は衰えていった。文人貴族の慶滋保胤《よしししげのやすたね》が著した「池亭記《ちていき》」（『本朝文粋』）は、天元《てんげん》五年（九八二）に平安京左京六条三坊にあった自らの邸宅「池亭」で平安京を語った漢文であるが、平安京の左京に比較した右京の衰退を描いている。

貴族の邸宅は、『源氏物語』にみられるような寝殿造《しんでんづくり》の形式をとるようになった。寝殿造は、板床

図69　寝殿造（東三条殿復元模型）

をもつ母屋《もや》と庇《ひさし》・孫庇《まごびさし》などからなる寝殿や対《たい》などの主要建物が、渡殿《わたどの》や廊《ろう》によって結ばれ、全体として園池に面するという配置である。建物内部は壁を用いない開放的な空間で、御簾《みす》・几帳《きちょう》や障子《しょうじ》・屏風《びょうぶ》などで室内を区画して用いる構造となっている。藤原道長の東三条邸《ひがしさんじょうてい》や土御《つちみ》門邸《かどてい》が名高い。なお、最近の発掘調査成果により、右大臣藤原良相《ふじわらのよしみ》邸など、寝殿造りの前身となるような園池に面した建物からなる九世紀の貴族邸宅の様子が明らかになってきている。

上級貴族たちの生活は、公卿会議に参加して国政を審議し、担当する役職の政務を前例に従いながら不足なくこなすとともに、同じく前例に従って年中行事の儀式を過ちなく務めることに意が注がれた。藤原道長の『御堂《みどう》関白記《かんぱくき》』、藤原実資《ふじわらのさねすけ》の『小右記《しょうゆうき》』、藤原行成《ゆきなり》の『権記《ごんき》』など、古記録と呼ばれる摂関時代の貴族の日記は、政務や年中行事における行動のあり方を子孫に伝えるための性格をもっていた。

浄土信仰の広がり

摂関期には、仏教が国家の安泰を願う国家仏教というよりも個人の現世利益を願う貴族仏教として展開していき、浄土信仰が密教《みっきょう》と結びつきながら広まった。もちろん南都の興福寺《こうふくじ》・東大寺や、平安仏教といわれる天台宗《てんだいしゅう》の比叡山延暦寺《ひえいざんえんりゃくじ》そして真言宗《しんごんしゅう》の高《こう》野《や》山金剛峯寺《さんこんごうぶじ》・東寺《とうじ》などの大寺においては、国家的な仏事・法会が催された。正月に平安宮内で開かれる御斎会《ごさいえ》、三月に薬師寺《やくしじ》で開かれる最勝会《さいしょうえ》、十月に興福寺（山階《やましな》寺《でら》）で開かれる維摩会《ゆいまえ》は、国家的な大法会である三会《さんね》とされ、これらの法会で講師《こうじ》を勤めて「已講《いこう》」となることが、僧綱《そうごう》の僧正《そうじょう》・僧《そう》都《ず》・律師《りっし》となる条件となった。このほか、年中さまざまな法会が国家や貴族の氏・個人単位で開かれた。

図70　興福寺維摩会（『春日権現験記絵』）

永承《えいしょう》七年（一〇五二）から仏教でいう末法《まっぽう》の世を迎えるとされたことから、この時代には、貴族や人々に末法思想が広く普及した。釈迦《しゃか》の教えが行われ悟る僧のいる正法《しょうぼう》や、悟る僧がいなくなる像法《ぞうぼう》の世が過ぎると、末法の世を迎え、長く仏法が行われない時代となるという見方である。弥勒《みろく》は釈迦が亡くなってから五六億七〇〇〇万年後の「法滅《ほうめつ》」の時代に仏弟子を救済するために現れるとされている。この弥勒の世が来るまでの長い間、仏法を伝えるために、経《きょう》塚《づか》に経典が埋められることも広まった。天災や人災がしきりに起こる現実の社会的な不安が人々に末法の世を実感させることとなり、その不安から逃れようとする信仰が、貴族や民衆に受け入れられることとなった。

こうして、末法思想とともに、浄土教が広まった。浄土信仰や念仏を平安京などの庶民に勧める聖《ひじり》の活動が展開する。聖は、既成の仏教教団から離れて厳しい山林修行などによって高い呪術的な法力を身につけ、人々を救済しつつ念仏を勧める僧をさす。「市聖《いちのひじり》」と呼ばれた念仏聖の空也《くうや》（九〇三〜九七二）は、弱者を救済するとともに「南無阿弥陀仏《なむあみだぶつ》」と唱えることを勧めて、多くの人々に受け入れられた。現世の安穏と来世の救済を求める動きの上で、源信《げんしん》（九四二〜一〇一七）は、『往生要集《おうじょうようしゅう》』で称《しょう》名念仏《みょうねんぶつ》を体系化して天台浄土教を進展させた。臨終《りんじゅう》に際しては、西方の阿弥陀仏像のもとで聖衆来迎《しょうじゅらいごう》を観じながら念仏することによって、阿弥陀仏によって浄土への往生に導かれるとしている。

藤原道長は、浄妙寺《じょうみょうじ》や法成寺《ほうじょうじ》などの大寺院を造営したり、石山寺《いしやまでら》（滋賀県大津市）・金峰山《きんぷせん》（奈良県）や高野山（和歌山県）などへの寺院参詣もしばしば行って、仏教を深く信仰していた。道長は『往生要集』によって浄土の教えも受け入れており、寛弘四年（一〇〇七）には奈良県吉野の山上ケ岳《さんじょうがたけ》にある金峯山経塚《きんぷせんきょうづか》に自ら書写した法華経《ほけきょう》などを埋経した。その時の経筒《きょうづつ》が出土しており、その銘文によって道長の末法観を知ることができる。

また、万寿《まんじゅ》四年（一〇二七）の道長の臨終の様子は、『栄華物語』巻三〇「つるのはやし」に、次のように描かれている。

この立てたる御屛風《おんびょうぶ》の西面をあけさせ給て、九体の阿弥陀仏をまもらへさせ奉らせ給へり。…すべて、臨終念仏おぼし続けさせ給。仏の相好《そうこう》にあらずより外《ほか》の色を見むとおぼしめさず、仏法の声にあらずより外の声を聞かんとおぼしめさず。後生《ごしょう》の事より外《ほか》の事をおぼしめさず。御目には阿弥陀如来の相好《そうこう》見奉らせ給、御耳《おんみみ》にはかう尊き念仏をきこしめし、御心《みこころ》には極楽をおぼしめしやりて、御手《みて》には弥陀如来の御手の糸をひかへさせ給て、北枕に西向に臥《ふせ》させ給へり。よろづにこの僧ども見奉るに、猶権者《なおごんざ》におはしましけりと見えさせ給。御堂《みどう》の内に坊して候《さぶら》ひ給僧達、御堂童子《みどうのどうじ》に至るまで、ただ物に当りて水を浴《あ》み、人知れぬ額《ぬか》をつき、仏《ほとけ》をいりもみ奉る。…ついたち四日巳時《みのとき》ばかりにぞうせさせ給ぬるやうなる。されど御胸《みむね》より上は、まだ同じ様に温《あたた》かにおはします。猶御《なおみ》口《くち》動かせ給は、御念仏《おんねんぶつ》せさせ給と見えたり。…

道長の子で後継者の関白藤原頼通は、末法の世になるとされた永承七年（一〇五二）に、京の南郊外の宇治《うじ》の地（京都府宇治市）にある別荘を改めて寺院とし、翌年には阿弥陀堂を建立した。これが平《びょう》等院鳳凰堂《どういんほうおうどう》である。平等院鳳凰堂は、阿弥陀仏を本尊として美麗を尽くした阿弥陀堂建築で、浄土庭園の園池に東面して西方極楽浄土を現世に再現する形になっている。こうした阿弥陀堂建築や浄土庭園は、この時代の天皇や貴族たちが競って営むこととなり、それが各地にも広がって、今日その遺構が伝えられている。阿弥陀堂建築としては、浄瑠璃寺《じょうるりじ》（京都府木津川《きづがわ》市）・白水阿弥陀堂《しらみずあみだどう》（福島県いわき市）・富貴寺大堂《ふきじおおどう》（大分県豊後高田市）などが知られる。また、平泉《ひらいずみ》（岩手県平泉町）には、一二世紀に奥州藤原氏が営んだ毛越寺《もうつうじ》・観自在王院《かんじざいおういん》・無量光院《むりょうこういん》などの浄土庭園の遺跡がある。

4――摂関時代から院政へ

後三条天皇の登場

長元九年（一〇三六）、後一条天皇は二九歳で没し、弟の敦良《あつよし》親王が即位した（後朱雀天皇）。後朱雀天皇には、すでに道長の娘嬉子《きし》との間に親仁《ちかひと》親王（のち後冷泉天皇）がおり、また三条天皇と道長娘の妍子《けんし》の間に産まれた禎子《ていし》内親王との間に尊仁《たかひと》親王（のち後三条天皇）がいた。藤原頼通は、即位後の後朱雀天皇に養女の嫄子《げんし》（一条天皇皇子の敦康《あつやす》親王の娘。頼通妻の隆姫《たかひめ》の姪）を嫁がせ中宮としたが、男子は産まれなかった。寛徳《かんとく》二年（一〇四五）には、譲位により親仁親王が即位する（後冷泉天皇）。後冷泉天皇には、永承二年（一〇四七）に頼通弟の藤原教通の娘歓子《かんし》が入内《じゅだい》し、永承五年には頼通の娘寛子《かんし》が入内するが、死産などで皇子はできなかった。こうして、皇子のいない後冷泉天皇の皇太子には、後朱雀の皇子で後冷泉の弟にあたる尊仁親王が立太子した。そして治暦四年（一〇六八）に後冷泉天皇が亡くなると、尊仁親王が三五歳で即位した（後三条天皇）。こうして、藤原頼通・教通・頼宗などの娘を母としない、すなわち藤原氏を外戚にもたない後三条天皇が誕生したのである。後冷泉天皇の最晩年に、藤原頼通は関白を辞し、弟の藤原教通が関白となっていたので、後三条天皇も教通を関白とした。ただし藤原頼通は、嫡子藤原師実《ふじわらのもろざね》の養女として源顕房《みなもとのあきふさ》の娘賢子《けんし》を迎え、後三条天皇皇子の貞仁《さだひと》親王（のちの白河天皇）に嫁がせていた。のちにこの縁から、白河天皇と賢子の間に産まれた善仁《たるひと》親王が即位し（堀河《ほりかわ》天皇）、頼通嫡子の藤原師実は外戚として摂政、関白となっていった（図66参照）。

後三条天皇は、藤原頼通や藤原教通との間にやや距離を置いて、荘園整理令などの新政を進めた。後三条天皇と藤原頼通との仲は、後三条の東宮時代からあまり良好ではなかったという。慈円《じえん》の『愚管抄《ぐかんしょう》』巻四（後三条）には、「大方《おおかた》ハ宇治殿（藤原頼通）ヲバフカク御意趣ドモアリケルニヤトゾ人ハ思ヒナラヒタル」とあり、『栄華物語』巻三七「けぶりの後」には、

後冷泉院（在位一〇四五～一〇六八年）の末の世には、宇治殿（藤原頼通）入り居《い》させ給ひて世の沙汰《さた》もせさせ給はず、春宮《とうぐう》（後三条）と御仲悪《あ》しうおはしましければ、その程の御事《おんこと》ども書きにくうわづらはしくて、え作らざりけるなめりとぞ人申し。春宮とは後三条院の御事也。

とみえる。さらにのちの『今鏡《いまかがみ》』四「梅のにほひ」には、「後三条ノ院位《くらい》に即《つ》かせ給ひてぞ、年ごろの御心《みこころ》よからぬ事どもにて宇治にこもりゐさせ給ひて」としている。

藤原頼通が平等院に寺領を施入した際、後三条天皇は、官使《かんし》を派遣して検注《けんちゅう》させようとしたという話（『古事談《こじだん》』）もある。さらに、藤原氏の氏寺《うじでら》である奈良興福寺の南円堂《なんえんどう》の造営を大和国司の重任《ちょうにん》の成功《じょうごう》でまかなおうとした際、後三条天皇が反意を示したため、藤原教通は、藤原氏の公卿を公卿会議から退出させて対抗したという話（『続古事談』）もある。

こうして、藤原摂関家を外戚としない後三条天皇の時代に、摂関時代から院政への動きがはじまったとみることができる。

荘園と公領

後三条天皇の新政では、荘園と公領の区分を明確にするための荘園整理を行い、摂関家をはじめとした貴族・権門《けんもん》の権益に対して国家財政の確保をめざそうとした。延久《えんきゅう》元年（一〇六九）の二月・三月には、延久の荘園整理令が出される。先の天喜《てんき》三年（一〇五五）の天喜の荘園整理令にならってはいるが、寛徳《かんとく》二年（一〇四五）以後の新立の荘園を停止するとともに、加《か》納田《のうでん》をも整理対象に組み入れる厳しい内容となっている。また延久元年閏《うるう》十月には、記録荘園券契《きろくしょうえんけんけい》所《じょ》（記録所）が設置された。太政官の朝所《あいたんどころ》に置かれ、上卿《しょうけい》・弁《べん》・寄人《よりうど》（太政官の史や外記など）たちで構成された。この延久の荘園整理令では、地方諸国においてではなく中央の記録荘園券契所で書面審査を行うこととなった。その審査結果は、記録所勘奏《かんそう》として後三条天皇に奏上され、公卿の議定《ぎじょう》を経て天皇によって裁可される、という手順であった。

正式な手続きによって立てられた荘園には、国司による介入は及びにくく、荘園をめぐっては、荘園領主やそれと結んだ在地領主たちと国司受領とのあいだで利害衝突がしばしば起こった。これに対して、国司が荘園・公領を問わずに国内一律に公的負担を賦課する「一国平均役《いっこくへいきんやく》」の制も、長久《ちょうきゅう》元年（一〇四〇）には成立する。国司による公領の再編成も進められ、従来の郡・郷とは異なる収取単位として「別名《べつみょう》」を設定し、有力農民の「田堵《たと》」による開発と徴税を行うようになっていく。こうして、一一世紀半ばから一二世紀初めにかけて、荘園公領制と呼ばれる体制が実現していった。

院政と受領

延久四年（一〇七二）、三九歳の後三条天皇は譲位して、皇太子であった二〇歳の白河天皇（貞仁親王）が即位する。白河天皇は、後三条の皇子で、母は藤原頼通の異母弟能信《よしのぶ》の養女茂子《もし》であり、この時皇太子となった二歳の実仁《さねひと》親王は、やはり後三条の皇子で、母は小一条院敦明《あつあきら》親王の孫源基子《みなもとのきし》であった。この譲位のあり方は、外戚の摂関家主体ではなく、院となった後三条天皇が天皇・皇太子とつづく皇位継承を決める権限をもつ体制を示す意味をもったと考えられる。このことは、外戚である摂関家が大きな影響を与えてきた皇位継承に、新たに天皇父系の院が大きな影響力を発揮する道を開くことになる。この時の院・天皇・皇太子の体制は、翌年後三条が亡くなることで、変更を余儀なくされた。そして、弟の皇太子実仁が応徳《おうとく》二年(一〇八五)に亡くなると、翌年白河天皇は自らの皇子の善仁《たるひと》を皇太子としてすぐに譲位し、堀河天皇として即位させた。そして、堀河天皇が嘉承《かしょう》二年(一一〇七)に亡くなると、白河は、孫にあたる堀河皇子で五歳の宗仁《むねひと》親王を即位させた。鳥羽《とば》天皇である。白河は、父後三条が望んだ皇子輔仁《すけひと》親王の即位を避け、孫の即位を実現したのであった。こうして、堀河・鳥羽の二代にわたる天皇の直系による皇位継承を実現し、院が皇位継承を決定する体制を築いたのが白河院であった。

堀河天皇の時代には、外伯父で父藤原師実から譲られて関白となった藤原師通《ふじわらのもろみち》が力をふるう時期もあったが、承徳三年(一〇九九)に師通が急逝すると、摂関不在となり白河院が力をもつこととなった。堀河天皇の関白であった藤原忠実《ふじわらのただざね》は、鳥羽天皇の外戚ではないまま、白河院によって鳥羽天皇の摂政に任じられたことから、白河院の権威は高まった。こうして白河院の時代に、摂関家にかわって院政が行われるようになった。「意の如くならないものは、鴨河《かもがわ》の水と双六《すごろく》の賽《さい》と山法師《やまほうし》(比叡山《ひえいざん》の僧兵)のみ」という『平家物語』の天下《てんか》三不如意《さんふによい》の伝説で知られるように、白河院は専制的に政治を主導したのであった。

院政期になると、受領層の貴族の中には「治天《ちてん》の君《きみ》」である院の院庁《いんのちょう》に属する院司《いんし》（別当《べっとう》・判官代《はんがんだい》・主典代《さかんだい》など）となり、ときに摂関と対抗して積極的に院政を支える存在となるものがめだった。院の近臣となった受領クラスは、実質的にかなりの力をもつことになり、時にはかつての摂関のような力をふるうこともあった。

中御門《なかみかど》右大臣藤原宗忠《ふじわらのむねただ》の日記『中右記《ちゅうゆうき》』の大治《だいじ》四年（一一二九）七月七日条には、この日亡くなった白河院に対する評言として、

後三条院崩後、天下の政《まつりごと》をとること五十七年、意に任せ法に拘《かか》わらず除目《じもく》・叙位《じょい》を行い給う。古今未だあらず。（略）威《い》四海に満ち天下帰服す。幼主三代の政をとり、斎王《さいおう》六人の親となる。桓武《かんむ》より以来絶えて例なし。聖明《せいめい》の君、長久《ちょうきゅう》の主というべきなり。ただし、理非決断、賞罰分明、愛悪を掲焉《けちえん》にし、貧富顕然なり。男女の殊寵《しゅちょう》多きにより、すでに天下の品秩《ひんちつ》破るるなり。

という記載がみられる。摂関を頂点とする貴族社会の家格や職能などの伝統的秩序を白河院が専制的な態度で破壊したことに対する批判をふくむ人物評である。それだけ、院政と受領層が結びついて摂関の政治的後退がみられたことをうかがわせる。こうした院政期の受領に対する『中右記』の批判は、次のようにもみえる。

受領の功、万石万疋進上のこと。十余歳の人、受領になること。三十余国、定任《じょうにん》のこと。我が身よりはじめて子に至り、三・四人同時に受領になること。神社・仏寺・封家《ふうけ》（封戸を所有する中央

の貴族ら）の納《のう》、諸国の吏《り》（国司・受領）全く弁済《べんさい》すべからざること。

同じく『中右記』大治四年（一一二九）正月十五日条では、中下級貴族層出身の院の近臣受領である藤原顕隆《ふじわらのあきたか》について、「天下の政、此《こ》の人の一言にあるなり」とまで評している。院の専制的な権力と結んで、受領層が経済力だけでなく政界でも力をもつようになっていた。

受領は、公領・荘園からなる国内の土地のうちの公領を私領化し、そこからあがる巨大な経済力によって自らの富を豊かにし、中央での地位上昇に努めた。その点では、諸国を収奪の対象とするものであったから、やがて在地社会において力をもった土着国司や有力な在地領主などの活動を受けた社会的混乱のうちに、武士の進出によってその支配権そのものがゆらいでいくこととなった。武士の時代になってくると、受領の国内支配権は守護《しゅご》や地頭《じとう》らによってしだいに蚕食《さんしょく》されていくことになる。その意味では、受領が武士の世の出現を準備したともいえよう。

古代から中世へ―エピローグ

院政

白河院政において、白河院は皇位継承を意のままとし、摂関の藤原忠実《ふじわらのただざね》を従わせて、重要事項の決定も陣定《じんのさだめ》にかわって院御所議定で行われることともなった。院の政務を補佐した院近臣《いんのきんしん》が大きな影響力をもった。彼らは、摂関家よりも下位の公卿《くぎょう》層・諸大夫《しょだいぶ》層や受領《ずりょう》層の貴族であったが、院と結びついて政治的に力をふるって活躍した。白河院における源俊明《みなもとのとしあき》、藤原顕隆《ふじわらのあきたか》や、鳥羽院における藤原通憲《みちのり》（信西《しんぜい》）、後白河院における藤原信頼《のぶより》のような人々である。

いっぽう、この時代は、南都北嶺《なんとほくれい》（興福寺・延暦寺）の僧兵《そうへい》をはじめとした権門寺社による強訴《ごうそ》が盛んに行われて、軍事的な緊張が京・畿内に広まった。こうした状況のもとで、武芸の職能をもった侍《さむらい》＝武士の活躍する時代がきた。院の北面《ほくめん》の武士のように、院や摂関家も彼らの武力を警護に利用して、治安の悪化に対応したのであった。自力救済の論理によって東国・西海道《さいかいどう》など地方における武士団どうしの衝突が展開したのと同じく、治安が悪化した京やその周辺においても、武力衝突が頻発するようになった。武士の間でも、庇護《ひご》をうける保護者を求めて主従関係が結ばれて、河内源氏や伊勢平氏のような武力権門《けんもん》が登場するようになった。荘園の支配にも、荘園領主の政治的な権威だけでなく、武士の武力が必要とされる時代となり、国司・受領の側も武力を用意しなくてはならない時代となった。

白河院から寵愛《ちょうあい》を受けていた待賢門院《たいけんもんいん》（藤原公実《ふじわらのきんざね》の娘璋子《しょうし》）は、鳥羽天皇に入内《じゅだい》して、崇徳《すとく》天皇や雅《まさ》仁《ひと》親王（後白河天皇）を産んでいた。鳥羽天皇は崇徳天皇に譲位して鳥羽院となったが、崇徳天皇には、白河院の落胤《らくいん》説が絶えなかった。鳥羽院は、近臣である藤原長実《ふじわらのながざね》の娘得子《なりこ》（美福門院《びふくもんいん》）を寵愛し、得子が保延《ほうえん》五年（一一三九）に躰仁《なりひと》親王を産むと、この皇子を崇徳天皇の養子として皇太子に立てた。そして永治《えいじ》元年（一一四一）、この皇太子が即位して近衛天皇となった。ところが新天皇は崇徳天皇の「皇太子」でなく鳥羽院の子である「皇太弟《こうたいてい》」と宣命《せんみょう》に記されたため、崇徳は院政を行えず鳥羽院政が続くことになった。

　こうして、近衛天皇・美福門院と崇徳院・待賢門院との間で確執が展開する。鳥羽院の寵愛を受け

図71　待賢門院・美福門院関係系図

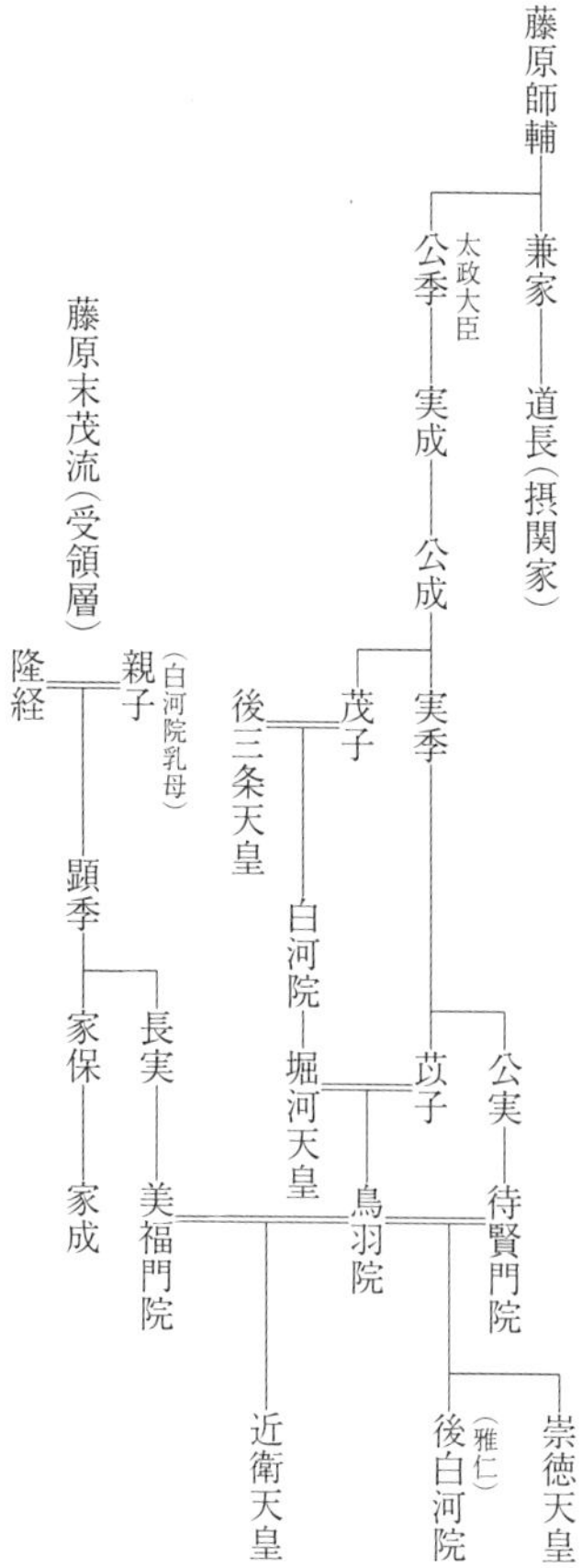

る美福門院の従兄弟藤原家成《ふじわらのいえなり》も政界で力をもつようになり、摂関家との間にしだいに対立が生ずる。

いっぽう摂関家の方でも、前摂関の大殿《おおとの》藤原忠実の嫡子《ちゃくし》である藤原忠通《ふじわらのただみち》と次男の藤原頼長《よりなが》との間で確執が生じた。年の離れた頼長が忠通の養子となって後継者とされてきたのに、忠通に嫡子基実《もとざね》が産まれたことにより、対立が生じるようになったのである。藤原頼長が義姪である養女多子《まさるこ》（待賢門院の甥の娘）を近衛天皇に入内させようとすると、美福門院は藤原忠通と結んで忠通の養女呈子《ていし》（美福門院の従兄弟の娘）の入内を図る。結局近衛天皇には、頼長の養女多子が皇后として、忠通の養女呈子が中宮として迎えられることになった。

その後藤原忠通は、父の大殿藤原忠実の意向に反して、弟（養子）の頼長に摂関を譲ることを拒否した。そこで藤原忠実は、忠通を義絶し、氏長者《うじのちょうじゃ》の職や荘園など藤原摂関家の家産を奪って頼長に与えた。ここに、摂関家は忠実・頼長派と忠通派とに二分されることとなった。鳥羽院は、忠通を関白に留めつつ頼長を内覧《ないらん》としたので、鳥羽院のもと、政界では忠実・頼長たち待賢門院派と、忠通・院近臣たち美福門院派との対立が深まった。この頃鳥羽院の実務派近臣として勢力を強めた信西（藤原通憲）は、美福門院派につく。内覧となった頼長が行う厳しい政務に反発する藤原家成など院近臣も加わり、貴族間の争いは激化した。それに合わせて武士たちの間の勢力争いもからみ、緊迫した政治情勢となっていった。

久寿《きゅうじゅ》二年（一一五五）に、鳥羽院と美福門院の間の皇子であった近衛天皇が一七歳で亡くなると、鳥羽院・美福門院・藤原忠通・信西の意向を受けて、崇徳院の皇子重仁《しげひと》親王ではなく、美福門院の養子守仁親王《もりひと》が将来即位する前提として、その父の雅仁親王（父は鳥羽院、母は待賢門院。後白河天皇）が即位することになった。

保元・平治の乱

後白河天皇の即位に際して、藤原頼長は内覧宣旨《ないらんのせんじ》を得られず、藤原忠実・頼長派は孤立化した。翌保元《ほうげん》元年（一一五六）に鳥羽院が病で亡くなると、美福門院や信西ら院近臣は、国家的武力を京近辺に動員して後白河天皇の里内裏《さとだいり》などの警備を固め、一方崇徳院や藤原頼長はついに戦いへと追いこまれる。これが保元の乱である。崇徳院・藤原忠実・頼長側は白河殿に集まり、武士として平忠正《たいらのただまさ》や源頼憲《よりのり》・源為義《ためよし》・源為朝《ためとも》たちが参陣した。後白河天皇側には平《たいらの》清盛《きよもり》や源頼政《みなもとのよりまさ》・源義朝《よしとも》たちが参陣し、ついに京で激しい合戦が展開した。結局、後白河天皇側が勝利し、崇徳院は讃岐《さぬき》に流され、藤原頼長は戦傷死した。藤原忠実は、合戦後に逃れていた奈良で息子頼長に対面を許さなかったことから、配流《はいる》を免れた。源為義たち降伏した武士たちは、勝者側の一族のもとで斬首されることとなった。藤原忠通は再び氏長者となり摂関家領を掌握したが、美福門院や信西たちのもと、摂関家の権勢を回復できたわけではなかった。この乱によって、王権の行方《ゆくえ》が武士たちの武力によって左右されるということが、広く知られるところとなった。

保元三年（一一五八）に美福門院の養子守仁親王が一六歳で即位すると（二条天皇）、後白河院は中継ぎ的立場から院政を実現できなかった。鳥羽院が掌握していた摂関家や院近臣たちの政治的基盤や王家領は分裂して、院近臣が力を発揮するようになった。その中心となったのが、信西（藤原通憲）である。信西は、はじめ学者として『本朝世紀《ほんちょうせいき》』の編纂などにあたり、鳥羽院政のもと実務に力を発揮

図72　三条殿の夜襲（『平治物語絵巻』）

して新たに院近臣の中心的立場を獲得していった。そして後白河院や二条天皇にも近侍して、保元の乱後に活躍した。保元新制《ほうげんしんせい》を定めるとともに、内裏・京や儀式の復興などを進め、京での兵仗《ひょうじょう》禁止の政策を実施した。

しかし、新たに表面化した二条天皇派と後白河院派の対立もふまえて、平治《へいじ》元年（一一五九）に平治の乱が起こり、信西は殺されてしまう。信西と後白河院の伝統的近臣であった藤原信頼との対立、平清盛と源義朝との対立などが絡まったが、新興の信西に対する二条天皇派・後白河院派の貴族・武士に共通した反発が大きかったとされる。

藤原信頼と結んだ源義朝の軍勢が、まず後白河院の御所三条殿を襲撃し、信西は京を脱出したものの、その先で斬首され首をさらされた。後白河院・二条天皇は、藤原信頼のもとに留められた。その後、二条天皇派は、熊野参詣の途中から帰京した平清盛と組み、二条天皇が六波羅《ろくはら》にある清盛邸への脱出に成功すると、後白河院も自ら脱出した。院・天皇を失った藤原信頼・源義朝たちは、六波羅攻めを行うが、敗北した。藤原信頼は、六条河原で平清盛により斬首された。源義朝は、東国への脱出の途中尾張国で殺された。義朝の長男義平《よしひら》は処刑され、次男朝長《ともなが》も戦傷死し、三男の頼朝《よりとも》だけが、伊豆に流された。有利になった二条天皇派に対して、翌永《えい》暦《りゃく》元年（一一六〇）には、後白河院の意を受けた平清盛によって、天皇派の公卿や武士が配流された。こうして、平治の乱ののちは、平清盛が権勢を維持するようになった。

もと鳥羽院近臣であった平清盛は、源義朝など対抗する軍事貴族がいなくなり、軍事・警察権を独占することとなった。政治的不安定の中で、政界における武士の地位が大きく上昇したことを背景として、政治的混乱をかいくぐった平清盛の地位が高まったのであった。乱の翌年、清盛は平治の乱の功により正三位に昇って公卿となり、参議《さんぎ》にも任じられた。さらに翌年には、検非違使別当《けびいしべっとう》を兼ね、権中納言にまでなった。

平氏政権

永暦元年に美福門院が亡くなると、後白河院の院司《いんじ》として平清盛一門が院を支える構図となり、清盛室である時子《ときこ》の異母妹滋子《しげこ》（建春門院《けんしゅんもんいん》）が後白河院の寵愛を受けて憲《のり》仁《ひと》親王（のち高倉《たかくら》天皇）を産んだ。いっぽう清盛は、二条天皇と後白河院との間の対立の状況下には、二条天皇にも仕えていた。永万《えいまん》元年（一一六五）には、二条天皇が二歳の六条天皇に譲位し、後白河院の影響力を排除して院政をめざしたが、亡くなってしまう。六条天皇を支えるはずの藤原基実（忠通の子）も亡くなると、再び後白河院が力をふるうようになる。仁安《にんあん》元年（一一六六）には、ついに憲仁親王が立太子し、清盛は内大臣となる。さらに翌年には太政大臣にまで昇った。まもなく清盛は太政大臣を辞して子の重盛《しげもり》が平氏を主導する。仁安三年には、六条天皇にかわって高倉天皇が即位し、

図73　厳島神社

父の後白河院が院政を行うこととなる。病気の清盛は、摂津の福原《ふくはら》の邸宅（神戸市）に引退するが、平氏一門の中心としてなお力をふるった。清盛は、後白河院と協調して摂津の大輪田泊《おおわだのとまり》を拠点に日宋《にっそう》貿易を展開し、莫大な経済的利益を手中にしていた。航海の安全を守護する厳島神社を清盛が手厚く庇護し、社殿の造営や「平家納経」を奉納したことはよく知られる。承安《じょうあん》元年（一一七一）には、平清盛の娘徳子《とくこ》が高倉天皇に入内し、清盛と後白河院の関係は順調にみえた。

しかし、後白河院の院近臣と平氏一門との間の確執とともに、高倉天皇の次に幼い天皇を擁立して院政の継続をめざす後白河院と、高倉天皇と徳子の間に産まれる皇子を期待する清盛との間に、大きな対立軸が存在したのであった。

こうして治承《じしょう》元年（一一七七）には、院近臣の藤原成親《ふじわらのなりちか》・僧西光《さいこう》・俊寛《しゅんかん》らによる平氏打倒をめざした鹿ヶ谷《ししがたに》の陰謀《いんぼう》事件が起こった。この事件は、清盛一門により、迅速に制圧された。

治承二年、清盛の娘徳子が高倉天皇の皇子言仁《ときひと》親王（安徳《あんとく》天皇）を産むと、清盛は言仁親王の即位と高倉天皇の院政をめざすようになり、自らの院政を志向する後白河院と清盛との対立はいよいよ深まった。翌治承三年、院との協調を図ってきた平重盛が没したこともあり、後白河院と清盛の関係は悪化し、ついに清盛は武力を発動して京を押さえ、後白河院派の追放を行うに至る。高倉天皇を擁した清盛は、摂政藤原基房《ふじわらのもとふさ》（忠通の子）や院近臣を解官《げかん》あるいは配流して、太政大臣らも京外に追放した。そして治天《ちてん》の君《きみ》である後白河院も鳥羽院に幽閉され、政務を止められた。こうして清盛の娘婿である藤原《ふじわらの》（近衛《このえの》）基通《もとみち》（基実の子）が関白となり、翌治承四年には清盛娘婿の高倉天皇が院となり、清盛娘の徳子が産んだ安徳天皇が即位したのであった。ここに平氏政権が確立したようにみえたが、武力による王権の奪取は、その後武力による反対の動きも引き起こすことになった。

まず、鳥羽院・美福門院の娘の八条院《はちじょういん》（暲子《しょうし》）の猶子《ゆうし》であった以仁王《もちひとおう》（後白河院の皇子）が平清盛に対して反旗をひるがえし、摂津源氏の源頼政が挙兵した。この挙兵はすぐに制圧されたが、各地の武士勢力にも反発が広がり、京近辺の興福寺などの大寺院勢力も反発の構えをみせた。これに対して、清盛は自らの勢力圏にある福原京への遷都を断行するが、これには貴族たちの反対も広がった。

源平合戦

こうした平氏政権の混乱の中、伊豆に流されていた故源義朝の子頼朝が挙兵したのであった。石橋山《いしばしやま》の合戦での敗北で源頼朝の挙兵は失敗したかのようにみえたが、房総半島に逃れた頼朝が千葉氏らの協力を得て関東に大きな勢力を築くに至った。甲斐源氏とも協力して、治承四年（一一八〇）に富士川《ふじがわ》の合戦で平維盛《たいらのこれもり》・忠度《ただのり》らの追討軍に大勝すると、平氏政権の権威は大きく崩れ、全国的に内乱の様相となった。平清盛は、福原京から平安京に還都するとともに、園城寺《おんじょうじ》や奈良の大寺院の焼き討ちを断行した。治承五年に高倉院が亡くなるが、平清盛は、畿内・周辺の軍事的動員を行う総官《そうかん》に子の平宗盛《たいらのむねもり》を任じて体制強化を図った。しかし、閏二月四日に、清盛は熱病で亡くなってしまう。

清盛の後継者である平宗盛は、後白河院に政権を返し、平氏政権は終焉して再び後白河院政となった。ただし、軍事権を握る平宗盛は、源氏の追討を続行した。超越した権威をもつ後白河院のもとで、幼い安徳天皇を奉ずる平氏と、それに対抗する東国の源氏との間で源平争乱が展開するという構図になったのであった。

いっぽう信濃《しなの》の木曽《きそ》で育った源 義仲《みなもとのよしなか》は、治承四年に反平氏で挙兵し、北陸の武士を統合して力を得ると、京への上洛をめざして兵を進めた。平宗盛たちは、ついに追い詰められて安徳天皇を奉じて都落ちする。この時、後白河院は平氏と離れて京に留まり、京に入った源義仲の軍勢を官軍と位置づけて、源平合戦を超越する存在となったのであった。

その後、寿永《じゅえい》二年（一一八三）に源義仲と後白河院は対立し、一時義仲が院の武力を圧倒するが、寄せ集めに近い軍勢を率いていた義仲は、源頼朝が派遣した源 範頼《みなもとののりより》・義経《よしつね》らの上洛軍によって討たれてしまい、源頼朝軍が京を制圧した。この間都落ちした平氏軍が一時勢いを取り戻すものの、一ノ谷《いちのたに》の合戦で源範頼・義経軍に敗れ、ついで元暦《げんりやく》二年（一一八五）屋島《やしま》の合戦でまた源義経軍に敗北した。さらにこの年三月、壇ノ浦《だんのうら》の戦いで平氏一門は安徳天皇とともについに滅亡したのであった。

治承・寿永の内乱の過程において、院・王権・摂関家・大寺社などの権門による荘園・公領体制の中で武力が大きな意味を発揮するようになった。その結果、軍事権門が中央政界においても力をもつようになり、平氏政権さらに鎌倉幕府へと展開していった。源頼朝は、内乱の過程で東国における軍事権力を背景としつつ、後白河院政と結びついてそれを軍事的に支える立場で全国的な軍事・警察権を獲得する。そして、鎌倉幕府という全国規模の武家政権を実現していったのであった。

院政期の一二世紀には、東北において平泉《ひらいずみ》を本拠とする奥州藤原氏の政権も展開していた。この東北における奥州藤原氏の動向は、列島全体の歴史にも大きな位置を占めており、その動向についてみておきたい。

前九年合戦

永承《えいしょう》六年（一〇五一）〜康平《こうへい》五年（一〇六二）に東北で展開した前九年合戦は、戦記物『陸奥話記《むつわき》』（日本思想大系『古代政治社会思想』岩波書店）に描かれている。「東夷酋長《とういのしゅうちょう》」「六郡郡司《ろくぐんぐんじ》」と称する安倍頼良《あべのよりよし》（のち頼時《よりとき》）は、陸奥国北方の「奥六郡《おくろくぐん》」（胆沢《いさわ》・江刺《えさし》・和賀《わが》・稗貫《ひえぬき》・紫波《しわ》・岩手）に勢力を張り、陸奥国府多賀城《たがじょう》の陸奥国司からの命令に従わないことも多かった。陸奥守藤原登任《なりとう》は、出羽国の秋田城介《じょうのすけ》平繁成《たいらのしげひら》の援軍を受けてこの安倍頼良を攻めたが、鬼切部《おにきりべ》合戦で敗れてしまうほどであった。永承六年（一〇五一）、かつて平忠常《たいらのただつね》の乱を制圧した高名な武門の源頼信《みなもとのよりのぶ》の嫡子である源頼義《よりよし》が、陸奥守・鎮守府《ちんじゅふ》将軍に任じられる。すると、安倍頼良は恭順《きょうじゅん》して頼時と改名した。しかし天喜《てんき》四年（一〇五六）、源頼義が陸奥守の任を終える際の事件で安倍頼時の子貞任《さだとう》を罰しようとすると、安倍頼時は反旗をひるがえす。源頼義は、朝廷から追討宣旨を得て安倍頼時を攻め、陸奥守に再任された。頑強な安倍頼時の勢力に対して、源頼義は、気仙《けせん》郡の金為時《こんのためとき》らを派遣し、北方太平洋側の鉋屋《かなや》・仁土呂志《にとろし》・宇曽利《うそり》の豪族安倍富忠《あべのとみただ》に合力を要請する。安倍頼時は、彼らの説得のため北方に向かう途中、伏兵にあって

図74 『前九年合戦絵詞』
源頼義（将軍）と義家、そして従者たち.

負傷し、天喜五年に鳥海柵《とのみのさく》（岩手県金ケ崎《かねがさき》町）で没する。この後、源頼義は頼時の子の安倍貞任・宗任《むねとう》らを攻めるが、黄海《きのみ》（岩手県藤沢町）の戦いで「七騎《しちき》落ち」といわれる大敗をこうむる。もと陸奥国の在庁官人でありながら安倍頼時の娘を妻に迎えた関係から安倍氏側についた藤原経清《ふじわらのつねきよ》は、奥六郡以南の諸郡に対し、徴税の際に「白符《はくふ》を用い、赤符《せきふ》を用いるな」と命じた。白符とは安倍氏が発行し国印《こくいん》の捺印《なついん》のない文書であり、赤符は陸奥国司が発行した「陸奥国印」を捺印した文書のことである。安倍氏の奥六郡の支配構造は、文書による郡単位の行政支配というよりも、一族による「同族連合体制」に近いもので、安倍氏十二柵と呼ばれる各地の柵（鳥海、河崎《かわさき》、小松《こまつ》、石坂《いしさか》、藤原業近《ふじわらのなりちか》、大麻生《おおあそう》野《の》、瀬原《せわら》、厨川《くりやがわ》、比与鳥《ひよどり》、黒沢尻《くろさわじり》、鶴脛《つるはぎ》、嫗戸《うばと》）に頼時の男子や腹心を配置するものであった。そして他の在地豪族には、女子を嫁がせて婚姻関係を結んでいた。

　康平五年（一〇六二）、陸奥守源頼義は、出羽国側で

大きな勢力をもつ出羽山北《せんぼく》三郡の俘囚長《ふしゆうちょう》の清原光頼《きよはらのみつより》・弟武則《たけのり》に援軍を要請した。参戦した清原武則軍一万と源頼義軍三〇〇〇の軍勢は、かつて征夷大将軍 坂上田村麻呂《さかのうえのたむらまろ》が陣を営んだ栗原《くりはら》郡の営丘《たむろのおか》で陣立《じんだて》をする。清原武則・源頼義軍は、小松柵・衣川《ころもがわ》柵の戦いで安倍貞任・宗任軍を破り、ついに鳥海柵を落とす。戦場において、父源頼義のため参陣した源 義家《みなもとのよしいえ》が「衣《ころも》の館《たて》はほころびにけり」と歌いかけたのに対して、逃げる安倍貞任が「年を経し糸の乱れの苦しさに」と返したという歌物語が伝えられている。清原氏・源氏の軍は、さらに黒沢尻《くろさわじり》柵（岩手県北上市）などを落とし、安倍貞任・宗任らを本拠の厨川《くりやがわ》柵（岩手県盛岡市）でついに破る。安倍貞任は戦傷死し、藤原経清は首をのこぎり引きにされ、安倍宗任らは投降した。乱制圧の結果、源頼義は伊予守、源義家は出羽守に任じられ、清原武則は従五位下鎮守府将軍に任じられた。陸奥では、安倍氏にかわって出羽山北の清原氏が、奥六郡など陸奥国にまで大勢力を築くことになった。清原氏の勢力が強い出羽国の守の任を避けて、源義家は願い出て越中守に遷任した。

図75　安倍氏系図

安倍忠頼―忠良―頼良（頼時）
- 貞任（厨川柵）―千世童子
- 宗任（鳥海柵）
- 正任（黒沢尻柵）
- 重任
- 女＝亘理権大夫藤原経清
- 女＝伊具十郎平永衡

後三年合戦

永保《えいほう》三年（一〇八三）〜寛治《かんじ》元年（一〇八七）に東北で展開した後三年合戦は、前九年合

図 76 『後三年合戦絵巻』
飛ぶ雁の乱れから敵を発見した源義家の軍.

戦の結果、陸奥・出羽に大きな勢力を張った清原氏の内紛に、陸奥守源義家が介入した戦いである。『奥州後三年記』や、絵巻の『後三年合戦絵巻』などの史料がその戦いを物語る。

前九年合戦に勝利した清原武則の子の武貞《たけさだ》には、嫡子というべき清原真衡《きよはらのさねひら》と、厨川柵の戦いで敗れた藤原経清の妻（安倍頼良の娘）を妻に迎えた際の連れ子（父は藤原経清）である清《きよ》原清衡《はらのきよひら》、そしてもと経清妻との間に産まれた清原家衡《きよはらのいえひら》という三子があった。清原武貞の家督を継いだ清原真衡は、それまでの清原氏の「同族連合体制」的なあり方から「嫡宗単独支配」的なあり方をめざしたと思われる。その過程で、清原真衡と一族の有力者であった吉彦秀武《きびこのひでたけ》との対立が起こり、さらに兄弟間で真衡と弟の清衡・家衡との対立へと展開した。永保三年（一〇八三）、源義家が陸奥守となると、清原真衡はこれを歓迎して結びついた。清原真衡が出羽山北で吉彦秀武を攻撃する間、留守の陸奥において、源義家は介入して真衡に対抗した清原清衡・家衡を破った。しかし清原真衡が頓死《とんし》すると、源義家は清原氏に介入して、陸奥の奥六郡のうち南三郡を清衡に、北三郡を家衡に割り当てた。

応徳三年（一〇八六）、この裁定に不満をもつ弟の清原家衡が兄清衡と対立して攻撃すると、妻子を殺された清衡は、陸奥守源義家に助けを求めその支援を得る。清原家衡は出羽山北の沼柵《ぬまのき》にこもり、

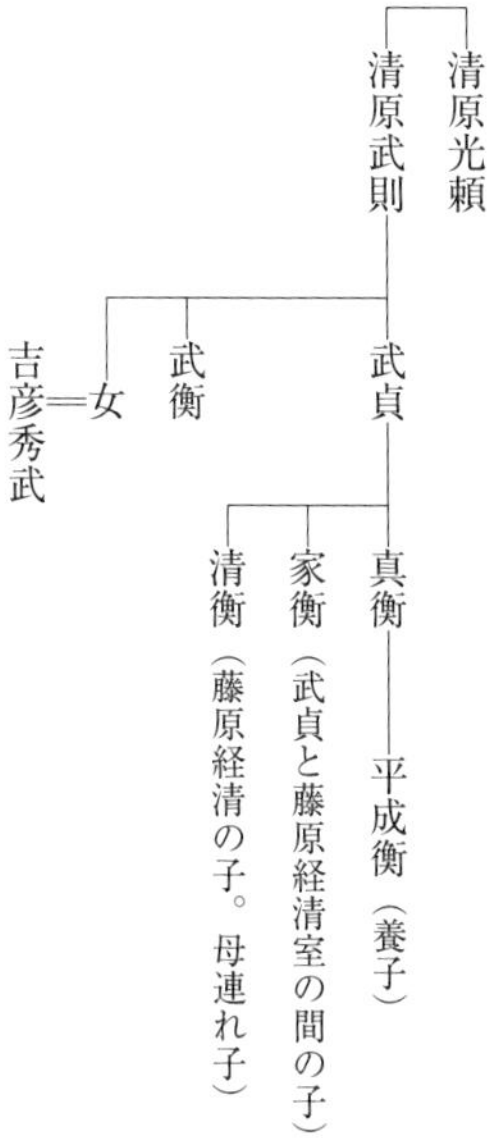

図77　清原氏系図

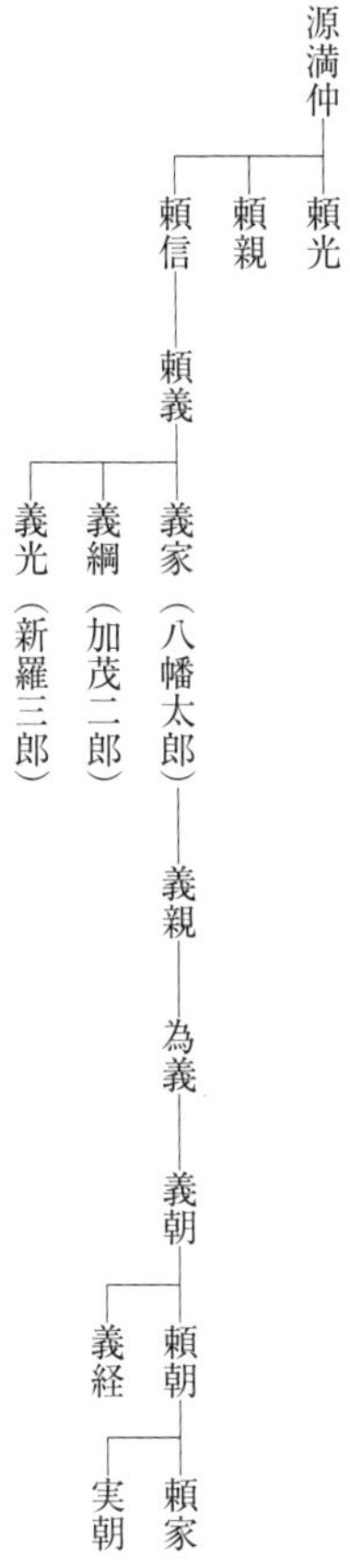

図78　源氏系図

源義家軍と対戦する。源義家軍はいったん陸奥に撤退を余儀なくされ、清原氏一族の有力者清原武衡《きよはらのたけひら》（家衡叔父）が家衡に援軍するなど、戦いは長期化する。寛治元年（一〇八七）には、源義光《みなもとのよしみつ》（新羅三郎《しんらさぶろう》）が京から兄義家のもとに参陣する。源義家軍は、苦戦の後、ついに兵糧攻めで金沢柵《かねざわのさく》にこもる清原家衡・武衡を破った。

戦いに勝利した源義家であったが、国解《こくげ》は出したものの追討官符を得ていなかったので、この戦いは私闘として扱われることになり、恩賞などが得られないこととなった。この結果、都にのぼる途上、敵将の「首を道に捨て、空《むな》しく京へのぼりけり」ということになってしまった。寛治二年（一〇八八）、源義家は京にのぼる。源義家の陸奥守の任が終わった後、東北では、最後に残った藤原（清原）清衡の勢力が拡大することとなった。安倍氏側について源頼義と戦った藤原経清を父とし安倍頼良の娘を母とする藤原清衡が、のちに奥州藤原氏の初代となり、平泉に政権を築いていったのである。藤原清衡は、馬・金・北方産物などの献上を通じて中央の摂関家との結びつきも固めていった。いっぽう源義家は、後三年合戦において配下で戦った東国武士たちを自らの財源で処遇したことから、源義家と東国武士団との関係が密接なものとなり、武門の棟梁《とうりょう》としての源氏の地位が形成されたのであった。

奥州藤原氏

後三年合戦の結果、清原氏にかわって陸奥・出羽に大きな勢力を築いた藤原清衡は、一一世紀末ないし一二世紀初めに、陸奥国江刺郡の豊田館《とよだのたち》から磐井《いわい》郡の平泉へと本拠を移し、新しい都市の基礎を開いた。平泉の地は、衣川関《ころもがわのせき》が置かれて、陸奥国の国府支配下にあった地域と奥六郡の「東夷酋長」安倍氏勢力が強かった地域との境界に位置する。同時に陸奥国南端の白《しら》河関《かわのせき》から、本州北端の津軽外ケ浜《つがるそとがはま》までの中央にあたる地であった。藤原清衡は、白河関から外ケ浜までの奥大道《おくだいどう》の一町ごとに木製の金色笠卒塔婆《こんじきかさそとば》を建てるなど、陸奥・出羽にわたる国を越えた広領域の地域の在地勢力を代表したと思われる。

奥州藤原氏の初代清衡（一〇五六～一一二八）は、藤原経清と安倍頼良娘の間の子であり、前九年合戦の結果、母が清原武貞の妻となった際に、七歳の連れ子として清原氏に入った。後三年合戦後、清原氏にかわって奥州に大きな勢力を固めて、平泉に居館を移すとともに、もと衣川関があった平泉の関山《かんざん》に、中尊寺《ちゅうそんじ》を創建した。天治《てんじ》三年（一一二六）三月二十四日の日付をもつ「中尊寺供養願文《ちゅうそんじくようがんもん》」によれば、藤原清衡は、中尊寺の建立を鎮護国家のためとして、自らを「東夷《とうい》の遠酋《えんしゅう》」「俘囚《ふしゅう》の上頭《じょうとう》」と称している。そして、これまでの東北での戦いの敵味方すべての犠牲者の鎮魂・慰霊をめざして、「官軍・夷虜《いりょ》」を問わずに祈りの対象としている。嘉承二年（一一〇七）に建立された大長寿院《だいちょうじゅいん》（二階大堂）や、天治元年（一一二四）に完成した金色堂《こんじきどう》などの威容は、のちの奥州合戦について記した『吾妻鏡《あずまかがみ》』文治《ぶんじ》五年（一一八九）九月十七日条の「寺塔已下注文《じとういげちゅうもん》」などに語られている。また清衡は、紺紙《こんし》金銀字交書一切経《きんぎんじこうしょいっさいきょう》の写経を完成さ

図79　奥州藤原氏系図

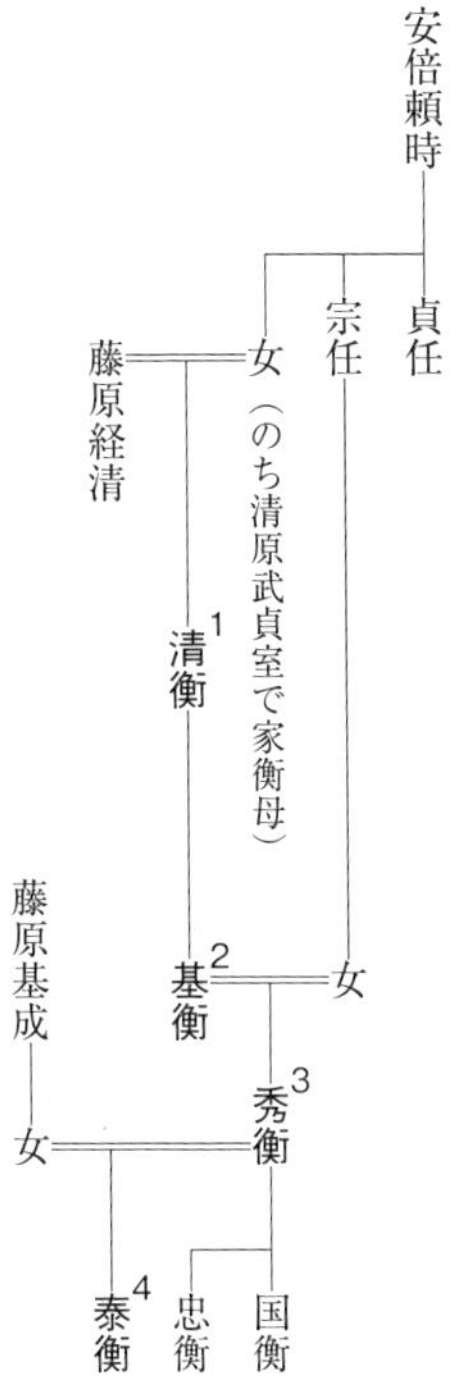

図80　毛越寺浄土庭園

せ、大規模な仏教法会も行っている。政治的な本拠（平泉《ひらいずみ》館《のたち》）は、北上川に面して猫間《ねこま》が淵《ふち》に囲まれた柳之御所《やなぎのごしょ》遺跡に置かれた。

二代藤原基衡《ふじわらのもとひら》は、藤原清衡の次男で、兄惟常《これつね》との争いを制して跡を継いだ。六郡・出羽押領使《おうりょうし》といわれ、陸奥守との結びつきを深めた。とくに藤原基成《ふじわらのもとなり》との間には、良好な関係を築いている。中央の院や院近臣、摂関家との関係に配慮しながらも、時に所領をめぐって白河院近臣の陸奥守藤原師綱《ふじわらのもろつな》と争ったり、藤原頼長と摂関家荘園の管理をめぐって争うなど、中央政界の有力者としたたかに渡り合っている。基衡は、円隆寺《えんりゅうじ》・嘉祥寺《かしょうじ》からなる毛越寺《もうつうじ》を創建し、浄土庭園を造営して、紺紙《こんし》金字《きんじ》法華経《ほけきょう》の写経を行っている。毛越寺本尊の仏師雲慶《うんけい》の作になる薬師像は、できばえのあまりの見事さから、鳥羽院が奥州下りを禁じたが、摂関家などに手を回してようやく平泉に運んだといわれる。また、基衡妻は毛越寺の東隣に観自在王院《かんじざいおういん》の寺院と浄土庭園を造営した。

三代の藤原秀衡《ふじわらのひでひら》（〜一一八七）は、基衡を父とし、母は安倍宗任の娘であった。公卿で三度も陸奥守を経験した藤原基成を任後も衣川館に迎えて、その娘を正室に迎えている。奥六郡・陸奥出羽押領使といい、のち平氏政権下の嘉応《かおう》二年（一一七〇）に鎮守府将軍・従五位下に任じられ、養和《ようわ》元年（一一八一）にはついに陸奥守・従五位上となった。「東夷の遠酋」が、鎮守府将軍・陸奥守となったのであった。秀衡が鎮守府将軍に任じられた際に、藤原《ふじわらの》（九条）兼実《かねざね》はその日記『玉葉《ぎょくよう》』に「奥州の夷狄《いてき》秀平（秀衡）、鎮守府将軍に任ず。乱世の基《もとい》なり」と記している。秀衡は、鎮守府将軍・陸奥守となったが、鎮守府の胆沢城や国府の多賀城に居を移すことはなく、都市平泉の地に統治拠点を置き続けたのであった。

秀衡は、無量光院《むりょうこういん》を創建し、池中に浮かぶ島に東面する阿弥陀堂《あみだどう》を建立した。この無量光院は、東方の猫間が淵の堀地形を隔てた政庁柳之御所遺跡から、西方の金鶏山《きんけいざん》を望む位置に配されている。阿弥陀堂の建物は、ほぼ宇治の平等院と同じ設計で、やや大きく造られている。また、紺紙金字一切経を写経させ、国際的に貴重とされた宋版一切経を中尊寺に奉納している。

秀衡は、中央政界にも貢金・貢馬などによって接近し、平泉政権の維持を図った。高野山の造塔や、平重衡《たいらのしげひら》による焼き討ち後の東大寺の復興にも、莫大な財政支援を行っている。源頼朝が挙兵した治承四年（一一八〇）の後、平氏の推挙により養和元年（一一八一）に陸奥守となった背景には、平氏が鎌倉の頼朝の背後を牽制する意図があったといわれる。東北に地盤をもつ秀衡の軍事力を気にした頼朝は、平氏打倒の戦いに自らは出馬せず、弟の源範頼や義経を派遣している。文治元年（一一八五）平氏が滅亡したのち、秀衡は、頼朝と対立した源義経をかくまい、頼朝の要求に従わなかった。そして、子の国衡《くにひら》と泰衡《やすひら》の兄弟に対して、源義経を「主君」として「三人一味」で源頼朝に対抗するよう遺言し、文治三年（一一八七）に没した。

金色堂や経蔵などがある中尊寺、浄土庭園のある毛越寺・観自在王院・無量光院、さらにランドマークであり経塚もある金鶏山《きんけいざん》などは、平泉の文化遺産として、世界文化遺産に登録されている。このほか、奥州藤原氏の政庁としての柳之御所遺跡、中尊寺経蔵領であった骨寺村荘園《ほねでらむらしょうえん》遺跡、衣川の北に位置する安倍氏時代の長者原ヶ廃寺《ちょうじゃがはらはいじ》、そして北上川の港があった白鳥館《しろとりだて》遺跡などの史跡も、平泉を理解する上で欠かせない遺跡である。平泉文化の特徴として考古学的に指摘されるのは、かわらけ・中国陶磁器・国産陶器の「平泉セット」と呼ばれる出土品である。大量のかわらけの出土は、宴会で一回しか使用されない食器のかわらけと、折敷《おしき》を用いた饗宴が居館でくり返されたことを物語る。中国産陶磁器（白磁《はくじ》・青白磁《せいはくじ》・青磁《せいじ》）や国産陶器（渥美《あつみ》・常滑《とこなめ》・珠洲《すず》の大甕《おおがめ》・大壺）の搬入や、金色堂の螺鈿《らでん》に多く用いられた南島特産の夜光貝《やこうがい》などにみられるように、平泉文化がアジア的規模の交流の中で花開いたことを示している。奥州における金・馬の生産や北方交易により入手した海獣皮・鷹羽・昆布などの物産が、奥州藤原氏の経済的基盤となり、その繁栄をもたらしたのであった。

奥州合戦と武家政権の成立

四代藤原泰衡（〜一一八九）は、秀衡の次男ながら、母はもと陸奥守の藤原基成の娘であり、嫡男《ちゃくなん》的立場（「当腹《とうふく》の太郎」）にあった。兄の国衡は「他腹《たふく》の嫡男」（『玉葉』）とも称されている。父の秀衡は、院・平氏・源氏とそれぞれ距離を保って源義経をかくまったが、秀衡の没後、泰衡は、義経を差し出せという源頼朝の強硬な要求に屈して、文治五年（一一八九）閏四月ついに義経主従を滅ぼしてしまう。しかし、攻撃の名目はなくなったはずの源頼朝は、三〇万を超える全国の御家人《ごけにん》を動員して東北に攻め寄せる。奥州合戦である。阿津賀志山防塁《あつかしやまぼうるい》（二重堀《ふたえぼり》、福島県国見町《くにみ》）の守りもあっけなく破られ、同年八月二十一日に平泉は陥落する。この時は、頼朝は自ら奥州に参陣しており、平泉を落としたあと、逃亡途中に部下に裏切られた泰衡の首を実検している。その後も、頼朝はわざわざかつての安倍氏の本拠であった厨川柵の地（盛岡市）まで北上して、ここで奥州合戦勝利の武家儀礼を行っている。先祖の源頼義が安倍氏を滅ぼし藤原経清をのこぎり引きにした地において、蝦夷の流れを引く勢力の制圧を全国的に宣言する必要があったのだと思われる。

こうして奥州藤原氏を打倒した源頼朝は、東国の鎌倉に幕府を開府して武家政権をひらいたが、「武士の都」鎌倉の造営にあたっては、平泉文化の威容に感激して「二階大堂」（大長寿院）を鎌倉にも築いたように、「中世都市」鎌倉に平泉は影響を与えたのであった。源頼朝は、右近衛大将ではなく「征夷大将軍」に固執して、大将軍の立場で東国に幕府を開いたといわれる。律令国家は、まつろわぬ蝦夷を従えるために、「三十八年戦争」など東国を基盤として多大な労力を傾けて戦ってきたのであった。その結果、兵士・兵糧などの動員を支えた東国社会では、社会的な不安定や治安の悪化を背景として兵《つわもの》たちが覇を争う状況となっていった。その過程では、平将門が東国国家を築こうとする戦乱まで起こった。こうした蝦夷や東国の古代史が伏線となって、東国に源頼朝による武家政権が成立することになったといえるのではないだろうか。

参考文献

青木和夫『日本の歴史3　奈良の都』中央公論社、一九六五年
青木和夫『日本律令国家論攷』岩波書店、一九九二年
安里　進『考古学からみた琉球史』上・下、ひるぎ社、一九九〇年
荒木敏夫『日本古代の皇太子』吉川弘文館、一九八五年
石井　進『石井進著作集　第三巻　院政と平氏政権』岩波書店、二〇〇四年
石井　進『石井進著作集　第五巻　鎌倉武士の実像』岩波書店、二〇〇五年
石井　進『石井進著作集　第六巻　中世社会論の地平』岩波書店、二〇〇五年
石井　進『石井進著作集　第七巻　中世史料論の現在』岩波書店、二〇〇五年
石井正敏『東アジア世界と古代の日本』山川出版社、二〇〇三年
石上英一『律令国家と社会構造』名著刊行会、一九九六年
石川日出志『シリーズ日本古代史①　農耕社会の成立』岩波書店、二〇一〇年
石母田正『日本の古代国家』岩波書店、一九七一年
池田温編『古代を考える　唐と日本』吉川弘文館、一九九二年
泉谷康夫『日本中世社会成立史の研究』高科書店、一九九二年
井上光貞『井上光貞著作集　第一巻　日本古代国家の研究』岩波書店、一九八五年
井上光貞『井上光貞著作集　第七巻　日本浄土教成立史の研究』岩波書店、一九八五年
今泉隆雄『古代国家の東北辺境支配』吉川弘文館、二〇一五年

今村啓爾『縄文の豊かさと限界』山川出版社、二〇〇二年
入間田宣夫・本澤慎輔『平泉の世界』高志書院、二〇〇二年
宇田川洋『アイヌ文化成立史』北海道出版企画センター、一九八八年
榎本淳一『唐王朝と古代日本』吉川弘文館、二〇〇八年
太田博太郎『南都七大寺の歴史と年表』岩波書店、一九七九年
大津透『律令国家支配構造の研究』岩波書店、一九九三年
大津透『日本の歴史06 道長と宮廷社会』講談社、二〇〇一年
大津透『日唐律令制の財政構造』岩波書店、二〇〇六年
小田富士雄編『古代を考える 磐井の乱』吉川弘文館、一九九一年
朧谷寿『藤原道長』ミネルヴァ書房、二〇〇七年
加藤謙吉『蘇我氏と大和王権』吉川弘文館、一九八三年
加藤友康編『日本の時代史6 摂関政治と王朝文化』吉川弘文館、二〇〇二年
門脇禎二『「大化改新」論 その前史の研究』徳間書店、一九六九年
鐘江宏之『全集日本の歴史3 律令国家と万葉びと』小学館、二〇〇八年
狩野久『日本古代の国家と都城』東京大学出版会、一九九〇年
鎌田元一『律令公民制の研究』塙書房、二〇〇一年
川尻秋生『戦争の日本史4 平将門の乱』吉川弘文館、二〇〇七年
川尻秋生『全集日本の歴史4 揺れ動く貴族社会』小学館、二〇〇八年
河添房江『源氏物語と東アジア世界』日本放送出版協会、二〇〇七年
川端新『荘園制成立史の研究』思文閣出版、二〇〇〇年

岸　俊男『日本古代政治史研究』塙書房、一九六六年
岸　俊男『藤原仲麻呂』吉川弘文館、一九六九年
岸　俊男『日本の古代宮都』岩波書店、一九九三年
木下正史『藤原京』中央公論新社、二〇〇三年
木下正史『日本古代の歴史1　倭国のなりたち』吉川弘文館、二〇一三年
木下正史・佐藤信編『古代の都1　飛鳥から藤原京へ』吉川弘文館、二〇一〇年
木下良編『古代を考える　古代道路』吉川弘文館、一九九六年
木村茂光『日本初期中世社会の研究』校倉書房、二〇〇六年
熊谷公男『日本の歴史03　大王から天皇へ』講談社、二〇〇一年
熊谷公男『古代の蝦夷と城柵』山川出版社、二〇〇四年
倉本一宏『日本古代国家成立期の政権構造』吉川弘文館、一九九七年
小林達雄『縄文人の世界』朝日新聞社、一九九六年
五味文彦『院政期社会の研究』山川出版社、一九八四年
近藤義郎『前方後円墳の時代』岩波書店、一九八三年
坂上康俊『日本の歴史05　律令国家の転換と「日本」』講談社、二〇〇一年
坂上康俊『日本古代の歴史5　摂関政治と地方社会』吉川弘文館、二〇一五年
栄原永遠男『古代銭貨流通史の研究』塙書房、一九九三年
佐賀県教育委員会編『佐賀県吉野ヶ里遺跡　日本最大の環壕集落跡』二〇〇三年
坂本賞三『日本王朝国家体制論』東京大学出版会、一九七二年
坂本太郎『坂本太郎著作集　第七巻　律令制度』吉川弘文館、一九八九年

佐々木恵介『受領と地方社会』山川出版社、二〇〇四年
佐々木恵介『日本古代の歴史4　平安京の時代』吉川弘文館、二〇一四年
佐々木恵介『日本古代の官司と政務』吉川弘文館、二〇一八年
笹山晴生『奈良の都—その光と影』吉川弘文館、一九九二年
笹山晴生『平安の朝廷—その光と影』吉川弘文館、一九九三年
佐藤宗諄『平安前期政治史序説』東京大学出版会、一九七七年
佐藤　信『日本古代の宮都と木簡』吉川弘文館、一九九七年
佐藤　信『出土史料の古代史』東京大学出版会、二〇〇二年
佐藤信編『日本の時代史4　律令国家と天平文化』吉川弘文館、二〇〇二年
佐藤　信『古代の地方官衙と社会』山川出版社、二〇〇七年
佐藤信編『史跡で読む日本の歴史4　奈良の都と地方社会』吉川弘文館、二〇一〇年
佐藤信・藤田覚編『前近代の日本列島と朝鮮半島』山川出版社、二〇〇七年
佐藤信・吉田伸之編『新体系日本史6　都市社会史』山川出版社、二〇〇一年
佐藤全敏『平安時代の天皇と官僚制』東京大学出版会、二〇〇八年
佐藤泰弘『日本中世の黎明』京都大学学術出版会、二〇〇一年
佐原　真『大系日本の歴史1　日本人の誕生』小学館、一九八七年
篠川　賢『大王と地方豪族』山川出版社、二〇〇一年
篠川　賢『日本古代の歴史2　飛鳥と古代国家』吉川弘文館、二〇一三年
下向井龍彦『日本の歴史07　武士の成長と院政』講談社、二〇〇一年
白石太一郎『古墳とヤマト政権』文藝春秋、一九九九年

白石太一郎『考古学からみた倭国』青木書店、二〇〇九年
白石太一郎編『日本の時代史1　倭国誕生』吉川弘文館、二〇〇二年
白石浩之『旧石器時代の社会と文化』山川出版社、二〇〇二年
杉本一樹『正倉院』中央公論新社、二〇〇八年
鈴木拓也『戦争の日本史3　蝦夷と東北戦争』吉川弘文館、二〇〇八年
鈴木靖民『倭国史の展開と東アジア』岩波書店、二〇一二年
鈴木靖民編『日本の時代史2　倭国と東アジア』吉川弘文館、二〇〇二年
曾根正人『古代仏教界と王朝社会』吉川弘文館、二〇〇〇年
薗田香融『日本古代財政史の研究』塙書房、一九八一年
高倉洋彰『交流する弥生人』吉川弘文館、二〇〇一年
高橋　崇『蝦夷の末裔』中央公論社、一九九一年
竹内理三『日本の歴史6　武士の登場』中央公論社、一九六五年
竹内理三『竹内理三著作集　第五巻　貴族政治の展開』角川書店、一九九九年
舘野和己『古代都市平城京の世界』山川出版社、二〇〇一年
田中弘志『律令制を支えた地方官衙　弥勒寺遺跡群』新泉社、二〇〇八年
田中史生『倭国と渡来人』吉川弘文館、二〇〇五年
田中　琢『日本の歴史2　倭人争乱』集英社、一九九一年
田辺征夫・佐藤信編『古代の都2　平城京の時代』吉川弘文館、二〇一〇年
玉井　力『平安時代の貴族と天皇』岩波書店、二〇〇〇年
田村晃祐『最澄』吉川弘文館、一九八八年

土田直鎮『日本の歴史5　王朝の貴族』中央公論社、一九六五年
土田直鎮『奈良平安時代史研究』吉川弘文館、一九九二年
角田文衞『角田文衞著作集3　律令国家の展開』法蔵館、一九八五年
寺内　浩『受領制の研究』塙書房、二〇〇四年
東野治之『木簡が語る日本の古代』岩波書店、一九八三年
東野治之『遣唐使船　東アジアのなかで』朝日新聞社、一九九九年
戸田芳実『日本領主制成立史の研究』岩波書店、一九六七年
豊見山和行編『日本の時代史18　琉球・沖縄史の世界』吉川弘文館、二〇〇三年
直木孝次郎『奈良時代史の諸問題』塙書房、一九六八年
中込律子『平安時代の税財政構造と受領』校倉書房、二〇一三年
永山修一『隼人と古代日本』同成社、二〇〇九年
新野直吉『古代東北の覇者』中央公論社、一九七四年
西嶋定生『邪馬台国と倭国』吉川弘文館、一九九四年
西宮秀紀『律令国家と神祇祭祀制度の研究』塙書房、二〇〇四年
西宮秀紀『日本古代の歴史3　奈良の都と天平文化』吉川弘文館、二〇一三年
西本昌弘『日本古代儀礼成立史の研究』塙書房、一九九七年
西山良平『都市平安京』京都大学学術出版会、二〇〇四年
西山良平・鈴木久男編『古代の都3　恒久の都 平安京』吉川弘文館、二〇一〇年
仁藤敦史『古代王権と都城』吉川弘文館、一九九八年
野村忠夫『古代官僚の世界』塙書房、一九六九年

橋本義彦『平安貴族社会の研究』吉川弘文館、一九七六年
橋本義彦『平安貴族』平凡社、一九八六年
埴原和郎『日本人の誕生』吉川弘文館、一九九六年
早川庄八『日本古代の財政制度』名著刊行会、二〇〇〇年
林　陸朗『桓武朝論』雄山閣出版、一九九四年
原秀三郎編『大系日本国家史1　古代』東京大学出版会、一九七五年
樋口知志編『東北の古代史5　前九年・後三年合戦と兵の時代』吉川弘文館、二〇一六年
菱田哲郎『古代日本　国家形成の考古学』京都大学学術出版会、二〇〇七年
平泉文化研究会編『奥州藤原氏と柳之御所跡』吉川弘文館、一九九二年
平泉文化研究会編『日本史の中の柳之御所跡』吉川弘文館、一九九三年
平川　南『よみがえる古代文書―漆に封じ込められた日本社会―』岩波書店、一九九四年
平野邦雄『大化前代政治過程の研究』吉川弘文館、一九八五年
広瀬和雄『前方後円墳の世界』岩波書店、二〇一〇年
藤木邦彦『平安王朝の政治と制度』吉川弘文館、一九九一年
藤本　強『もう二つの日本文化』東京大学出版会、一九八八年
古尾谷知浩『律令国家と天皇家産機構』塙書房、二〇〇六年
古瀬奈津子『日本古代王権と儀式』吉川弘文館、一九九八年
北條秀樹『日本古代国家の地方支配』吉川弘文館、二〇〇〇年
保立道久『黄金国家』青木書店、二〇〇四年
増渕徹編『史跡で読む日本の歴史5　平安の都市と文化』吉川弘文館、二〇一〇年

村井康彦『古代国家解体過程の研究』岩波書店、一九六五年
目崎徳衛『平安文化史論』桜楓社、一九六八年
目崎徳衛『貴族社会と古典文化』吉川弘文館、一九九五年
元木泰雄『武士の成立』吉川弘文館、一九九四年
元木泰雄編『日本の時代史7　院政の展開と内乱』吉川弘文館、二〇〇二年
桃　裕行『桃裕行著作集1　上代学制の研究』思文閣出版、一九九四年
森　公章『古代日本の対外認識と通交』吉川弘文館、一九九八年
森　公章『古代郡司制度の研究』吉川弘文館、二〇〇〇年
森公章編『日本の時代史3　倭国から日本へ』吉川弘文館、二〇〇二年
森公章編『史跡で読む日本の歴史3　古代国家の形成』吉川弘文館、二〇一〇年
柳原敏昭編『東北の中世史1　平泉の光芒』吉川弘文館、二〇一五年
山内晋次『奈良平安期の日本とアジア』吉川弘文館、二〇〇三年
山口英男『日本古代の地域社会と行政機構』吉川弘文館、二〇一九年
山中敏史『古代地方官衙遺跡の研究』塙書房、一九九四年
山中　裕『平安朝の年中行事』塙書房、一九七二年
山中　裕『藤原道長』教育社、一九八八年
山中　裕『藤原道長』吉川弘文館、二〇〇八年
山本信吉『摂関政治史論考』吉川弘文館、二〇〇三年
吉川真司『律令官僚制の研究』塙書房、一九九八年
吉川真司『シリーズ日本古代史③　飛鳥の都』岩波書店、二〇一一年

吉川真司編『日本の時代史5　平安京』吉川弘文館、二〇〇二年
吉田　孝『律令国家と古代の社会』岩波書店、一九八三年
吉田　孝『大系日本の歴史3　古代国家の歩み』小学館、一九八八年
吉村武彦『シリーズ日本古代史②　ヤマト王権』岩波書店、二〇一〇年
米田雄介『摂関制の成立と展開』吉川弘文館、二〇〇六年
李　成市『東アジアの王権と交易』青木書店、一九九七年
渡辺晃宏『日本の歴史04　平城京と木簡の世紀』講談社、二〇〇一年
渡邊　誠『平安時代貿易管理制度史の研究』思文閣出版、二〇一二年

あとがき

本書は、「日本古代の歴史」シリーズ全六巻の最終刊の『列島の古代』であり、列島のなりたちや旧石器時代から古代の終焉までに至る、古代の歴史の全体を概観しようとした一巻である。これまでの、第一巻の木下正史『倭国のなりたち』、第二巻の篠川賢『飛鳥と古代国家』、第三巻の西宮秀紀『奈良の都と天平文化』、第四巻の佐々木恵介『平安京の時代』、第五巻の坂上康俊『摂関政治と地方社会』の諸巻が、年代をたどってそれぞれの時代の最新の研究成果をふまえて、あたらしい日本古代史による堅実で詳細な通史の叙述を提供してきたのに比べて、通時的に古代史全体の輪郭・流れを概観することに重点を置いて執筆した。

日本史の研究は、しだいに専門的・分野別に個別分散化してきたといわれ、なかなか全体像を見通すことが難しくなってきている状況のもと、本シリーズそして本巻では、一般の方々が理解しやすい通史を提示することにつとめた。そして、古代史学や考古学の最新の研究成果をふまえ、あたらしい古代史像をわかりやすく立体的に提示するようにめざした。高等学校の日本史が必修でなくなった今日にあって、学校教育における日本古代史像をより豊かにすることにも、配慮したつもりである。

古代史を学ぶ研究者として、古代の通史を執筆するという機会は、なかなか魅力的で一度は試みてみたい仕事ではある。ただし、考古学に頼るほかない旧石器時代から十二世紀の平泉の奥州藤原氏の時代に至るまでの長い時代の全時期におよび、列島の南北や東アジア・東ユーラシアにわたる内外の広範な地域・領域を対象とするとともに、政治史・経済史・社会史・文化史など幅広い分野にわたる目配りが必要であり、実際にはかなりの困難をともなう試みといえる。研究対象とする得意な時代や分野だけに限ることなく、全体の通史に敢えて挑んだのが本書である。

こうして本書の執筆では、一冊で列島の古代史の全体像がとらえられるように心がけた。その際、考古学の発掘調査成果や、木簡など新たな出土文字資料を積極的に組み込み、東アジアの国際関係や列島各地の地域社会の歴史像に目配りするようにつとめた。また、文字史料だけでなく、美術工芸品・建造物や遺跡・遺物さらに歴史的景観など、多様な歴史資料によって歴史像を複眼的に構成することもめざした。それがどの程度まで達成できたのかは、読者のご判断にゆだねたいが、先行する第一巻から第五巻までの成果と合わせて、今日のあたらしい古代史の達成を理解していただければ、大変ありがたい。

このシリーズの企画編集委員として、佐々木恵介氏とともに全巻のコンセプトや構成を検討して以来、そして二〇一三年に第一巻の刊行がはじまってから、すでに長い時間がたった。第五巻が刊行されてから本巻までにもかなりの時を要してしまったことについては、定年退職を迎える前後の多忙など、私の事情に依るところが大きい。期待して下さった読者や他巻の執筆者そして出版社には、大変ご迷惑をおかけして恐縮であり、お詫び申し上げるほかない。願わくは、本シリーズがようやく完結までたどり着いたことをもって、ご寛恕いただければ幸いである。

末筆ながら、本書そしてこの「日本古代の歴史」シリーズの刊行にあたってたまわった吉川弘文館のあたたかいご支援、そして編集部の積極的なご協力に、心から感謝申し上げたい。

二〇一八年一二月二〇日

佐藤信

著者略歴
一九五二年　東京都に生まれる
一九七八年　東京大学大学院人文科学研究科（国史学）博士課程中退
奈良国立文化財研究所研究員・文化庁文化財調査官・東京大学大学院教授等を経て
現　在　東京大学名誉教授・人間文化研究機構理事　博士（文学）

〔主要著書〕
『日本古代の宮都と木簡』（吉川弘文館、一九九七年）
『出土史料の古代史』（東京大学出版会、二〇〇二年）
『古代の地方官衙と社会』（山川出版社、二〇〇七年）

日本古代の歴史

日本古代の歴史 6
列島の古代

二〇一九年（平成三十一）三月一日　第一刷発行

著　者　佐《さ》藤《とう》　信《まこと》
発行者　吉川道郎
発行所　株式会社　吉川弘文館
郵便番号一一三―〇〇三三
東京都文京区本郷七丁目二番八号
電話〇三―三八一三―九一五一〈代表〉
振替口座〇〇一〇〇―五―二四四
http://www.yoshikawa-k.co.jp/
印刷＝株式会社　三秀舎
製本＝誠製本株式会社
装幀＝河村　誠

ISBN978-4-642-06472-9

日本古代の歴史

刊行のことば

近年の古代史像は、古代史学の精密な分析と地道な考古学の発掘調査成果によって、高度で具体的なすがたが再現されるようになってきている。古代史の中でも、政治史、社会史、対外関係史、環境史、生活史など各分野での研究の進展は目をみはるものがあり、あらたに大きな成果をあげてきた。

しかしながら、研究が精密になるとともに分野が専門化したためか、一般の方々が理解しやすい書籍は、むしろ少なくなっているように思われる。そこで、本シリーズでは一般読者が理解しやすいように、第1巻から第5巻までを政治史を軸に時系列の通史として編成し、さらに第6巻では古代全体の時代像を示すことにより、あたらしい古代史の輪郭を明確に示すことを主眼とした。また、史料や考古学の遺物から、歴史的にたしかな事象をみちびきだすことを基本としつつ、美術・文学作品にもふれ、現在につながる日本文化の源流を描くことを心がけた。

次代を担う学生はもちろん、あたらしい古代史像を求める方々に、本シリーズを広く手にとっていただき、古代社会のすがたと歴史の流れの全体像を理解していただければ幸いである。

企画編集委員　佐藤　信
佐々木恵介

日本古代の歴史

1 倭国のなりたち　木下正史著
2 飛鳥と古代国家　篠川　賢著
3 奈良の都と天平文化　西宮秀紀著
4 平安京の時代　佐々木恵介著
5 摂関政治と地方社会　坂上康俊著
6 列島の古代　佐藤　信著

本体各2800円（税別）
吉川弘文館